中国传统村落文化抢救与研究

非物质文化系列（融合出版含视频）

张晓虹　吴必虎　池建新◎主编

李　菲◎编著

中国乡村传统岁时民俗与民间信仰

深圳出版社

图书在版编目（CIP）数据

中国乡村传统岁时民俗与民间信仰 / 张晓虹，吴必虎，池建新主编 . -- 深圳：深圳出版社，2023.5
（中国传统村落文化抢救与研究 . 非物质文化系列）
ISBN 978-7-5507-3701-3

Ⅰ . ①中… Ⅱ . ①张… ②吴… ③池… Ⅲ . ①岁时节令－风俗习惯－研究－中国②信仰－民间文化－研究－中国 Ⅳ . ① K892.18 ② B933

中国版本图书馆 CIP 数据核字 (2022) 第 212929 号

中国乡村传统岁时民俗与民间信仰
ZHONGGUO XIANGCUN CHUANTONG SUISHI MINSU YU MINJIAN XINYANG

出 品 人	聂雄前
总 策 划	许全军
项目策划	南　芳　童　芳　朱丽伟
责任编辑	南　芳
特约编辑	林丽琴
责任校对	简　洁
责任技编	郑　欢
装帧设计	知行格致

出版发行	深圳出版社
地　　址	深圳市彩田南路海天综合大厦（518033）
网　　址	www.htph.com.cn
订购电话	0755-83460239（邮购、团购）
设计制作	深圳市知行格致文化传播有限公司
印　　刷	中华商务联合印刷（广东）有限公司
开　　本	787mm×1092mm　1/16
印　　张	20.75
字　　数	260 千字
版　　次	2023 年 5 月第 1 版
印　　次	2023 年 5 月第 1 次
定　　价	398.00 元

版权所有，侵权必究。 凡有印装质量问题，我社负责调换
法律顾问：苑景会律师 502039234@qq.com

"中国传统村落文化抢救与研究·非物质文化系列"
（融合出版含视频）
编委会

EDITORIAL COMMITTEE

丛书主编： 张晓虹　吴必虎　池建新

《中国乡村传统制作工艺与装饰艺术》

编委会主任：王　芳　李　良　陈金华
编委会成员：方世巧　汪秀芳　黄　洁
　　　　　　佟晓宇　胡亚美　马少思
　　　　　　周　灵　肖艳香　马泓宇
　　　　　　熊　静　刘振新　王　仟
　　　　　　赖俊武

《中国乡村传统婚丧习俗》

编委会主任：梁振民
编委会成员：梁煜东　麦麦提依明·马木提
　　　　　　郑　爽　冯诗琪　乔洪祥
　　　　　　陈　湖　孙　浩　张丽丽
　　　　　　赵鹏凯　杨富安　李向阳
　　　　　　孙　斌　闫文清　李雪凤
　　　　　　牛爱军

《中国乡村传统服饰与习俗》

编委会主任：陈亚颦　焦　敏　盛开新
编委会成员：曾寰洋　吴佳倚　杨小萍
　　　　　　吴世嵩　钱镜帆　张　溶
　　　　　　宋亚男　杨　强　蒲珍萍
　　　　　　杜　凡　张　淼

《中国乡村传统游戏与体育》

编委会主任：马慧强　廉倩文　王　清
编委会成员：李　哲　许一男　白　雪
　　　　　　谢东伶　马昊臻　李昱霏
　　　　　　刘嘉乐　刘玉鑫　李　薇

《中国乡村传统岁时民俗与民间信仰》

编委会主任：李　菲
编委会成员：王玲玲　黄书霞　周子璇
　　　　　　朱姝亭　地娜·努力巴合提
　　　　　　雷雅元

《中国乡村传统饮食与仪式》

编委会主任：侯　兵　马健鹰　林俊帆
编委会成员：金　阳　李红缘　张蕴涵

《中国乡村传统音乐与戏曲》

李　砚　编著

《中国乡村民间神话传说》

景秀艳　方田红　编著

致　谢

林丽琴　姜丽黎　周爱清　陈建茂　王荟杰　于小强　李旺娇　董晓琴

序言
PREFACE

古代中国以农为本。《国语·周语上》："宣王即位,不藉千亩。虢文公谏曰:'不可。夫民之大事在农,上帝之粢盛于是乎出,民之蕃庶于是乎生,事之供给于是乎在,和协辑睦于是乎兴,财用蕃殖于是乎始,敦庬纯固于是乎成,是故稷为大官。'"由此可知,早在周代,中原地区的人们就将农业作为国之根本。在此后两千多年中,农业一直是中国经济命脉之所系,直到近代工业革命来临。

农业经济下的中国传统社会,自然是以村落为基本组织单元,形成了一套基于农业文明的行为范式,并在历史的长河中发展变化,最终成为中国传统文化的重要组成部分。这些文化行为虽然在近代以后受到现代文明的冲击,但作为中国传统文化,它们一直存留在我国的乡村中,生生不息,成为中国文化的根本。

中国地域广大,民族众多,但无一例外,其传统文化都是以农业为基础,春耕夏耘,秋收冬藏,按照一年四季的时序轮转组织日常生产、生活。又因农事安排受气候、地貌、水文、土壤等要素的影响,而有着鲜明的地域特色。北麦南稻、东耕西牧,这种农业的地域差异自然导致了各地生活方式的不同,也使得传统文化有迥异的地域风情。

正是因为中国传统文化形成的这一历史地理背景，我们试图从传统制作工艺与装饰艺术、婚丧习俗、服饰与习俗、游戏与体育、岁时民俗与民间信仰、饮食与仪式、音乐与戏曲、民间神话传说等八个专题来呈现中国传统文化的特点及其地域差异，以反映中国历史的悠久、地域的辽阔和文化的丰富，也希望借此致敬中国传统文化。

中国传统文化博大精深，关涉到衣、食、住、行等物质文化，乡约民俗等制度文化，信仰、音乐等精神文化。但限于篇幅，我们不得不将最初颇为宏大的出版计划一再精简。以上八个专题被主编团队坚持保留下来，一方面是考虑到作者团队的专业构成，另一方面则要顾及尽可能将中国传统文化的特点表达出来。我们在选择作者时，对作者的专业背景、知识储备，甚至写作能力都严加要求，这是本套丛书质量的重要保障。事实上，在本套丛书的写作过程中，也有个别专业水平很高的作者因其文稿无法契合主旨而中途退出。我们对此深表遗憾，但为了丛书的整体性和独特性，也不得不忍痛割爱。最后保留下来的这八个专题，分别从物质层面、制度层面和精神层面出发，以达到既可以反映中国传统文化的特点，又与当今乡村生活保持密切联系的目标。

丛书采用融合出版的形式，利用数字技术为内容赋能，读者可通过扫描书中二维码观看相关视频资料。这种文字与影像相结合的新形式，能最大限度地挖掘文本价值，也能更立体地展现非遗项目全貌。然而受限于部分非遗项目的传承现状及其存世资料数量，短视频的拍摄制作困难重重，为了让读者获得更佳的阅读体验，我们唯有择其优者而用，这也导致各册短视频数量不等，是为丛书的遗憾之一。这同时也是在提醒我们，在网络科技高度发达的今天，应该充分发挥数字技术在非遗传承和保护中的重要作用，希冀能够引起广大读者重视。

丛书的顺利出版，得益于主编团队与出版社的精诚合作。吴必虎教授、池建新导演与本人在丛书策划和出版过程中一直保持着顺畅的沟通，深圳出版社的各位领导也一直关心着这套丛书的进展，提供了各种必要的保障。最应该表扬的是，作者团队以对中国传统文化的挚爱，对所承担部分尽心竭力，使得本丛书能高质量地如期完成。个人最想感谢的是林丽琴女士。本丛书全面正式启动时，正值新型冠状病毒感染疫情初起的2019年年底，其间我和林女士仅有为数不多的几次线下讨论，大量沟通是以微信的形式进行的。但她一丝不苟、精益求精以及耐心细致的工作作风，让我这个有"拖延症晚期"的人不得不停下手中的其他工作，专注于丛书的编纂。因此，看到丛书的顺利完成，我对她的感谢无以言表。从她身上，我也看到了新一代中国青年学人的品质和中国文化未来的希望。最后，希望读者能透过这套丛书了解目前仍保存在乡村社会中的中国传统文化，并为传承与弘扬中国传统文化奉献一己之力。是为序。

张晓虹

2022年岁末

目录

第一部分 概述 001

第一章
中国乡村传统岁时民俗与民间信仰的概念 / 002

第二章
中国乡村传统岁时民俗与民间信仰的历史演进 / 008

第一节 先秦：神灵初降 / 011
  一、自然崇拜 / 011
  二、祖先崇拜 / 013

第二节 秦汉：信仰繁荣 / 014
  一、神祇等级制 / 015
  二、神仙崇拜 / 016
  三、神祇之外的鬼、怪 / 019

第三节 隋唐：兼容并蓄 / 020
    一、整合交融 / 021
    二、应求而生 / 023
    三、人物崇拜 / 024

第四节 两宋：互动交融 / 026
    一、赐封神祇与打击淫祀 / 026
    二、神明的人格化与世俗化 / 028
    三、跨地域的民间信仰出现 / 029

第五节 明清：信仰分流 / 032
    一、社群共同信仰 / 032
    二、全国性信仰的出现 / 034

第三章
中国乡村传统岁时民俗与民间信仰的时间节律 / 037

第一节 岁月流转：乡村民间信仰的时间节律 / 038
    一、岁时节日民俗的起源与变迁 / 038
    二、岁时节日的框架与分类 / 044

第二节 又逢佳节：乡村社会的整合与凝聚 / 049
    一、民俗节庆 / 050
    二、宗教节庆 / 056
    三、纪念日 / 058

第四章
中国乡村传统岁时民俗与民间信仰的空间构架 / 065

第一节 天下、王朝与地方：信仰的空间层级 / 065

一、天下：众生之神 / 065
二、王朝：官方正祀 / 068
三、地方：神祇各异 / 073

第二节 乡村信仰的村落秩序、建筑空间与地理认同 / 079
一、乡村信仰与村落秩序 / 079
二、乡村信仰的建筑空间 / 081
三、民间信仰景观与地理认同 / 082

第三节 神圣与世俗：乡村信仰与乡村生活的一体两面 / 084
一、节庆：人神共娱 / 085
二、空间：信仰与日常的边界 / 086
三、人神关系：现实伦理和秩序 / 089
四、食物：由俗转圣 / 091

第二部分 地方乡村传统岁时民俗与民间信仰 093

第五章 东北地区传统岁时民俗与民间信仰 / 095

第一节 祭山神与敬"老把头"：采人参习俗 / 095

第二节 萨满信仰圈：东北地区的狩猎采集民族 / 098

第三节 锡伯族的"喜利妈妈"和"海尔堪玛法" / 100

第四节 鄂温克族和鄂伦春族的"保克""白那查"和"吉雅奇"崇拜 / 102

第五节 赫哲族的萨满和额莫赤·妈妈信仰 / 103

第六节 满族的祖先崇拜 / 104

第七节 蒙古族的萨满信仰 / 106

第六章
华北地区传统岁时民俗与民间信仰 / 110

第一节 驱蝗：华北八蜡祭与驱蝗神 / 110

第二节 避雹：雹神变雹为雨 / 114

第三节 敬窑：窑王爷与窑神节 / 117

第七章
华中地区传统岁时民俗与民间信仰 / 120

第一节 中原地区：人祖信仰 / 120

第二节 两湖地区：王爷将军护洞庭 / 122

第八章
华南地区传统岁时民俗与民间信仰 / 126

第一节 客家民系的祖先纪念 / 126

第二节 沿海渔民的多神信仰 / 129

第三节 港澳台地区大王与大仙 / 131

第九章
华东地区传统岁时民俗与民间信仰 / 141

第一节 插秧时节：田公田婆忙 / 141

第二节 偶遇财神：鲸鱼和海鳖信仰习俗 / 143

第三节 畲族信仰：多样性与功利性 / 145

第十章
西北地区传统岁时民俗与民间信仰 / 148

第一节 农业"总管家"：土地小神 / 148

第二节 祈雨活动：干旱地区的多元习俗和仪式 / 151
  一、尧山圣母 / 153
  二、斩旱魃 / 154

第三节 新疆少数民族的早期信仰遗存 / 155
  一、多文化交融下的陵墓朝拜 / 157
  二、行走在文化孔道中的朝觐 / 161

第十一章
西南地区传统岁时民俗与民间信仰 / 163

第一节 农耕社会的好伙伴：牛神 / 163

第二节 西南丘陵：井盐生产与盐神信仰 / 167

第三节 成都平原：川主信仰与蚕神 / 169
  一、天府之国的川主信仰 / 169

二、刺绣与织锦中的蚕神信仰 / 171
　　三、川西林盘中的竹篾祖师 / 175

第四节　西南少数民族的典型信仰 / 176
　　一、普米族的韩规信仰 / 176
　　二、傣族的祖先崇拜 / 177
　　三、布朗族的竜神信仰 / 178
　　四、佤族的木鼓信仰 / 179
　　五、彝族的祖灵崇拜 / 180
　　六、白族的本主崇拜 / 183
　　七、羌族的白石崇拜 / 186
　　八、水族水神崇拜 / 188
　　九、壮族花婆信仰和青蛙崇拜 / 189
　　十、瑶族的盘王信仰 / 190
　　十一、侗族的"萨"崇拜 / 191
　　十二、仡佬族的竹崇拜 / 192

第三部分　中国乡村传统岁时民俗与民间信仰的传承、保护与活化　199

第十二章　中国乡村传统岁时民俗与民间信仰的传承 / 200

第一节　泽被众生：个体与社群的护佑与永续 / 200
　　一、趋吉避凶：个体生命周期神灵护佑 / 200
　　二、宗族同源：宗族社会与宗族信仰 / 206
　　三、华夏共祖：神祇信仰凝聚与认同 / 212

第二节　有求必应：乡村信仰与日常生活的实践理性 / 227
　　一、处处有神灵：乡村信仰的日常生活面向 / 228
　　二、事事可求神：乡村信仰的实践理性 / 239
　　三、行行奉祖神：乡村世界与城市生活的相辅相成 / 249
　　四、求神与造神：乡村传统与民间信仰的互动生成 / 257

第十三章
中国乡村传统岁时民俗与民间信仰的保护 / 268

第一节 中国乡村传统岁时民俗与民间信仰保护的必要性 / 268
　　一、非遗保护的重要性 / 268
　　二、非遗语境下的文化冲击 / 270

第二节 中国乡村传统岁时民俗与民间信仰保护的困境 / 272
　　一、陷入保护困境的原因 / 272
　　二、乡村如何走出保护困境 / 274

第三节 中国乡村传统岁时民俗与民间信仰助力乡村振兴 / 277
　　一、乡村振兴中岁时民俗与民间信仰的转变方式 / 277
　　二、乡村振兴实践中岁时民俗与民间信仰的当代价值 / 280
　　三、乡村振兴战略背景下岁时民俗与民间信仰的保护和引导 / 282

第十四章
中国乡村传统岁时民俗与民间信仰的典型活化案例 / 284

第一节 张壁村的民俗信仰 / 284
　　一、历史背景 / 284
　　二、传承现状 / 287
　　三、活化方式 / 289

第二节 妈祖文化 / 291
　　一、历史背景 / 291
　　二、传承现状与特点 / 293
　　三、活化方式 / 295

第三节 壮族"三月三" / 298
　　一、历史背景 / 298
　　二、传承现状与特点 / 299
　　三、活化方式 / 301

参考文献 / 305

后　记 / 313

中国传统村落文化抢救与研究

非物质文化系列（融合出版含视频）

Chinese Traditional Villages

第一部分

概述

第一章
中国乡村传统岁时民俗与民间信仰的概念

20世纪40年代,著名人类学家费孝通先生在《乡土中国》一书中写道,"中国社会是乡土性的","乡村里的人口似乎是附着在土上的,一代一代地下去,不太有变动",由此他将传统中国的社会形态整体性地概念化为"乡土中国"。[①] 在近现代中国社会演进的百年进程中,古老的"乡土中国"一方面延续了以地为本的农业经济、以村而治的乡土秩序、根植于土的文化伦理,另一方面又在统一的多民族国家建设进程、现代化与全球化的多重推力下力图摆脱这种被土地束缚的传统"一元"社会形态,迈向了"城乡中国"二元发展以及"城镇化"建设、"新农村"建设的探索之路。

2021年,在历经了抗击新冠肺炎疫情的重大考验以及取得脱贫攻坚战的全面胜利之后,中国迎来了全面推进乡村振兴的开局之年。在新的历史背景下,如何深入挖掘中华优秀传统文化的乡土根基,激发村落共同体的文化自觉,推动乡村价值伦理的传承与当代转换,成为乡村焕发生命力的关键所在。重新理解"乡村",也因而成为"乡村再出发"的一个基本议题。

这样的乡村,就必须超越"传统村落学"的固有视野,不仅要从建筑角度出发去记录和分析乡村地域的建筑空间格局、分布特征

---

① 费孝通.乡土中国[M].北京:北京大学出版社,2004:1-3.

及其演化规律，更需要立足人类学、民俗学、文化遗产保护等的跨学科视野，重返日常生活的整体性、活态性和流动性根基，将乡村重新理解为一个鲜活跃动、生生不息、交融共生的文化实践整体。

关于什么是"文化"，英国人类学家泰勒在《原始文化》中最早提出了"文化"的经典定义："文化或文明，就其广泛的民族学意义来讲，是一复合整体，包括知识、信仰、艺术、道德、法律、习俗以及作为一个社会成员的人所习得的其他一切能力和习惯。"[1]尽管迄今为止"文化"的相关定义已经有200多个，但对文化的基本理解总体上仍未超出泰勒经典定义的基本维度，即从文化整体观的立场出发，将社会发展过程中的人类创造物——包括物质技术、社会规范和观念精神均包含在内。那么，乡村文化的特性又是什么呢？从主体归属来看，中国乡村文化的主体是生于乡土、活于村落、凝聚乡情的乡土之民，因此，乡村文化、乡土民俗一方面体现出其作为"小传统"、区别于都市文化的民间性与根基性；另一方面也由于中华民族多元一体格局的多区域、多民族构成而体现出多元性、差异性和交流性。在此基础上，就有必要深入乡村生活世界的历史深处和现实情境中去，从岁时流转的时间维度、多态生境的空间维度以及多民族交融共生的共同体认同维度去探寻中国乡村文化传承与创新的内在动力。

从时间维度来看，岁时流转为乡村生活的展开和乡村社会的变迁提供了最为基本的纵向时间框架。早在19世纪末，英国民俗学家博尔尼就曾说过：不能想象一个民族不会区分昼夜，或觉察不到白

---

[1] 泰勒.原始文化[M].连树声，译.谢继胜，尹虎彬，姜德胜，校.桂林：广西师范大学出版社，2005：1.

昼黑夜的转换似乎是受太阳运动的支配。[①]对物换星移、岁时流转的感知和把握是乡村生活、劳作、延续的基本前提和重要保障,更为重要的是,乡村民众在长期的实践中就如何理解与协调宇宙时间、自然时间乃至人本身的生命时间,逐步形成了包含若干观念、信仰、仪式和口头传统在内的复杂系统,如春节守岁、元宵观灯、清明祭祖、中秋拜月、重阳登高等岁时民俗文化,早已成为乡村民俗文化中最为根基性的重要组成部分。

从空间维度来看,中华大地博大广袤,早期华夏文明的萌芽呈现出苏秉琦先生所论的"满天星斗"态势。以考古学的"文化区系类型理论"为基础,苏秉琦先生勾勒出新石器时代文明的六大板块,分别是以仰韶文化为代表的中原文化板块(即传统意义上的黄河文化中心),以泰山地区大汶口文化为代表的山东、苏北、豫东文化板块,以巴蜀文化和楚文化为代表的湖北及相邻地区文化板块,以河姆渡文化为代表的长江下游地区文化板块,西南地区鄱阳湖—珠江三角洲文化板块,陇东到河套再到辽西的长城以北地区文化板块等。[②]也就是说,新石器时代甚至到夏商时期,同时存在着发展水平相近的众多文明散布于华夏大地的四面八方,犹如天上群星之星罗棋布。中原文明只是众星之一,而并非众星之核心。[③]辽阔的地域、复杂的自然生境为各区域社会、文化演进的多样性奠定了基础。因而可见,即便同样以乡土为根,中国的乡村社会和村落形制也存在巨大的差异和多元的形态,比如华北平原多屯、堡、村、庄,西南

---

① 博尔尼.民俗学手册[M].程德祺,贺哈定,邹明诚,等译.上海:上海文艺出版社,1995:188.
② 李伯谦.中国考古学思想发展史上的一场革命——重读苏秉琦考古学文化区、系、类型理论札记(提纲)[J].南方文物,2010(3),1-3.
③ 苏秉琦.满天星斗:苏秉琦论远古中国[M].北京:中信出版社,2016.

山地则大寨、小寨林立，江南闻名于水乡，客家人则围屋而居，等等。与此相应，依山、临海、沿河、居坝所形成的不同的自然资源禀赋和生境适应方式也在漫长的历史进程中孕育了各区域乡村社会丰富多彩、多元多态的民间信仰体系，比如闽台沿海一带敬奉妈祖，晋陕黄土高原祈求龙王降雨，蜀地缫丝制盐祭祀蚕神盐神，东北采参人供奉山神与"老把头"，等等。而灶王爷、土地公婆这般官位不高却与人亲近的众多小神祇无处不在，庇护着一座家屋、一方乡土，更充分体现了民间信仰早已渗透了乡村日常生活的方方面面。

从民族维度来说，更要看到中国自古以来就是一个统一的多民族国家。正如吕思勉所言："惟我中华，合极错杂之族以成国。"[①]从雪域高原到戈壁荒漠，从大兴安岭森林到七彩云南，华夏大地广袤而极富差异性的生态环境孕育出了汉、藏、蒙古、壮、苗、瑶、傣等56个同根共生又禀赋各异的兄弟民族。各民族在历史上大散居、小聚居，在长期交往交流交融中构筑了中华民族的文化、政治、历史与命运共同体。秦汉雄风、大唐气象、康乾盛世均是各民族同生共荣、共同发展的历史见证。中华文化的蓬勃生命力源于其内部丰富多元的民族文化基因以及兼容并蓄、包容开放的文化传承智慧，各民族世代传承的节庆民俗与民间信仰往往与宇宙周运、季节更迭、丰收祈福、英雄祖先、谈情说爱、乡规民约等有着密切关系，不仅是各民族留存历史记忆的活化石、生活生产方式的集中体现，也是各民族传统文化的生动展示。

综上所述，中国乡村传统岁时民俗与民间信仰是中华民族传统文化的重要组成部分。对根在乡土的中国社会来说，村落岁时节庆

---

① 吕思勉.中国民族史两种[M].上海：上海古籍出版社，2008：10.

和民间信仰活动的开展寄托了人们对美好生活的质朴向往，对维护地方乡村社会结构与关系网络的稳定团结、规范乡风民约、丰富乡村民众的精神生活、增强文化自信和生活幸福感都发挥着不可忽视的重要作用。在新的时代背景下，更需要秉承辩证的态度对传统岁时民俗与民间信仰取其精华，去其糟粕，主动引导其正向发展，从而为塑造新乡民、建设新乡村提供内生文化动力，为中华优秀传统文化传承农耕文化基因，为乡村振兴助力。

本书将中国乡村的传统岁时民俗与民间信仰视为一个整体来加以呈现，原因在于：一方面，岁时民俗为民间信仰活动在年度周期中的往复实践勾勒了基本的时间框架；另一方面，民间信仰的仪式活动时间往往也在特定的年度时间阶段或节点上加以展开，特定的社会/神圣时间标定性本身就是民间信仰实践的重要特征之一。英国民俗学家博尔尼在《民俗学手册》中以"信仰与行为"为全书开篇第一部分，引领其后"习俗"和"故事、歌谣、俗语"两部分，勾勒出民俗生活世界的基本领域。进而她又将"信仰与行为"划分为"大地和天空""植物界""动物界（兽类、鸟类、爬虫、鱼类、昆虫）""人类""人工制品""灵魂与冥世""超人的神灵（神、小神及其他）""预兆和占卜""巫术""疾病和民间医术"等若干相关类型，[①]为调查和理解信仰民俗提供了具体的指导路径和方法。其后，国内外学术界对于信仰民俗的范畴及分类进一步发展出了诸多不同的观点。本书的构架思路则并未采用此种按信仰类型进行分类撰述的方法，而是力图兼顾两个层次的整体性：其一，重返民俗生活世界的整体性立场，从乡村信仰生活演进的历史进程、时间节律、

---

① 博尔尼.民俗学手册[M].程德祺，贺哈定，邹明诚，等译.上海：上海文艺出版社，1995.

空间框架、个体/社群关联以及乡村信仰的实践理性逻辑等几个方面，全面刻画乡村节庆民俗和信仰民俗的整体面貌；其二，立足中华民族共同体认同凝聚的整体性视角，从华夏大地的多区域结构视角展现东北、华北、华中、华南、华东、西北、西南的生境多样性和丰富的乡村生活形态，从56个民族共生共荣的历史展现"中华民族多元一体格局"，由此在多区域、多民族互动交融的基础上将中华民族多元多彩的民间节俗与信仰实践重铸为一个整体。

第二章
中国乡村传统岁时民俗与民间信仰的历史演进

推算年、月、日的长度以及它们之间的关系，制定时间顺序的法则叫"历法"。中国是世界上最早发明历法的国家之一。中国古人主要认识到大自然中的三种周而复始的运动，地球绕太阳公转产生的四季交替形成的"年"运动，月亮绕地球公转产生的月明月暗朔望交替的"月"运动，以及地球自转产生的日出日落昼夜相续的"日"运动。① 由于这三类运动是互相独立的，出现了回归年和朔望月两个不能同时协调的周期，因此，历法一般分为三类，即太阴历、太阳历和阴阳历。中国历法体系非常丰富，从历时层面而言，中国古代历法有夏历、殷历、周历、太初历、公历、农历等。从共时层面来说，还包括各少数民族历法，比如回历、彝历、藏历、傣历等。

中国的传统文化始于农耕生计模式，这种生存方式依赖土地，需要掌握自然时变的规律，所以中国传统文化中随处可见"寻求稳定"和"把握时变"的思想，注重对历法的研究正是为了掌握规律把握时变。远在春秋时代，就定出仲春、仲夏、仲秋和仲冬四个节气。以后不断地改进与完善，到秦汉年间，二十四节气已完全确立。公元前104年，由邓平等制定的《太初历》，正式把二十四节气定

---

① 王霆钧.解读中国历法[J].自然辩证法研究，2001（11）：37-40.

图 2-1
故宫日晷
（图片来源：李菲 摄）

于历法，明确了二十四节气的天文位置。"春雨惊春清谷天，夏满芒夏暑相连，秋处露秋寒霜降，冬雪雪冬小大寒。每月两节不变更，最多相差一两天，上半年来六廿一，下半年是八廿三。"这是按照黄河流域物候总结的二十四节气歌，几千年来成了中国农事活动的主要依据，至今对中国农业的生产和发展起着重要作用。我国幅员辽阔，不同的地域气候差别很大，这就导致了各地物候"同时而不同气",在乡村社会农事活动和风物上自然也存在差别。像华北地区就有"秋分早,霜降迟,寒露种麦正当时"的民谚,而江浙地区则有"白露身勿露,赤膊变猪猡""寒露脚勿露"。黄河中下游有《九九歌》:"一九、二九不出手;三九、四九河上走;五九、六九沿河望柳;七九河开,八九雁来;九九又一九,耕牛遍地走。"而东北农谚中则有"立夏鹅毛住,小满雀来全,芒种开了铲,夏至不拿棉""白露烟上架,秋分不生田""立冬交十月,小雪地封严"之说。这些谚语、歌谣是人们在乡村生活和农耕生产中的经验总结,它们充分说明了节气、物候与农业生产和乡村社会发展的密切关系。①

  二十四节气作为自古以来人们对农事活动的规律总结,正是中华民族农耕文明特色的集中体现。通过长年的农耕作业,先民不断积累经验,参照天文地理,发明了历法,制定了节气,这些宝贵的物候规律至今仍然指导着中华广袤大地上乡村民众的生产和生活。在岁月流转、物候交替的宇宙时空之中,华夏先民与天地万物和谐共生,对生活劳作中的各种奇妙的自然和文化现象也充满了好奇心和求知欲,自然崇拜、图腾信仰以及各种巫术仪式的起源与发展都体现了朴素而深刻的"野性思维"。正是这种与乡土、自然、地方生境交织生长的"野性生命力",使乡村社会的民间信仰千百年来始终在官方信仰与制度性宗教之外,保持了自身的草根性、质朴性、实践性和多元性,为乡土社会的发展变迁、乡村民众的代代相续提供了"小传统"的重要支撑。直至今日,形形色色的乡村民间信仰也仍然以一种无声而蓬勃的姿态弥散于乡村民众生活的底层与缝隙之中。

---

① 金开诚.中国文化知识读本:岁时文化[M].长春:吉林文史出版社,2012:6-11.

乡村民间信仰源远流长，体系纷繁芜杂。本章将在华夏农耕物候文化与信仰的基础上，以历史演进的时间顺序为线，按朝代划分为节，每节中分别梳理该历史时期内乡村民间信仰的基本特点与体系的演变过程，探索乡村民间信仰体系演进之规律。唯有深入民间信仰的历史流变之中，才能理解其之所以生生不息的原动力所在。

第一节　先秦：神灵初降

先秦时期的民间信仰以自然崇拜与祖先崇拜为主。商周时期的自然崇拜，如对"天"的崇拜，在发展过程中与政治结合，逐渐建立起祭祀礼仪的等级制。商周的氏族与家族势力庞大，祖先崇拜也有着严格的祭祀规则，共同的祖先崇拜是维护宗族团结的手段，也是与自然神祇沟通，拉近人神间距离的一种方式。但值得注意的是，此时的信仰中还未有人格化的神祇出现，只有人格化的特征。

一、自然崇拜

据考古界的发现，早在史前时期远古初民的生活中，就处处有自然崇拜的痕迹，主要反映在形形色色的图腾上：仰韶文化的人面鱼纹碗、良渚文化中的太阳鸟、红山文化出土的龙形玉等。[1] 这些考古证据或多或少地都指向了先民们原始的自然崇拜，这种对于自然力的崇拜也包括动物崇拜、生殖崇拜和女神崇拜等其他原始信仰。

---

[1] 蒲慕州.追寻一己之福：中国古代的信仰世界[M].上海：上海古籍出版社，2007：22-24.

但囿于此一时期的考古发现，不足以勾勒出当时民间信仰的全部面貌。

至有文字可考的时期，自然崇拜的印记就愈发明晰了。在先秦时代，对"天"的崇拜尤为明显。夏代便有以"行天之罚"征伐其他部落的概念了。①"殷革夏命"，商人对"天"的崇拜则更进一层，将天称作"帝"，视作是自然力的化身、万物的主宰，巫者通过各种祭祀、占卜、舞乐手段可以达到通天的目的。②除"天"以外，商人同时也崇拜其他自然之物，如日月星辰、雷电风雨、山河湖海、花草植物等，反映出商人存在一个神灵至上的多神信仰。

及至周代，周人为了构建新政权的合法性，将"天"上升至"具有道德判断意志的对人间世事的最高仲裁者"③，赋予其人格化的特征。统治者成为"天"在人世间的代理，因此"天"会依据统治者的作为有选择地降下祸福，《诗经·大雅·文王》："上帝既命，侯于周服。侯服于周，天命靡常。"

虽然"天"在周人观念中处于独尊地位，但对于山川河海等自然神祇，周人也加以祭祀。周代祭祀礼仪等级制度化，不同等级的人祭祀不同的神灵，《周礼》记载："王者祭天地，诸侯祭山川，卿大夫祭五祀，士庶人祭其先。"天子垄断了对"天"的祭祀权，拉远了民间与"天"的距离，却并未导致民间对"天"的崇拜有所减弱，"天"在民众生活中的影响力依然深厚。《诗经》中便有不少诗句与"天"相关，表达了民众对"天"的祈求、控诉等，如《诗经·小雅·小弁》"何辜于天，我罪伊何"，《诗经·小雅·巧言》"悠

---

① 乌丙安.中国民间信仰[M].上海：上海人民出版社，1995：16.
② 蒲慕州.追寻一己之福：中国古代的信仰世界[M].上海：上海古籍出版社，2007：27-30.
③ 蒲慕州.追寻一己之福：中国古代的信仰世界[M].上海：上海古籍出版社，2007：36.

悠昊天，曰父母且"，①都表达了"天"在民众生活中的重要影响。

纵观西周至战国时期周人的自然崇拜，其神祇的性质也发生了变化：神祇的自然色彩逐渐淡化，政治色彩增加，社神、稷神从土地神变化为国家政权的象征；神祇出现人格化的萌芽，开始由自然神崇拜转向人格神崇拜，英雄人物如句龙、大禹被奉作土地神，但"土地神的本身神主尚未人格化"②，即英雄人物虽被神化为土地神，但反向的神主人格化过程还未展开。

二、祖先崇拜

祖先崇拜是商人信仰生活中另一个重要部分。商人的祖先崇拜与自然崇拜交织，在商人的观念中，"活人、祖先、神祇都生活在同一个世界之中"③，并可以通过巫术进行沟通。商人的这种观念使得其将祖先崇拜与自然崇拜拉近，"帝"作为至尊神面向商人的所有氏族，商人对于祖先的祭祀往往伴随着占卜的巫术活动，借此与祖先和"帝"沟通，在巩固"帝"至上地位的同时，也突显出商人氏族超脱于其他氏族。

祖先神是商人祈祷的主要对象，商人祖先祭祀的规模庞大、典礼隆重，祭祀祖先的数目众多。始祖神和近祖神都受到祭祀，祭祀的祖先中包括女性，对于非王室的祖先也同样祭祀。④商人的祖先崇拜中存在着神化祖先的倾向，他们将玄鸟视作始祖，拉近了祖先崇拜与自

---

① 陈筱芳.春秋宗教习俗[D].成都：四川大学，2004：44-45.
② 王见川，皮庆生.中国近世民间信仰：宋元明清[M].上海：上海人民出版社，2010：86.
③ 蒲慕州.追寻一己之福：中国古代的信仰世界[M].上海：上海古籍出版社，2007：34.
④ 马新，贾艳红，李浩.中国古代民间信仰：远古—隋唐五代[M].上海：上海人民出版社，2010：75.

然崇拜的距离，也认为祖先可以庇佑他们并且实现他们的愿望。

周人为了巩固政权，有意识地将祖先崇拜与自然崇拜结合，这表现在祭祀祖先与祭祀天帝的统一上，合称为"敬天尊祖"。[①] 相对应地建立起祖先祭祀的等级制，即庙制，规定祭祀仪制从"天子七庙"递减至"士一庙"，中间的诸侯、大夫依次是五庙、三庙，庶人则只能祭于寝。虽然祭祖的等级制森严，但是也反映出祖先崇拜在天子至庶民生活中的重要地位。

春秋战国时期，家族势力扩大，普通百姓的祭祖风气也渐盛，多向祖先祈求庇护、长寿和家族兴旺等日常生活相关之事。祖先崇拜不仅是人们通过祭祀获得精神寄托的方式，也是通过作为共同信仰的祖先来维护宗族间团结的手段，具有神圣与世俗的双重意义。这一时期是祖先崇拜世俗化的开始。

先秦的祖先崇拜往往限于同一氏族或同一个家族内部，祭祀非自家祖先的行为是不恰当的，《论语》中提及，"非其鬼而祭之，谄也"，便是批评对于别人的祖先进行祭祀的献媚行为。

第二节　秦汉：信仰繁荣

秦统一六国后，各国文化交融，大一统下的宇宙观也随之剧变。从秦至东汉中期，官方和群众的造神运动持续进行着，建构出

[①] 马新，贾艳红，李浩.中国古代民间信仰：远古—隋唐五代[M].上海：上海人民出版社，2010：76.

一个崭新的神祇体系。①其特征是与大一统政权相应的神祇等级制，神祇人格化后在民间出现的各类神仙崇拜以及在神祇之外的鬼、怪信仰，大大丰富了民间信仰的内容。

一、神祇等级制

秦始皇在位时，将五德终始说引入信仰秩序之中，还统一规划了民间祭祀的时间、内容和地区，把民间神祇纳入官方信仰，建立起完整的信仰世界。秦代将神祇体系按照世俗的政治秩序框架重新划分并给予等级，"以首都咸阳所在地的雍四畤所祭的青黄赤白四帝最为尊贵"②，环绕着咸阳地区所祭的其余神祇如日、月、星、辰、二十八星宿等则是拱卫着中央的"臣僚"，地方的山岳河流则被视同于地方政府。但是秦代所建立的这一体系并不严密，与远离政治中心的民间信仰的界限则较为模糊。

汉代基本继承了秦代的信仰体系，继续吸纳民间信仰进入官方，并召集巫者举办新的祀典。民间信仰转变为官方信仰的过程不仅是大一统帝国的象征，也是统治者对于自身统治权的夸耀和展示。皇帝的个人喜好会影响到信仰体系的发展，汉武帝就曾将自己母亲祭祀过的一位民间女性神祇纳入官方信仰中③，实际上显示出官方信仰与民间信仰间分际不清晰，常有交叠之处。

祭祀的等级制一直伴随着神祇体系的建立，秦汉的祭神也分为

---

① 马新，贾艳红，李浩.中国古代民间信仰：远古—隋唐五代[M].上海：上海人民出版社，2010：130.
② 蒲慕州.追寻一己之福：中国古代的信仰世界[M].上海：上海古籍出版社，2007：101.
③ 蒲慕州.追寻一己之福：中国古代的信仰世界[M].上海：上海古籍出版社，2007：105.

上层统治者可以祭祀的大神和普通百姓祭祀的日常小神。大神往往与国家命运相关联，如太一、后土等，日常小神与百姓生活密切相关，如门神、灶神等。门神在先秦时期作为五祀之一，是只有贵族才能祭祀的，但在秦汉时期与户神合而为一，降格为民间百姓的日常生活之神。① 信仰对象的重要性随着统治者和民间大众的需求而变，其神格也随之升降，一些神祇进入官方体系的同时，另一些神祇则可能回到民间。

民间社会的日常生活充满各种信仰的痕迹，不同的信仰对应着民众不同的日常所求，这又与民众的生活方式和生计模式息息相关。

二、神仙崇拜

秦汉神仙崇拜的显著特点可以从三个层面看待：一是上至帝王下至百姓，普遍对修仙长生的狂热，这种狂热甚至能左右政治；二是对某些"死后成仙"的神仙崇拜，如介子推，以及对可以助人长寿成仙的神仙崇拜，代表人物为西王母；三是神灵的人格化，西王母的形象演变即显示这一转变的完整过程，以及伴随发生的神格、神职变化。

秦汉造神运动的兴起和神祇体系的建立与帝王对修仙长生的向往与热情有着密切的关系，民间信仰对于帝王的影响从未减弱过。秦始皇派人四处寻找长生不老药，汉代的皇帝也未能脱离对寻仙长生的希求与尝试，汉武帝晚年发生的巫蛊之祸也足以反映出巫术作

---

① 马新，贾艳红，李浩.中国古代民间信仰：远古—隋唐五代[M].上海：上海人民出版社，2010：148.

为一种普遍信仰的影响程度。

从帝王到普通民众，对于成仙的渴望使得对以西王母为主的神仙崇拜在秦汉蔚然成风，而在现实世界的寻仙问道受挫又导向了汉代"死后成仙"的信仰。如今可见的汉代墓葬中的器物、壁画中，以灵魂进入彼岸世界和神仙崇拜为主题的图像占了很大的比例，马王堆一号墓的昆仑图像中出现了西王母的形象，预示着墓主人死后将会被接往神仙界。[1] "死后成仙"观念的流行反映出神仙崇拜作为普遍民间信仰的存在。

同时在现实生活中，人死后也被神化成仙，成为民间的祭祀对象。这些被神化的人物大多是有着特殊事迹的英雄人物，如介子推；有功于民的地方官吏和显示出非凡法术之士，受到民众推崇而被立祠祭祀。这一做法强化了人们对死后成仙的信仰，使得对于神仙崇拜的狂热有了可见的现实基础。

在崇拜神仙的同时，原始神仙如西王母被进一步人格化，从形象到行为都与人相似，拉近了人与神仙的距离。以西王母为例，据《山海经》记载，西王母的形象是：

> 西王母其状如人，豹尾虎齿而善啸，蓬发戴胜，是司天之厉及五残。

原初的西王母是让人觉得可怖的非人非兽、人兽合一的形象。至汉代，西王母被人格化，她的外在形象逐渐向人靠拢，野兽的特

---

[1] 巫鸿.黄泉下的美术：宏观中国古代墓葬[M].施杰，译.北京：生活·读书·新知三联书店，2010：55.

图 2-2 成都东汉西王母画像砖

征被淡化。[①]西汉时期,文人描述的西王母人化形象多为白发老妇人,司马相如的《大人赋》中描绘西王母:

  吾乃今目睹西王母。暟然白首,戴胜而穴处兮,亦幸有三足乌为之使。必长生若此而不死兮,虽济万世不足以喜。

---

① 巫鸿.黄泉下的美术:宏观中国古代墓葬[M].施杰,译.北京:生活·读书·新知三联书店,2010:58.

西王母此时的形象是具有长生职能的白发老妪，较之半人半兽的凶残形象已有所美化。而在西汉末东汉初，西王母就被描绘为貌美女子的形象了，她雍容华贵，周边常伴仙兽猛禽。可以看出，本属于西王母的非人兽性被转移至跟随她的神兽身上，她自己则完全人格化了。除此之外，西王母在世俗化的过程中还被民间配上了丈夫、子嗣。

　　民间对西王母的崇拜很大程度来源于她有让人长生和成仙的能力，《淮南子》载后羿请求长生不老药于西王母，嫦娥偷服此药便成仙奔月。西王母本是"司天之厉及五残"，为了迎合汉代修仙长生的需求，她的神职随之扩展为长生、成仙、赐嗣等，后期更被民间视作无所不能之神，[①] 神格也因此上升。

三、神祇之外的鬼、怪

　　在神祇体系之外，对于鬼、怪的信仰在民间也是普遍流行的。秦汉的灵魂观念认为，普通人死后灵魂离开身体独立存在，就成了鬼。鬼具有超凡的能力，可以对人间施加影响，与神祇不同，鬼对人世的影响是好坏不定的。因此，为了防止鬼为祸人间，需要对鬼进行祭祀，已经造成不良影响的鬼要受到驱逐。

　　人死后的地下世界也被建构出来，从汉代的墓葬壁画可以看出，汉代人所建构的地下世界与日常生活世界相似，地下世界由泰山府君统理，下设各级官吏，官职和现实生活对应，有的甚至与现

[①] 马新，贾艳红，李浩.中国古代民间信仰：远古—隋唐五代[M].上海：上海人民出版社，2010：154-157.

实世界的官名一致，是对现实的翻刻。众鬼受到地府的管理，有吃穿住行的欲望，地下世界的生活与现实几乎无异。[①]不光是神祇世界向着统一化、官僚化、制度化演变，地下世界也是如此。

秦汉民间信仰认为怪是由动物或植物等非人的东西变成的，汉代信仰的怪有狗怪、树怪、蛇怪等，这些怪物虽然会为祸人间，但是很容易被人所制服，所以并未引起民众的恐惧。

对于动植物的信仰在汉代的墓葬壁画与画像中也多有体现，如灵芝信仰、龙凤信仰和十二生肖信仰等。其中十二生肖起源由来已久，但与现代说法完全一致的是始自东汉，对于十二生肖的动物崇拜在汉代的民间社会也是常见的，鼠作为十二生肖之首，常出现在汉代墓葬壁画中。在一些汉画像石中绘有"鼠咬天开"画面及让老鼠和女娲在同一画面，都反映了鼠在兽中的创世神地位，[②]以及其在民间社会中受到崇拜的现象。

第三节　隋唐：兼容并蓄

隋唐是经历了动荡后重新稳定下来的大一统时期，是历史上经济文化极为繁荣的朝代，民间信仰也在其中呈现出一派欣欣向荣的新气象。自上而下看，隋唐民间信仰受到官府的整合以及宗教的吸纳、改造与融合；自下而上看，唐代的商业发展使得庇佑各民间社

[①] 马新，贾艳红，李浩.中国古代民间信仰：远古—隋唐五代[M].上海：上海人民出版社，2010：157-162.
[②] 郑先兴.论汉代民间的鼠信仰——兼谈"老鼠嫁女"的原型及其旨趣[J].宁夏师范学院学报，2011（2）：64.

团、行会的行业神应求而生。同时，隋唐民间信仰的另一个独特之处在于对当朝人物崇拜的盛行。

一、整合交融

隋唐对于前代流传下来的传统民间信仰的天上神祇，如日月星辰、风雨雷电；地上神祇，如土地山川、历史人物神祇，包括神祇之外的鬼、怪都加以继承并祭祀。

新帝国在结束前一阶段政治、社会、经济、文化等各方面的混乱之时，也会通过各种手段进行整顿。隋唐的多元文化背景使得这一时期的民间信仰多样，新旧纷纭，因此对于民间信仰的整合势在必行。

淫祀、淫祠始终伴随着民间信仰的生发与传播，这是民间信仰自身存在的自发性与随意性导致的。一旦国家疏于管制，淫祀之风就会弥漫，六朝以来便是如此，《太平广记》专列了"淫祀类"，足证隋唐面对的淫祀之泛滥，且带有强烈的地域性。信仰的泛滥与无序，在一定程度上威胁了统治的权威，也给人们造成了不必要的负担，故而打击淫祀、将部分淫祀纳入管理体系合法化是至关重要的。[1]

唐代采取将"对地方祠祀的选择权下放到地方政府"[2]的手段，通过各地地方政府的管控将部分民间信仰纳入官方体系框架中予以合法化，不被地方政府所承认的民间祭祀便是被禁止的淫祀。

---

[1] 韩瑜.唐代小说与唐代民间信仰[D].杭州：浙江大学，2009：105-107.
[2] 马新，贾艳红，李浩.中国古代民间信仰：远古—隋唐五代[M].上海：上海人民出版社，2010：296.

在官方管理整合民间信仰的同时，宗教信仰和民间信仰也在进行着交融，佛、道大规模地吸收民间信仰，宗教信仰也经历着被民间信仰本土化、民间化的过程。

作为外来宗教的佛教，在传播初期就已经借助吸收民间信仰的神祇为自身寻求民众基础了，常用的方式是让佛教的高僧点化收服这些民间神祇，既包括精怪，也包括人神。关羽在南朝时被尊为人神，陈朝皇帝为之立庙奉祀。据传隋代时，有天台宗祖师于金龙池畔遇到关羽父子显圣的传说，祖师说服关公担任即将在此建立的宝刹玉泉寺的护法伽蓝神。[1]

佛教神祇也经历着本土化、民间化，在佛教传播的过程中某些符合民众喜好心理的神祇会被独立出来立庙供奉，其形象与神格都会受到民间的改造，观音就是其中一例。观音信仰盛行于南北朝，在印度佛教原是男身，在民间传播的过程中由于其救苦救难、大慈大悲的神性特征更符合女性身份，因而被逐渐女性化。到了盛唐，观音形象已经完成了女性化的转化。由于受到民间的喜爱，观音在普陀山有了自己的道场，她的神职也在不断地扩展，发展出送子观音、千手千眼观音、水月观音等司不同职的观音形象。

此外，佛教与民间信仰融合的过程中也催生了新的神祇。龙王信仰在隋唐的兴起便是结合了中国传统信仰中作为灵物的"龙"的概念和佛经中"龙王"的概念，并在道教与佛教对"龙神"的争夺中逐步提高了自身的神格。[2]

---

[1] 马新，贾艳红，李浩.中国古代民间信仰：远古—隋唐五代[M].上海：上海人民出版社，2010：303.

[2] 马新，贾艳红，李浩.中国古代民间信仰：远古—隋唐五代[M].上海：上海人民出版社，2010：309.

作为本土宗教的道教在发展中不断吸收民间信仰进入自身体系，"道教神仙谱系的建立本身就得益于对民间神灵的吸收与改造"①，道教吸收民间信仰的方式主要有接管、受管、召遣、请入宫观、编进神谱与仙书等②。道教对于民间信仰的吸收以民间信仰的影响力和朝廷的态度为标准。

二、应求而生

唐代民间信仰涌现了不少新兴神祇，其中最突出的便是由于商业、手工业繁荣应运而生的诸多行业神。行业神的出现与民间社会团体的行会密切相关，各行各业都拥有自己的行会，行会设有行首、行老，共同的行业信仰活动将行会联结成紧密的整体。唐代《因话录》记载了茶商祭祀陆羽，《唐国史补》记载了酒库祭祀杜康，都将祖师当作祭祀对象加以供奉，③反映出民间社团的普遍信仰。

科举制的诞生与兴盛，使得民间社会拥有了向上晋升的通道，参加科举的士人无论来自士绅阶层或乡间，都需要寻求能庇佑考运和功名利禄的神祇。因此在民间信仰中一些神祇被赋予掌管考运的职能，"秦汉以来掌福、禄、寿的文昌诸星成了主文运的星宿"④，在宋代时与梓潼神张亚子合并为保佑中举的文昌帝君。四川梓潼县城

---

① 马新，贾艳红，李浩.中国古代民间信仰：远古—隋唐五代[M].上海：上海人民出版社，2010：304.
② 刘仲宇.道教对民间信仰的收容和改造[J].宗教学研究，2000（4）：42-43.
③ 邓庆平，王崇锐.中国的行业神崇拜：民间信仰、行业组织与区域社会[J].民俗研究，2018（6）：123.
④ 马新，贾艳红，李浩.中国古代民间信仰：远古—隋唐五代[M].上海：上海人民出版社，2010：294.

的七曲山就有著名的文昌宫，是全国文昌宫的祖庙。

魁星作为北斗诸星之首也和科举产生了关系，兴起了将考官视作决定命运的北斗的说法[1]，故魁星也分化出掌管考运的神职。各地兴建魁星楼、魁星殿，读书人除平日里烧香祭祀外，就连考试时也带着魁星像。

城隍在唐以前就已出现，但少见记载，不受重视。随着隋唐时期大城市的繁荣发展，其作为城市保护神才日益得到人们的重视和供奉。除了保护城市这一职能外，城隍还有了许多其他职能，"生人亡灵、水旱疾疫、赏善罚恶"[2]都在它的执掌范围内，神职几乎涵盖了城市生活的全方面。在乡村社会，土地神仍是掌管乡村生活的最重要之神。

新兴神祇的出现与唐代的政治、经济、文化的发展息息相关，当已有的神祇无法满足人们的信仰需求时，其中一些神祇会被赋予过去所不具备的职能，同时还有新的信仰应求而生。民间信仰的蓬勃正说明了当时民众生活水平的提高与生计的稳定，原本的信仰和习俗要适应民众现实生活的需要。

三、人物崇拜

隋唐人物崇拜的独特之处在于对当朝人物的崇拜，包括在世者。当朝人物崇拜的表现方式有三种：一是民间为之建祠立庙祭祀的当朝人物，二是被民间神化、仙化和鬼化的当朝人物[3]，三是朝廷

---

[1] 江玉祥.中国民间魁星信仰源流考——兼论文昌神和梓潼帝君诸问题[J].国学，2017（2）：372.
[2] 赵杏根.中国百神全书：民间神灵源流[M].海口：南海出版公司，1993：197.
[3] 马秀勇.试论唐代民间信仰中的当朝人物崇拜[D].北京：首都师范大学，2003：4.

承认为之建立祠庙的当朝人物①。

唐代民间崇拜的当朝人物多为当朝官员，他们为民众生活的不同方面做出了贡献，如兴修水利、赈灾救荒、稳定社会、抵御外敌等，因而受到民众的崇拜以及朝廷的肯定。

民间供奉祭拜的当朝人物往往是对当地的民生做出贡献的当地官员，这类供奉规模较小，不一定会及时受到朝廷的注意与承认。而朝廷承认并为之建立祠庙的当朝人物则不仅受到民间百姓的崇拜，甚至会成为当朝上下祭祀崇拜的对象。这些受到崇拜的当朝人物身上或多或少地都会出现神化、仙化或是鬼化的故事，以显示他们的不凡以及与普通人之间的区隔。

狄仁杰在中央任职宰相时政绩突出，深受武则天重用，在朝中素有威望。后被贬出任彭泽县令，为受到干旱之苦的百姓上书，《全唐文》记载：

> 彭泽地狭，山峻无田。百姓所营之田，一户不过十亩五亩，准例常年纵得全熟，纳官之外，半载无粮。今总不收，将何活路？自春徂夏，多菜亡者。检有籍历，大半除名，里里乡乡，班班户绝。如此深弊，官吏不敢自裁。谨以奏闻，伏候敕旨。

朝廷因此免除了彭泽农民的租赋，当地百姓为纪念和感怀狄仁杰的恩德，为他建立生祠。②他的生平事迹也被赋予神异色彩，《太平广记》中记载狄仁杰为监察御史时，反对民间淫祠，焚烧江岭神

---

① 韩瑜. 唐代小说与唐代民间信仰[D]. 杭州：浙江大学，2009：100-101.
② 马秀勇. 试论唐代民间信仰中的当朝人物崇拜[D]. 北京：首都师范大学，2003：5.

祠，因"侍御方须台辅，还有鬼神二十余人随从"，江岭蛮神跟在他身后却奈何不了他，只能回归岭南了。[①]

第四节　两宋：互动交融

宋代经历了结束混乱到基本完成统一而又重新陷入分裂的过程，宋代的民间信仰始终处于各地区互动交融的状态，不少原本的乡村地方神在这过程中跨越了地区的局限，成为跨地域的神灵，以共同信仰联系起不同地域，成了不同地域民众间的精神纽带。在这期间，朝廷对于民间信仰中淫祀的打击更为严厉，也考虑到民间信仰的影响力度对神祇进行赐封，从而使得神祇的人格化与世俗化的程度更进一步。

一、赐封神祇与打击淫祀

宋太祖陈桥兵变夺得政权，贯彻"事为之防，曲为之制"的政治方针，政治、文化、经济和军事等方面高度集权，"将政治统治、宗教权威与文化秩序聚于一身"[②]。民间信仰自然也受到诸多管制，给民间信仰中的神祇赐封官爵和打击淫祀的手段在宋代被大规模使用。

宋代的赐封神祇制度较唐代更为完善，不仅赐封传统祀典中的

---

① 韩瑜.唐代小说与唐代民间信仰[D].杭州：浙江大学，2009：100-101.
② 王见川，皮庆生.中国近世民间信仰：宋元明清[M].上海：上海人民出版社，2010：12.

神祇，还将祀典以外的神祇纳入赐封范围，制度化民间信仰。宋代赐封神祇的标准常以儒家经典为依据，被赐封的神祇除了原有的宗教功能外，往往还要具有"民所取用也"的社会功能，因此山林川谷等自然神祇常被授予爵位。此外，能够进入祀典的神祇的灵验程度也在朝廷的考察之列。

由于宋代赐封神祇的数量众多，同一位神祇也会被多次赐封，朝廷不得不采取措施来保证神祇爵位的晋升：一是"初封侯，再封公，次封王"，逐步晋升；二是增加封号的字数，初二字，再四字、六字，最多可至八字。关公在宋代初期是官方祀典中武成王身边的武将之一，并非作为民间信仰中的关公而被承认。至宋哲宗时期，官方才承认了民间信仰中的关公，敕赐玉泉寺旁的关公庙。北宋到南宋，关公被赐封多次，从徽宗时的封号"忠惠公"到南宋的"忠壮义勇武安英烈王"[①]，从封号的变化也可看出关公信仰在民间信仰中的地位跃升。

神祇被列入祀典与否是判定祠庙是否属于淫祀的重要依据。宋代赐封神祇数量虽然到达了历代的高峰，但只占了民间神祇的少数，大部分民间的祠神仍难以得到官方的认可，其祠庙都属于淫祀范围。值得注意的是，宋代对于淫祀的打击并不是全国性的，而是针对局部的。作为五代十国后重新建立的统一国家，宋代南方地区的经济、文化和风俗等都与中原地区的传统有着很大不同。部分南方地区的民间信仰行为如杀人祭祀、迷信巫医等，都不合乎官方礼法，且有害于百姓生活，因而受到官方的禁止与打击。宋代对于淫祀的打击主要是针对不符合官方礼制的信仰行为，而较少以"越望

---

① 王见川，皮庆生.中国近世民间信仰：宋元明清[M].上海：上海人民出版社，2010：265.

之祭"①的名义去打击淫祀。

二、神明的人格化与世俗化

在宋代赐封神祇的过程中,神祇的日益人格化与世俗化是引人注目的。朝廷为自然天地山川等神祇塑像,神祇被赋予人的形象,非但如此,这些人格化的神还"由历史或现实人物充任,且有任期"②,神祇体系进一步被官僚化,与世俗世界的联系愈发紧密复杂。世俗人物进入神祇体系,使得神祇体系世俗化,人的禀性不可避免地出现或被加诸神祇身上,因此神祇拥有喜怒哀乐甚至是人身上的种种劣迹,神界就是世俗界的翻版。

在民间看来,神祇塑像关乎神祇显灵,神祇可以居停于塑像内显示神通。祠庙和塑像的破败不堪,一方面表明神祇在人间受到冷遇,另一方面也让神祇无法显灵。因此为神祇重塑金身、修整祠庙,既表达出了信徒的诚意,也有利于实现神祇的功能,人神间形成了紧密的互惠关系。神祇会通过托梦和化成人形的方式向信徒提出要求,并且惩罚冒犯和破坏祠庙和塑像的凡人,主动修缮祠庙和塑像的凡人则会受到神祇的回报。

同时,神祇与人间的沟通方式也变得直接了,除了托梦、显身以外,凡人还可以通过掷珓、祈梦、签书、扶乩的方式向神祇问询并得到解答,但答案通常是模糊不清的,百姓需要向懂行的人寻求进一步明晰的解释。

---

① 即本来在一定区域的信仰向其他地区传播并在外建起行祠,从而形成了跨地域的信仰。
② 王见川,皮庆生.中国近世民间信仰:宋元明清[M].上海:上海人民出版社,2010:92.

神祇的人格化是神格下降的体现,以土地神为例,土地神的形象在日益人性化的同时,其"种类、数量大增,不仅有和行政区划平行的各级土地神,屋宅、里坊、官衙、寺庙、城池、山川,几乎有土斯有神"①,土地神的神通也在分级中不断变小。

三、跨地域的民间信仰出现

宋代出现大量的"越望之祭",跨区域信仰的大量出现与宋代经济的发展、政治中心的变迁、交通路线的变革等密切相关,"神明信仰的这种渐进式的渗透传播既反映了区域之间联系的加强,又推动了各地的人员、物资流动,共同的信仰也将在一定程度上瓦解原有的自然、行政、经济区域之间存在的障碍"②。

(一)妈祖信仰

妈祖是福建地区的诸多女巫之一,是一位乡土之神,北宋时期在莆田本地已有传播。相传妈祖出生在仕宦之家,原名林默,"十三岁得道典秘法。十六岁观井得符,能布席渡海救人"③。东南地区水路与海运生意在宋代不断扩展,妈祖神在水路货运方面格外灵验,于是本属福建本土的妈祖信仰随着商人们的活动被带至福建以外的广大地区,逐渐落地生根扩散开来。妈祖信仰在外地的传播主要是依靠商人、水手等,而建立行祠则多靠在外做官的莆田士人,除福建外,在"镇江丹徒县、杭州、明州、泉州、漳州等地亦有行

---

① 王见川,皮庆生.中国近世民间信仰:宋元明清[M].上海:上海人民出版社,2010:90.
② 王见川,皮庆生.中国近世民间信仰:宋元明清[M].上海:上海人民出版社,2010:154.
③ 徐彻,陈泰云.民间百神[M].上海:上海三联书店,2019:287.

图 2-3 妈祖像

祠"①。妈祖信仰是莆田在外群众的共同信仰寄托,带有强烈的群体色彩和乡土情结。

---

① 王见川,皮庆生.中国近世民间信仰:宋元明清[M].上海:上海人民出版社,2010:156.

（二）张王信仰

跨地域信仰在宋代形成的另一个例子是张王信仰的繁荣与传播。张王信仰早在汉代时已有传说，起源于广德军，是当地乡村百姓的信仰中心。[①] 张王原名张渤，"欲自长兴之荆溪凿河至广德，以通舟楫之利。工役将半，俄化为异物，驱役阴兵"。从传说内容看，张王信仰一开始便和水运开溪相关，在早期的其他神话中张王在本地的商人外出经商时也会显灵，体现出了跨地区施展神通的能力。

张王信仰在南宋和明代繁荣一时，"以广德为中心，遍及两浙、江西乃至湖南、福建地区"[②]。南宋以前，张王信仰还只是一个地区性信仰，南渡以后，张王信仰开始遍布。南宋的政治中心从东京南移至临安，为南方带去了大量人口，也推动了南方的经济发展和交流。张王信仰的发源地广德，在政治中心南迁后的交通网络中承担了重要的枢纽作用，是张王信仰向其他地域传播的地理优势。同时，由于张王在外地也多有灵验的征兆，不少官员、士人也在支持张王信仰的传播。

跨地域信仰的出现除了要求神祇自身灵验、在本地区有一定规模的信众外，还要求所处地区交通便利、经济发达，便于信仰向外传播。除此之外，政治中心的变动和官员的支持也是推动跨地域信仰繁荣的重要因素。跨地域信仰的形成，一方面紧密地联结起在外游离经商和做官的人，寄托着他们共同的乡土情感和信仰；另一方面，在信仰的传播过程中，越来越多的非本土民众参与进来，打破了地域的限制，加强了地域间的互动与交流，共同的信仰使得原本

[①] 皮庆生.他乡之神：宋代张王信仰传播研究[J].历史研究，2007（3）：55.
[②] 王见川，皮庆生.中国近世民间信仰：宋元明清[M].上海：上海人民出版社，2010：167.

疏离的地域开始向一个更紧密的整体迈进。

第五节　明清：信仰分流

明清信仰中最引人瞩目的是以家族、社区或社团为单位的共同信仰的壮大以及全国性信仰的出现，前者在沿海客家地区最为明显，共同信仰的庙堂在乡间生活中成为不可或缺的社交和决策场所，共同的信仰维系着乡里和异乡客之间的情感与交流。全国性信仰的出现除却神祇原本在民间拥有普遍的信仰基础外，也受到朝廷的大力推广与官方确认，实现从民间到官方，再从官方到民间的互动，不断延续着全国性信仰的生命力。

一、社群共同信仰

明清信仰中最引人瞩目的是以家族、社区或社团为单位的共同信仰的壮大，这一共同信仰涉及家族、社区活动的方方面面，它既包括祖先信仰的部分，又以地方神的形象显现。对于共同信仰的崇拜，将无数个小家族、小社团团结为一个大宗族，谁主导着共同信仰的祭祀权，谁就掌握着大宗族的话语权。共同的信仰甚至成为连接不同地域以及海外移民文化、族群认同的纽带。

明清的妈祖信仰是共同信仰的典型。自宋开始，朝廷对妈祖神的册封不断升格，由夫人而妃，而天妃，而天后、天上圣母，封号字数也一再追加，至清嘉庆时已达到 30 个字。① 与此同时，儒释道三教对妈祖信仰都有所吸收与改造，妈祖的神职也在这种互动交融中不断扩大，从海运通商到送子保赤，无所不应。

每逢春节、元宵、妈祖诞辰或升天纪念日，信仰妈祖的人会在妈祖庙举行庙会民俗活动；农历三月廿三和九月初九，还会分别举行春祭妈祖和秋祭妈祖两次祭典。妈祖已然是沿海客家地区共同信仰的主神，不仅联结着同乡同族的信仰和情感，在异乡异族间的世俗生活中也扮演着不可或缺的角色。在乡村，共同拥有妈祖信仰的人群将妈祖庙当作相互交际、联络感情的场所，妈祖庙因而具有了会馆的性质，供人联络同乡情谊、交换商业信息，在妈祖信仰的节日仪式活动中增强族群认同。

清政府统一台湾后，大量福建移民涌入岛上，妈祖信仰便在台湾迅速传开并成为主神，从康熙二十二年（1683）到清末，台湾新建了 222 座妈祖庙。同时，妈祖庙内所藏的清代示谕类碑文最多，远超其他神明的寺庙，官府借助妈祖的威望，统合移民信众和当地信众的精神世界，利用妈祖庙祭祖回娘家的仪式来联结不同社区或不同族群，调和族群纠纷。② 台湾的大多数妈祖庙都是湄洲祖庙的分灵或再分灵，每年都有数万信众前往妈祖祖庙朝拜，妈祖信仰这一共同信仰成为族群认同和文化认同的纽带。

---

① 谢重光. 试论妈祖信仰的社会功能 [J]. 中共福建省委党校学报，2002（1）：68.
② 赵庆华. 国家治理视阈下的妈祖信仰与清代台湾社会 [J]. 闽台文化研究，2018（4）：39-42.

二、全国性信仰的出现

在宋代时已有跨区域信仰的出现与传播，及至明清时期，有一些信仰在民间和官方的共同推动之下，最终成为全国性的信仰。

（一）文昌神

自隋代确立科举制度起，保佑科举考运的神祇便一直香火兴旺，明清是科举制的顶峰时期，对于掌管科举的文昌神君的崇拜也达到了巅峰。清代时，文昌神被通祀化，不论是否参加科举都会祭祀，文昌神逐成为全国性的信仰。

（二）关公

关公从宋代被正式通祀化，逐渐神化，元末明初小说《三国演义》的产生，使得关羽在民间名声大振，在百姓中影响深远。到明清时期关羽已然成为全国性的信仰，各地关帝庙蜂起，旧时仅北京一地就有约二百座。

明太祖在定鼎初期整顿民间信仰，选取民间神灵作为官方宣扬对象，其中包括关公信仰。在明代中后期，关公被视为军神，被认为有保护军士免于伤亡取得胜利的神通，后又被加封为"关圣帝君"，成为明代的护国神。在官方的确认下，关公信仰正式取得了全国性信仰的地位。

清代除了沿袭明代对关公的崇拜外，还顺应民间关公儒家化的潮流，将其列入儒学先圣中，照孔夫子称其为"关夫子"，并让关公后代世袭五经博士。这样关公就从原本单纯的武神变成兼具文武神职的"文衡帝君"，神职更为全面。关公信仰成为全国性信仰的

图 2-4 山西介休张壁村的关帝庙
（图片来源：李菲 摄）

另一个特点是，新兴民间社会、宗教团体对关公信仰的借用，如清末四川的慈善救济会"十全会"的创立就与关公信仰相关。① 兴盛于清代至民国时期的中国民间秘密帮会如天地会、洪门、哥老会、川渝袍哥会等也尤其推崇关公，以其为"义气"之号召。

---

① 王见川，皮庆生.中国近世民间信仰：宋元明清[M].上海：上海人民出版社，2010：290-304.

可以看出，民间信仰要成为全国性信仰，除了拥有广泛的民间信众外，还要官方承认其合法性，从而进一步提升其神格、扩大其神职，使其成为对国家和社会层面都具有意义的神明，才会有从民间至官方、官方再至民间且薪火相传的生命力。

中国民间信仰历史源远流长，信仰种类繁多，时时变化。从最初的自然信仰、祖先信仰到人格化、世俗化的神祇信仰，从等级分明的祭祀体系到跨区域、全国性信仰，其间体现的不光是民间信仰以澎湃的生命力自我更新迭代，也有深刻的朝代印记在背后推波助澜。民间信仰寄托着民众对于美好生活的希冀，是民众精神世界的集中反映，是民众生活中不可或缺的部分。它扎根于乡土村落、发芽于民众生活、盘根错节于世俗世界。无论是过去还是当下，民间信仰始终占据着我们生活的一隅，联系着我们与祖先、岁时、自然以及更高的精神世界。

时下生活中，神祇已经隐退，民间信仰中的文化遗产也正逐渐消失或被遗忘。如何理解岁时民俗与民间信仰，如何保护民间信仰中的珍贵文化遗产，如何帮助它获得新的生命力，是今日吾辈需要思考及面对的问题。

第三章
中国乡村传统岁时民俗与民间信仰的时间节律

中国是世界上最早步入农耕文明的国家之一。为了准确地反映四季的气温、降水、物候等诸方面的变化情况,古人依据太阳在黄道的不同位置,确定了岁时节气的概念,进而逐步总结归纳出"二十四节气"。岁时节令一经确立,一些特别的日子的重要性就凸显出来并且需要举行与之相应的仪式和庆典活动,这些日子就成了"节"日。因此,中国传统节日也从时序上体现着一年四季的流逝和循环。

民间信仰是一种影响和支配着中国乡村日常生活和行为方式的观念,但在不同的时空中,有一定差异和区别。本章主要以特定的时间节律为基础,从人类学的时间观出发理解乡村信仰围绕时间节律展开的多元文化实践,把握其所蕴含的中国传统世界观和文化意识。

从时间层面上来看,古代时间意识的形成是与原始信仰紧密联系在一起的,具有一定的宗教色彩。在古代民众的认知中,自然现象是被视为一种神秘的强大力量的体现。为了应对自然变化,民众会在特殊时日举行仪式以期借助超自然的力量来渡过难关,祈求福气。在年度周期中,祭礼活动也会随时间更迭发生相应的变化,并积淀在特定的岁时节日民俗中,形成乡村信仰的时间框架。

第一节　岁月流转：乡村民间信仰的时间节律

一、岁时节日民俗的起源与变迁

计算时间和理解时间的方法对人们的行为、思想、生活方式以及人与周围事物的关系有着重要影响。岁时节日是以农耕生计为主的中国传统乡村社会的特有时间概念，其形成具有两项必不可少的要素：一是有相对固定的节日时期，二是节日期间有特定的民俗活动。[①]因此，可以说岁时节日是自然的时间单位与人们的信仰观念相结合的产物。其中，节期的最初选择与确定是以天文、历法知识为基础的。

（一）岁时节日的起源

1. 历法节气

农耕是古代乡村的主要谋生方式，农业生产的季节性特点需要民众对时间有准确的把握，以便安排农事生产。《夏历》《太初历》等历法奠定了阴阳合历的基础，确定了计时单位和二十四节气。在历法确立后，一些特殊时间节点逐渐凸显出来，为节日的选择和确定提供了基础。许多节日都直接源于二十四节气，如清明、冬至等。[②]

中国的自然条件与地理环境决定了早期中国在漫长的历史时期一直以农耕经济为主。在农耕文明中，人们发明农具，培育新的农

---

① 钟敬文.民俗学概论[M].北京：高等教育出版社，2010：102.
② 李惠芳.传统岁时节日的形成及特点[J].武汉大学学报（哲学社会科学版），1994（5）：112-117.

图 3-1　南京宋代天文图碑
（图片来源：李菲 摄）

作物，制定一系列农业制度，创作农事诗、各式图形，形成了一整套农事习俗，这些都是农耕文化的积淀。据史籍记载，春节在唐虞时叫"载"，夏代叫"岁"，周代才叫"年"。"载""岁""年"都是指谷物生长周期，谷子一年一熟，所以春节一年一次，含有庆丰收的美好寓意。①

2. 民间信仰

历法节气并不等于岁时节日，还需与一定民俗活动相结合，才能形成岁时节日。早期民俗活动多与乡村原始信仰有关，如灵魂信仰、土地崇拜等。在此基础上，形成了岁时节日的主要活动内容，如社日祭神源于土地崇拜，中秋赏月则与日月星辰崇拜相关。中国先民正是通过各种风俗活动将驱灾辟邪、五谷丰登的美好愿景表达出来。

3. 宗教信仰

岁时节日除受原始观念影响外，也受佛教、道教等宗教的影响。首先，宗教时间观与乡村时间意识相结合会促使某些节日产生。如四月初八浴佛节本是佛教纪念佛祖释迦牟尼诞生的仪式，在传入中原农村后形成特定节日，并固定在四月初八。该时间点又与中国民间的立夏时节相对应，因为古代乡村夏日有祭祀习俗，故该节可以说是夏祭信仰与佛教传说结合而形成。②其次，有一些民俗活动也直接来源于宗教，如吃腊八粥。

4. 禁忌迷信

古人遇到超出个体能力之外不可把控的事件与问题时，往往选择避而远之，形成了一系列行为、饮食与语言的禁忌。这既是传统乡民寻求自我保护的一种方式，也是乡村社会形成的一整套行为规范。中国的很多节日的传统习俗都有禁忌迷信，一类是禁止某些事项以求消灾除祸，如农村正月初一鸡日忌杀鸡，二月二龙抬头忌动

---

① 仲富兰.节日里的中国[M].上海：上海文艺出版社，2019：6-22.
② 萧放.岁时：传统中国民众的时间生活[M].北京：中华书局，2002：158.

刀剪针线等。一类是迷信某些习俗有辟邪的作用。如春节时放爆竹、举行大傩等习俗都是为了驱赶鬼魅。

5. 历史记忆

在岁时节日的演变过程中，某些节日逐渐与乡村社会的具体情境相结合，并被赋予新的内涵。一是将某些节日定为某一历史人物的纪念日，并将他们视为神灵。如寒食节禁火源于介子推的传说，五月五端午节祭祀人物有勾践、屈原、伍子胥等人。二是岁时节日民俗是对乡村社会记忆的展现，七夕节正是对上古婚俗和求子多在秋季的延续和纪念。[①]

（二）岁时节日的变迁

"山中无历日，寒尽不知年"，人类在生产力极其低下的情况下，是无所谓岁时节日的。岁时节日是人类社会发展到一定阶段的产物。因此，大部分乡村岁时节日在不同朝代都有各自的变化发展，并具有相应的时代特征。总体而言，大致可以分为以下五个阶段。

1. 先秦：发生阶段

先秦是岁时节日的萌芽阶段。这一时期未形成具有固定日期的节日，活动形式与内容比较单一，但一些乡村民俗雏形在这一时期已显现。先秦民俗活动主要是在原始信仰和自然崇拜的基础上进行的祭祀祈神等活动，如社日土地神祭祀、腊日百神祭祀等，这些文化元素为后世的春节、腊八节等节日风俗奠定了基础和框架。

2. 秦汉：定型阶段

秦汉时，乡村岁时节日已基本定型。首先，在政治、经济、

---

① 萧放. 岁时：传统中国民众的时间生活[M]. 北京：中华书局，2002：108-109.

文化天下一统的局面之下，中原文化与其他地区的文化相互吸收和融合，为共同的节日风俗的定型与整合提供了可能性。其次，天文学在汉代有了长足发展，张衡制造出浑天仪和候风地动仪。科学的发展，加上汉武帝倡导历法变革，更为节日风俗的定型整合确定了前提和基础。在政治、经济、文化天下一统的局面之下，这一时期岁时节日民俗呈现出以下特点：一是传统节日名称与日期基本固定，如除夕、七夕等。二是与节日相对应的节俗活动也大体确立，如寒食节禁火。三是纪念历史人物作为节日习俗出现，如五月五纪念屈原。四是传统礼俗和乡村习俗融合，部分礼俗变为风俗，如周公六礼；乡村习俗也得以进入宫廷，如汉代初年宫廷中对楚声鼓舞的沿用。①

3. 魏晋南北朝：融合阶段

魏晋南北朝社会虽一直伴随着动荡和分裂，但这一情况同时也促进了南北文化的交流和融合。其中，宗教因素在节日风俗的发展中起了重要作用。

首先是中国土生土长的道教的勃兴，"五斗米道""太平道"在民间社会生活中形成影响。佛教传入中国后，在佛教、道教的影响下，一些宗教性节日开始出现，如七月十五佛教称盂兰盆节，道教称中元节。一方面佛教的传入对中国传统思想文化产生了冲击，另一方面六朝时期政治风云变幻无常，社会动乱给人民带来巨大灾难，人们悲观失望与消极颓废的情绪滋生，由此产生的人生短暂以及及时行乐思想，使得节日上出现一系列怪诞的风俗时尚。如在节日期间，借登高之会，宴飨宾客的同时，蔑视名教礼法的士人则会清谈

---

① 萧放. 岁时：传统中国民众的时间生活[M]. 北京：中华书局，2002：58.

漫论玄学；又如这个时期的端午节，已经不是完全笼罩在"恶月恶日"的气氛中，相反却出现了"斗百草之戏"和"养鸟玩鸽"等娱乐活动。

其次，魏晋南北朝时期，北方少数民族入主中原，少数民族与汉族的杂居，使得风俗发生融合。再加上频繁的战乱，促使北方人民大规模向南方迁徙，使汉族内部的南北风俗也发生融合。如端午节的"恶月恶日"原是北方中原民众的观念，也被南方民众所接受；再如端午节纪念的历史人物，原来是各地有各自的英雄，可是，经过魏晋南北朝的民族大迁徙和融合后，南北节俗逐步融合为一，加之处于战乱中的人民都思念、敬佩伟大的爱国英雄，所以，此后端午节纪念屈原说、纪念伍子胥说，再无多大争议，这正是南北风俗融合使然。①

4. 唐宋：高峰阶段

唐宋节日呈现出浓厚的娱乐色彩。转变的原因：一方面，隋唐至宋是封建社会大发展的时代，不仅农业日益发达，手工业和商业也达到了繁荣阶段，节日生活开始大规模地与城市生活密切结合。另一方面，科举制的推行，将节日从迷信、禁忌的气氛中解放出来，向着世俗化的娱乐方向转变，祈鬼求神的仪式逐渐成为人神共娱的民间活动。元旦放爆竹，不再被看成是驱鬼驱魔，而象征着欢愉与热烈；元宵的祭神灯火，变成了人们游览观赏的花灯；中秋节则由神秘的月亮祭拜逐渐变成赏月的习俗；重阳节成了赏菊的盛会；上巳节被祓禊踏青所取代；春节用来辟邪的庄严神秘的"驱傩"仪式

---

① 仲富兰.节日里的中国[M].上海：上海文艺出版社，2019：11-13.

转化成街头供人欣赏的"百戏"和"杂耍"等表演活动。①唐代还出现专门的游戏活动,如荡秋千、放风筝等,节日内容和形式都得到极大丰富。

5. 明清:稳定阶段

明清乡村节日及习俗活动基本稳定。一是体系趋于完善,不仅有元旦等节令性节日,还有观音诞辰等宗教性节日。二是资本主义萌芽后商品经济繁荣发展,以小农经济为基础的节俗便不受重视,并被逐渐淡化和淘汰,如民间对土地神祭祀的减弱。②三是节日的娱乐性继续发扬。明代元宵节放花灯、燃焰火等活动最长可达十夜,③还有舞龙等体育活动。每年的庙会,更会举行盛大的迎神赛社活动,一方面是祈祷神灵保护,另一方面,人们在一年辛苦后庆祝获得收成,实则是借庙会娱人。因此,节日氛围较为欢快、轻松。

二、岁时节日的框架与分类

在观象授时阶段,节气不但是乡村农事指南,还是乡村祭祀的重要时间点。因此,这一阶段节气即节日,并成为后来节日系统的起源。在完整历法确立后,节日不再与时令节气并行。节气仍是按照季节循环排列,但集体或庆典活动则固定在某一个具体时间点举行。"从而导致了庆典周期和农耕周期、节日和节气的分离,因此形成了与节气系统并行不悖的传统节日体系。"④此处讨论的岁时节

---

① 仲富兰.节日里的中国[M].上海:上海文艺出版社,2019:14.
② 牟元圭.中国岁时节日的起源与演变[J].寻根,1999(1):9-11.
③ 韩养民,郭兴文.中国古代节日风俗[M].西安:陕西人民出版社,2002:28.
④ 刘宗迪.从节气到节日:从历法史的角度看中国节日系统的形成和变迁[J].江西社会科学,2006(2):15-18.

日系统，既包括与节气相关的节日，也包括人文性节日，两者相互联系。基于岁时节日的属性，分别从岁、时、节、日四个方面介绍其中体现的民间信仰。

（一）岁：年年值太岁

木星以十二年为一个运行周期，一岁经过一个星次，于是被称为岁星，并产生了岁星纪年法。但岁星自西向东的运行方向与古人划分的十二支方向相反，为了计时的方便，人们便假设出一个与岁星运行速度相同、方向相反的虚拟天体——太岁。

尽管太岁是一个虚拟天体，民间对其也是相当崇拜，还形成了太岁信仰。古人会据其方位来占卜战事和人事福祸，农村不仅流传着"不可在太岁头上动土"的说法，迁居、嫁娶等事更是必看太岁。在道教中，太岁被视为值年神灵，一年一换，轮换的太岁神又被称为值年太岁。古代天文历法是天干地支纪年，即甲子纪年法，一轮回即为一甲子，太岁为六十位轮流值年守护神。拜太岁也成为道教的重要礼仪，松峰山海云观是东北地区道教信徒拜太岁聚合之地，每年此地都会举行法会仪式。前来祭拜的信众络绎不绝，而正月初八至正月十六最为壮观。①

（二）时：四季与十二时辰

在乡村民间信仰中，四季都有一个相对应的神祇。《礼记·月令》和《吕氏春秋·十二纪》制定了四时、五方等相配合的系统，四季之神分别为春神句芒、夏神祝融、秋神蓐收、冬神玄冥。《山

---

① 王珊珊.道教的太岁崇拜研究：以松峰山海云观为例[D].哈尔滨：黑龙江大学，2018.

海经·海外东经》记载句芒"鸟身人面,乘两龙",又为创世神、木神、东方之神、生命之神。古时立春天子祭春仪式之一就有上山迎春神,庄严且隆重。如今,浙江省衢州市柯城区九华乡梧桐祖殿为现存唯一一座保存完整的供奉句芒的殿宇。① 南方祝融,《山海经·海外南经》描其形貌为"兽身人面,乘两龙"。《山海经·海内经》载祝融为炎帝后裔,《山海经·大荒西经》又说为颛顼的后裔,祝融则为"火正"一职的尊称,颛顼子孙重黎、吴回皆为"祝融"。② 火在原始农业中有着重要的作用,兼具火神、日神神格的祝融地位在民间也日益提高。西方蓐收,《山海经·海外西经》载:"左耳有蛇,乘两龙。"郭璞注《山海经》:"蓐收,金神也,人面、虎爪、白毛,执钺。"虎爪使其有主管金属和刑事惩罚的权力,古时有秋后问斩之说。③ 北方玄冥,又称禺强,《山海经·海外北经》说"人面鸟身,珥两青蛇,践两青蛇",为司水之神。

时还可指时辰。中国古代长期使用时辰计时制,一日为十二个时辰,用十二地支表示,与十二地支相配的有十二生肖。民间以十二生肖来记录自己的出生之年,将出生年生肖视为本命。

在图腾、动物崇拜影响下,生肖也成为重要的乡村信仰。个人性格特征不仅与生肖联系在一起,如属牛的人一般老实勤奋,人的生死、婚嫁等重大事件也与生肖密切相关。④ 本命年多为时运不济之年,易出现灾祸,必须设法化解,现在农村仍流行的穿红衣、戴红饰等即是。在婚嫁之中,属相相配历来是合婚的传统,若属相有

---

① 刘锡诚.春神句芒论考[J].西北民族研究,2011(1):34-50.
② 郭成磊,邓林.人祖的神格化:炎帝、祝融与日神崇拜[J].信阳师范学院学报(哲学社会科学版),2018(3):78-83.
③ 李炳海.五行之神的历史原型及其形象演变[J].甘肃社会科学,2011(4):103-106.
④ 上师文.本命信仰研究[D].重庆:重庆大学,2012.

冲突，将会影响家庭生活。俗语言："白马犯青牛，羊鼠一旦休，蛇虎如刀错，龙兔泪交流，金鸡怕玉犬，猪猴不到头。"①

（三）节：节俗中的信仰

1. 天体崇拜

古人认为日月星辰运行与社会稳定有很大关系，自古就有祭祀天体的仪式。周代祭祀日月仅为皇家祀典。隋唐后，随着天文知识的丰富和人们认识水平的提高，日月祭祀才逐渐走向平民化，成为乡村习俗。八月十五中秋节以祭月、赏月为主题。中秋月夜，乡民会在乡村庭院设桌案，摆上瓜果、月饼等。在月出之方设月光位，供月神，焚烧月光纸，向月亮祈愿：考取功名、婚嫁子嗣等。拜月之后还要对月饮酒、吃月饼。七夕节拜星乞巧则源于对织女星神的崇拜。七夕之日，民众也会摆上美食瓜果向织女星下拜祈愿。流传最广的习俗为乡村妇女乞求巧艺，因织女还主管生计、财富、寿命等，故人们也会在这日向织女祈丰收、祈长寿等。②

2. 祖先崇拜

古代中国是以传统宗法制为主的社会，人伦孝道是重要的观念，祭祖由此成为乡村固定民俗。从祭祀对象看，首先是对始祖神的尊奉，如民间传说九月九日为黄帝升天的日子，重阳节便大力祭祀黄帝。其次是在宗法血缘关系影响下，祭祀本村宗族或家族祖先。再次是祭祀历史名人，如寒食节纪念介子推。最后还要祭祀各宗教或民间祖先神，如七月十五佛教盂兰盆节要祭祀佛祖。祭祀方式一

---

① 曲彦斌. 生肖文化考（下）[J]. 文化学刊，2012（5）：90-102.
② 张君. 神秘的节俗：传统节日礼俗、禁忌研究[M]. 南宁：广西人民出版社，1994：205.

般主要有家祭、祠祭、墓祭等。墓祭以清明最为典型，主要活动为修葺坟墓、烧纸钱等。

3. 土地崇拜

中国先民靠土地而活，因此对土地有极大的尊敬。古代祭祀社神的日子专门称为"社日"。秦以前，社日定在仲春二月，二月万物复苏，是祈求丰年的好月份。秦汉时期，形成春秋两个社日。社日祭祀的对象为土地，即社神。秦汉时由于封建政权的建立，社神分为帝王、郡县、民间三个等级。国家社坛主要祭后土、禹等大社神，仪式庄严隆重；乡村则主要祭田神，以娱乐为主，[①]包括杀社猪、喝社酒、击鼓舞乐，男女也可在这日恋爱相会，祈求子嗣。

4. 宗教融合

四月初八浴佛节，是佛教传入后兴起的一个宗教性节日。相传，四月初八是佛祖释迦牟尼的诞辰日。浴佛节的主要活动是浴佛会，又称龙华会。这天寺庙会请出释迦牟尼的铜像，以五色香水浴佛，场面极为壮观，活动期间会赠予礼佛者结缘豆。浴佛之后的水被誉为神水，信众会求来饮用或漱口。因为佛教不主张杀生，四月八日也是放生之日。在乡村社会，很多农村妇女会在这一天相约到尼庵拜礼求子。

（四）日：一日奉一神

除上述主流节日之外，其实在乡村，一些传统节日正在淡化，民俗活动也仅在部分地区流传，不过从这些节日背后仍可以看到民间的众神崇拜。一是为纪念神的某种行为而形成的节日。天穿节，

[①] 萧放.岁时：传统中国民众的时间生活[M].北京：中华书局，2002：136.

日期有正月二十日、二十三日两说，该节与女娲补天的神话传说相关。女娲炼石补天目的在于止水，正月二十二日左右正是多雨之时，在农村被视为"天穿"。人们效仿女娲将煎饼置于房屋之上，既为纪念女娲补天的功劳，又保房屋不漏雨，以补"天穿"。① 二是庆祝某一神祇的诞辰。填仓节，又名添仓节，主要流传在北方农村。该节在一些地区一年有两次，正月二十为小填仓，二十五为大填仓。但一般以正月二十五仓神诞辰之日为主。节日习俗其一是打囤存粮，以表粮食充裕。其二为祭仓神，普通民众、粮商都要祭拜仓神，放鞭炮，而且燃放的鞭炮越多表明粮食颗粒越饱满。②

第二节　又逢佳节：乡村社会的整合与凝聚

中国节庆文化源远流长，据不完全统计，我国目前有全国性、地方性和民族性的传统节日达 200 多种，以乡村社会为例，按照时间顺序，主要有春节、元宵节、清明节、端午节、七夕节、中秋节、重阳节、腊八节、除夕等传统节日。本节主要对乡村社会代表性的重要节、日、庆、祭祀、纪念等进行分类介绍，为叙述之方便，大致分为民俗节庆、宗教节庆以及纪念日。这三类并非完全独立的划分范畴，因为在中国悠久的历史中，各个节庆的意味与内涵在不断发展变化，如清明节既是节气又是节日，最早是祭祀祖先，现在人们更多在这一天开展祭扫烈士陵墓、悼念先烈等活动。同时由于清

---

① 常建华. 岁时节日里的中国 [M] 北京：中华书局，2006：55-56.
② 常建华. 岁时节日里的中国 [M] 北京：中华书局，2006：60.

图 3-2　四川省中江县的乡村小庙及其民间信仰集会时间表
（图片来源：李菲　摄）

明时分，天气转暖，万物复苏，这一天也成为人们结伴到郊外踏青、欣赏春光的日子。

一、民俗节庆

（一）春节：年共晓光新

春节，即传统意义上的"过年"，是中华民族最重视的一个传统节日，也是中国所有节日中最隆重、庆祝时间最长的节日。春节也是立春之节，意味着草木凋零的寒冬过去，万物复苏的春天即将到来。《说文解字·禾部》："年，谷熟也。"可见中国古人把谷物生长的周期称作"年",因此,"春节"的概念体现了中国悠久的农耕文明。春节一般是指一年当中的第一天,但在中国传统乡村社会,春节是从腊月初八的腊祭或腊月二十三的祭灶开始,一直持续到正月十五结束。

关于春节的起源,常见的几种说法包括腊祭说、年兽说、庆丰收说、"万年"创建历法说,以及巫术说和鬼节说等。其中,庆丰收与腊祭说内涵相似,因为据说在早期每逢腊尽春来,先民便要杀猪宰羊,祭神祭鬼,庆祝丰收,并祈求新的一年风调雨顺,无灾无祸。"万年"创建历法说即"万年历"说则来源于一个神话:从前有一个聪明的少年,名叫万年,因家境贫寒以砍柴为生,他为了解决砍柴何时出发和回来这一问题,利用树木的倒影与有规律的水滴声计量时间,完成一套完整的万年历法,遂有"万年历"之说。

新年的习俗有着历代的传承与演变。以唐代为分界点,唐以前春节以为报答神灵恩赐的酬神和祭祀活动为主,唐以后因内外文化交流频繁,新年习俗从过去的祈祷、迷信的神秘倾向开始向娱乐、礼仪方向转变。比如曾经用于驱除凶猛怪物"年"的爆竹声成为欢乐、喜庆的象征。魏晋时期,开始有了除夕守岁的习俗。唐代人除登门拜年,还发明一种"拜年帖"。到了宋代,人们在过年时开始吃饺子,在除夕和春节燃放用火药做成的爆竹。到了明清,开始盛行接灶神、贴门神,以及十五赏灯会等活动,礼仪性与应酬性加强,社会各界在同一阶层内讲究互赠礼品、互相拜年。在新年期间,还有舞龙舞狮、说书、踩高跷等娱乐活动。[①]

如今,在乡村社会,春节期间的民俗活动非常丰富,包括祭

---

① 陈玉新.中国人的传统节日[M].北京:化学工业出版社,2019:6-22.

图 3-3 春节放鞭炮模拟场景

灶、扫尘、贴春联、包饺子、守岁、放爆竹、拜年、给压岁钱、破五、元宵放灯等。其中，最为热闹的是在除夕夜晚一家人团聚吃年夜饭，这对于每一个中国人而言，是一年中最为热切的盼望，也是乡村社会血缘关系凝聚的重要时刻。这种群体意识，也反映在春节的其他习俗中，比如拜年。在中国古代社会，拜年实际上采取"团拜"的形式,因此无论是官方皇帝与大臣们的"大朝会",还是民间亲族之间的拜年活动,实际上都有强化集体意识的作用。① 此外,在有关人与年兽的"斗争"传说中,村民们几乎都是集体出动,即通过集体的力量来完成抗争。即便到了今天,随着人们活动空间的不断拓展,血缘地缘关系虽不断弱化,但每到春节,人们依然会尽可能地回到家人的身边。

(二)元宵节:来宵还得尽余欢

元宵节,又叫上元节、灯节、元夕等。在中国乡村社会,元宵节实则是春节一系列节日中最末的一个节日,也是处于高潮部分的节日,因为过了元宵节,春节节庆活动基本结束。在元宵节这一天,人们赏花灯、猜灯谜,还要吃元宵。南宋词人辛弃疾的《青玉案·元夕》则将元宵节张灯结彩的盛景展现得淋漓尽致:"东风夜放花千树。更吹落,星如雨。宝马雕车香满路。凤箫声动,玉壶光转,一夜鱼龙舞。"

目前,学术上对元宵节的起源主要有五种说法,分别为西汉祭祀太一神起源说、道教起源说、佛教起源说、灯火祭神起源说、农业祭祀起源说。其中,祭祀太一神的说法来自司马迁《史记·乐书》中的记载。道教起源说是因为道教的三元节习俗,即道教将农历正月十五称为上元节,七月十五称为中元节,十月十五称为下元节,分别对应天、地、水三官。也有道教典籍认为道教的祖师张道陵天师的生日是正月十五,元宵节乃是为天师庆生。佛教起源说来自《岁时广记》引《僧史略·汉法本传》云:"西域十二月三十日,乃

---

① 李一鸣.中国文化常识:二十四节气与节日[M].北京:中国友谊出版公司,2021:41-52.

中国正月之望，谓之大神农变月。汉明帝令烧灯，以表佛法大明。"在此表明的是元宵赏灯这一习俗的出现。① 也有学者经过仔细考证，认为元宵节应该起源于先秦时期的"元日祈谷"仪式。按《周礼》记述，在西周时期孟春元日，周天子要率领百官、诸侯、大夫举行祈谷仪式。

元宵节自汉代出现以来，逐渐褪去了原始巫术的色彩，从汉魏到隋唐，从官方到民间，从宗教到世俗，元宵节逐渐向着全民狂欢转变，出现以"闹元宵"为形式的多种娱乐活动。元宵节的狂欢性源于很多在平时遵守的规矩，在这一天都不用遵守，比如，活动的时间和空间，过去古人"日出而作，日落而息"，而且在唐代及以前的朝代，普遍执行宵禁制度，但在元宵节这天，宵禁停止。另外，平常的晚上，一般人活动的空间只有自己家里，但到了元宵节这天，大家可以上街赏灯游玩。因此，如果说春节是亲人团聚的日子，那么到了元宵节，人们走出家门，来到街巷集镇，游玩狂欢，共同参与欢快热闹的社会庆祝活动，在集体的欢腾中，乡村的社会性进一步突显和强化。

（三）中秋节：共看明月应垂泪

农历八月十五是中国传统的中秋佳节。"中秋"一词最早出现在《周礼》中，中国上古时期就有拜月的习俗。唐代初年，中秋节才成为固定的节日，中秋节盛行始于宋代，到了明清，成为仅次于春节的第二大传统节日。

中秋节的起源包括拜月说与农业说。前者即祭拜月神的活动，

---

① 陈玉新.中国人的传统节日[M].北京：化学工业出版社，2019：52-58.

后者则源于古籍中的"春日祭日、秋天祭月"的礼制。

中秋节最重要的习俗即吃月饼,这一习俗在唐代就有了。宋以后,月饼在制作上设计了与月宫传说有关的图案,满月形的月饼更是象征着团圆,人们将其作为节日食品,用它祭月,以及赠送好友。此外,还有赏月,赏月这一习俗最早来源于祭月和拜月活动。

中秋之夜,圆月如盘,圆月是团圆的象征,因此,又称八月十五为"团圆节"。过"中秋"则是祈盼团聚。与此对应,人们常用"月圆""月缺"来形容人生的悲欢离合。如唐代诗人李白的"举头望明月,低头思故乡",杜甫的"露从今夜白,月是故乡明",宋代王安石的"春风又绿江南岸,明月何时照我还"等诗句表明,不能归乡的游子可仰望天上的明月遥寄思乡之情。因此,中秋,实则是家人团圆的节日,"家"的概念和认同在这一天显得非常重要。

(四)重阳节:遍插茱萸少一人

"重阳"一词最早见于《楚辞·远游》"集重阳入帝宫兮,造旬始而观清都"一语。在《周易》的卦辞体系中,"九"是阳的代称,因重阳节时间是每年农历的九月初九,日与月都为九,故曰"重九","九"又为阳,"重阳"之名由此得来。

重阳节在萌芽时期其内涵只是庆祝丰收、祈福感恩。西汉时期,重阳节得以普及。魏文帝曹丕在《九日与钟繇书》中说:"岁往月来,忽复九月九日。九为阳数,而日月并应,俗嘉其名,以为宜于长久,故以享宴高会。"可见当时重阳节已有了登高习俗和祈求健康长寿的内涵。因为,在古代,人们认为重阳节这一天"清气上扬,浊气下沉",为了躲避"浊气",也就是邪气,人们选择登高,去接触清气。因此,登高也有辟邪的说法。晋代文人陶渊明在

《九日闲居》序中写道："余闲居,爱重九之名。秋菊盈园,而持醪靡由,空服九华,寄怀于言。"赏菊、饮酒,也成了重阳节的重要习俗之一。1989年,农历九月九日被国家定为"敬老节",使得敬老爱老这一现代主题同传统的求长寿和健康联系在一起。同时,重阳节也是表达思念之情的节日,比如唐代王维《九月九日忆山东兄弟》:"独在异乡为异客,每逢佳节倍思亲。遥知兄弟登高处,遍插茱萸少一人。"如今,传统的登高、饮酒、插茱萸等习俗已渐渐被遗忘。[1]相比于春节和中秋节,重阳节近年来不怎么被人重视,这也是重阳节发展至今遇到的困境。

重阳节是我国四大传统祭祖节日(除夕、中元节、清明节与重阳节)之一,民间有"三月小清明,重九大清明"之说。乡村社会重阳节活动以同族人相约去祭扫祖先坟墓为主,因此,重阳节也是同一家族的人在人与祖先、人与人之间进行联系的节日,起到凝聚家族力量的作用。

二、宗教节庆

宗教节庆,是与宗教信仰有关的节庆活动。世界上有三大宗教,即基督教、伊斯兰教与佛教。西方基督教有关的节日包括圣诞节、复活节和感恩节等。伊斯兰教在中国的信众主要是西北各少数民族,关于此类节日与民俗活动我们将在后文做详细介绍。总体而言,三大宗教中只有佛教是在中国汉族乡村社会扎根下来的,因此,涉及中国汉族乡村社会的宗教性节庆,这里仅以佛教的腊八节为例。

---

[1] 陈玉新.中国人的传统节日[M].北京:化学工业出版社,2019:247-265.

腊八节是农历十二月初八,是腊月重大的节日之一。从先秦起,腊八节都是用来祭祀祖先和神灵,祈求丰收的。腊八节最重要的习俗是吃腊八粥,腊八粥熬好之后,要先敬神祭祖。腊八粥体现的也是农业的丰收,因为它是由各种米(大米、小米、糯米、高粱米、紫米、薏米等)、各种豆(黄豆、红豆、绿豆、芸豆、豇豆等)、各种干果(红枣、花生、莲子、枸杞子、栗子、核桃仁、杏仁、桂圆、葡

图 3-4　腊八粥

萄干、白果等）混合煮成的一种粥。关中一带及附近一些地区的老百姓都十分重视"腊八节"。但县与县、乡与乡、村与村之间，又各有讲究。富平县的农家，这一天喜欢酿酒，名曰"腊脚"；长安县的古风俗是这一天要煮肉糜，抛撒在花木之上，谓之"不歇枝"；乾县、礼泉一带则讲究腊八节要给老人送粥，岳家要请新女婿吃粥；凤翔一带用黄米和八种豆子，加上油盐做一顿腊八焖饭；而铜川地区的农村，在这天还流传着为幼男幼女剃头发的习俗。[①]

相传这一天也是佛教创始人释迦牟尼在菩提树下成道并创立佛教的日子，故腊八节又被称为"佛成道节"。"腊八"是佛教的盛大节日，各地佛寺作浴佛会，举行诵经仪式，并效仿释迦牟尼成道前，牧女献乳糜的传说故事，用香谷、果实等煮腊八粥供佛，并将其赠送给门徒及善男信女。

三、纪念日

（一）清明节：清明祭扫各纷然

清明本是二十四节气之一，其名称与此时的天气物候的特点有关。《岁时百问》中写道："万物生长此时，皆清洁而明净。故谓之清明。"即清明时节，天气转暖，万物开始生长。清明后来在民间演变为传统节日，即清明节。古人在清明这一日要禁火寒食，上坟扫墓。今日之清明，其习俗包括活动习俗与饮食习俗两部分，活动习俗包括扫墓、插柳、踏青与植树等。插柳，一说是为了避免疾疫，一说是因为清明为三大鬼节之一，为防止鬼的侵扰迫害而插柳戴柳，

[①] 陈玉新.中国人的传统节日[M].北京：化学工业出版社，2019：288-298.

因为柳有辟邪的功用。饮食习俗方面,江南一带则会在清明节吃青团。

有关清明节起源流传最广、影响最深的说法是纪念介子推。介子推是春秋时期晋国人。据《韩诗外传》记载,重耳有一年逃到卫国,快饿晕过去的时候,介子推"割股啖君"。重耳大受感动,声称有朝一日做了君王,要好好报答介子推。但后来重耳做了晋文公,封赏大臣时,忘记了介子推。介子推遂与母亲归隐绵山。有人给晋文公献计,提出火烧此山,就可以逼出介子推。然而,大火烧遍,也没见介子推的身影,随后人们在一棵老柳树下发现了介子推母子的尸骨。树洞里发现一血书,写道:"割肉奉君尽丹心,但愿主公常清明。"为纪念介子推,晋文公下令将这一天定为"寒食节",后又把寒食节的后一天定为"清明节"。在历史发展过程中,寒食节逐渐被清明节取代,基本上所有的习俗也都被清明节继承。

(二)端午节:五色新丝缠角粽

提到端午节,人们首先想到的是屈原。但端午节的起源其实有两类说法:第一类是认为端午节源于先民避疫祈福的心理诉求;第二类认为端午节是对所敬仰的历史人物的纪念,如纪念屈原、伍子胥、介子推等。自秦汉以后,端午节"纪念屈原说"由沅湘传遍全国,并延续至今。避疫和纪念也一直是端午节并行的两个主题。以避疫为例,自先秦起,人们认为五月是毒月,因为五月是"阴阳争生死分"的一个特殊月份,很容易滋生各种疾病,而且蛇、蚊虫等动物开始活跃起来,容易暴发瘟疫等疾病,五日也是毒日。东汉学者应劭的《风俗通义》记载:"五月五日以五彩丝系臂者,辟兵及鬼,令人不病瘟。"由此,形成了在这一天插菖蒲、艾叶以驱鬼,

图 3-5 赛龙舟

薰苍术、白芷,喝雄黄酒以避疫,系五彩丝以辟邪的习俗。①

在今天的乡村,人们在端午节当天还有佩戴香囊、荷包或五色丝线,悬挂艾草、洒雄黄酒等习俗。此外,还有吃粽子与赛龙舟活动,这些与纪念屈原有关。南朝梁吴均《续齐谐记》:"屈原五月五日投汨罗水,楚人哀之,

铜仁赛龙舟

---

① 陈玉新.中国人的传统节日[M].北京:化学工业出版社,2019:137-153.

至此日，以竹筒子贮米投水以祭之。汉建武中，长沙区曲忽见一士人，自云'三闾大夫'，谓曲曰：'闻君当见祭，甚善。常年为蛟龙所窃。今若有惠，当以楝叶塞其上，以彩丝缠之，此二物，蛟龙所惮。'曲依其言。今五月五日作粽，并带楝叶、五花丝，遗风也。"此后，粽子成为端午节人们主要的食物。龙舟最初是为祭祀屈原，向江中抛掷粽子用的，后发展为一种节庆的娱乐工具，尤其在南方的乡镇，这一天都要举行划龙舟比赛。

（三）七夕节：家家乞巧望秋月

七夕节原是岁时性的节日，自汉代始，成为一个与牛郎织女爱情神话相伴随而发展起来的传统纪念性节日。

相比于其他由男子主持祭祀活动的节日，七夕节无论是从参与对象、时间安排，还是活动的内容形式等方面都与女子密切相关，因此，人们也常把七夕节称为"女儿节"或"少女节"。在七夕节的习俗中，"乞巧"是一项最具典型意义的主题活动，其中最为基本的内容是穿针，这一习俗起源于西汉初的长安。这一天，在长安宫中女子以穿针显示针织技巧。南朝宋孝武帝刘骏在《七夕诗》中就有记载："迎风披彩缕，向月贯玄针。"南北朝时期的《荆楚岁时记》中也有"人家妇女结彩缕，穿七孔针"的记载。这是因为传说中织女的针法非常高超，所以在七夕这一天，人间的女子便趁织女与牛郎相会的时候，祈祷织女能够将技艺传给自己。因此，乞巧是传统七夕节的主题。在后来的发展中，不同地方又发展出了一系列新的"玩法"，比如对月穿针、暗处穿针、背手穿针等。这也是农业经济社会中男耕女织家庭结构与经济生活所决定的，因为善纺织是女性在家庭中自足的重要技能，这种家庭分工从"牛郎"与"织女"的名称也可以看出来。此外,七夕还有守夜祈愿的习俗,即七夕牛郎织女欢会,百姓守夜祈愿,尤其是女性,会祈求好的姻缘和容貌,甚至求子。

到了清代中期以后,传统以乞巧为主体的七夕节逐渐衰败。嘉庆年间的《澄海县志》记载:"七日,旧俗妇女陈瓜果'乞巧',今无。"光绪年间的《丹棱县志》也有记载:"'七夕'不重,绅士家间设香案、瓜果庆双星,穿针'乞巧'鲜有知者。"到清末民国时期,传统的七夕节最终淡出了人们的生活。近些年"七夕"则以"中国情人节"的面貌出现在人们视野中,而最早挖掘传统七夕节爱情元素的是官方和学术界。

从 20 世纪 90 年代中期以来,随着中国与西方交流日益增多,很多西方文化传入中国,比如西方的情人节、圣诞节等,在商家的推动下,受到很多年轻人的追捧。外来文化的传入刺激了一部分人的民族情绪,官方和学术界对此思潮的变化最敏感。2002 年,河北省文联等几个组织在石家庄举办了"七月七爱情节"系列活动,包括由普通群众普遍参与的民俗活动,也包括由专家、学者参与的学术研讨会。研讨会系统梳理了传统七夕节的爱情元素,并论证了将传统的七夕节"重定义"为"中国情人节"的必要性和可行性。[①]2006 年七夕节被列入国家级非物质文化遗产代表性项目名录,2008 年牛郎织女传说则被列入国家级非物质文化遗产代表性项目名录。可以说,七夕节能够在今天成为广大民众普遍认可的"中国情人节",与商家和媒体的推动密不可分。当然,七夕节所具有的浪漫爱情的内涵从唐人的诗作中也可以看出,如杜牧《秋夕》云:"银

---

① 李一鸣.中国文化常识:二十四节气与节日[M].北京:中国友谊出版公司,2021:181-185.

烛秋光冷画屏,轻罗小扇扑流萤。天阶夜色凉如水,坐看牵牛织女星。"白居易在《长恨歌》中写道:"七月七日长生殿,夜半无人私语时。在天愿作比翼鸟,在地愿为连理枝。"

时间问题一直是西方哲学的核心问题之一。古希腊哲学家亚里士多德指出"时间是对运动的度量",即时间是对物体在空间中的位移的计量。西方近代经典力学的奠基人牛顿继承发展了亚里士多德的时间观,同时,提出具有形而上意义的绝对时间。古罗马思想家奥古斯丁则认为时间是有开端的,起源于上帝的创世活动。德国哲学家康德认为时间不是客观存在的,时间只是人的一种先天直观的形式。法国社会学家涂尔干在《宗教生活的基本形式》中指出所谓概念和范畴,都是集体意识或集体观念,是通过社会而给予个人的,包括时间和空间都起源于社会。涂尔干对时间的社会起源的强调一方面破除了奥古斯丁的神圣时间观念,另一方面则是与康德对于范畴的先天直观性进行对话。后又有英国人类学家埃文斯-普里查德在《努尔人》一书中将努尔人的时间分为生态时间和结构时间。英国认知人类学家布洛克在批判涂尔干以来的社会文化决定时间的观念基础上,提出一种双重时间认知论:一种是以生产活动为代表的线性、绵延的时间观,即普世的时间认知;另一种是仪式化场合中各种非线性的循环或静止的时间观,它因社会文化的不同而有不同认知。

总体而言,对于时间问题,有物理时间和文化时间两种区分,人类学与民俗学对其研究主要聚焦在时间如何被社会文化所建构。以乡村社会的时间节律为例,一方面大多数节日的农业祭祀起源说说明了岁时节日与中国传统的农耕文明经济结构有着密切的关系,二十四节气更是依照自然物候的变化而提炼总结出的，为农业的种植与发展提供建议。另一方面岁时节庆所呈现出来的诸种信仰观念与民俗活动展现的是社会的创造力与个体能动实践性。总之，民间信仰的时间节律更多是由中国古人对宇宙和自然世界的认知所决定的，这种认知同时又与个体生命相联系在一起，形成中国人理解时间的基本框架和独特的岁时节庆文化。

第四章
中国乡村传统岁时民俗与民间信仰的空间构架

在自古以来中华民族的天下、王朝、地方的多元一体空间层级中，乡村民间信仰也有着自身的空间体系，不但有天下共信的神祇，而且在王朝更替、地方互动中体现出神祇的差异性。在特定的时空体系中，乡村民间信仰构建出与世俗生活相异的神圣空间，但神圣空间并非完全脱离日常生活而存在，而是与其交织在一起，神圣与世俗实际上是乡村民间信仰和生活中的一体两面。因此，除时间节律的多元实践外，由于地域、文化的差异，不同地区，甚至某一具体村落都有不同的信仰，乡村信仰在空间分布上也呈现出多元性和差异性。

第一节 天下、王朝与地方：信仰的空间层级

一、天下：众生之神

中国各地民间信仰不一，神祇众多，但在多元互动中也有一些共同特征，如对自然神、动物神的崇拜，就使许多神祇成为普天之下的共生信仰。接下来将主要从自然崇拜、动物崇拜、仙人崇拜三个方面介绍中国乡村普遍信仰之神。

（一）自然崇拜

自然崇拜最初只针对自然力或自然现象。后来人们逐渐给予自然以人神的情感和意识，将其人格化，并创造出许多人神。天地山川、日月星辰都有了对应的神祇，它们不仅拥有本身自然属性的神力，还新增了许多社会职能。

华夏文明源头的黄河流域主要为农耕文明，而农事生产又需依靠观测天象来知晓气候变化，加之古时黄河流域上空北斗星高照，古人便形成北斗崇拜。北斗星指北天排列成斗形的七颗亮星，为天枢、天璇、天玑、天权、玉衡、开阳、摇光。北斗七星不仅可以指示方位，同时人们赋予其制定天文历法，还有掌管四时、寿命等职能。道教将北斗七星封为北斗星君、北斗真君，并将十二生肖分置于北斗七星，某人属相对应的星为本命真君。从各类考古遗存中可见北斗信仰的踪迹，如新都县（今成都市新都区）1987年发现距县城西北15千米的新民乡梓潼村有七座大型土丘如北斗七星图。①

（二）动物崇拜

动物崇拜最初也源于其自然属性，神灵也多为兽样。在发展过程中，动物神逐渐被拟人化，成为半人半兽，甚至是完全具备人形的神祇。

九天玄女传说是商人的始祖，受天地之命生下了契，并由其建立商代，原型与古代动物和图腾中的"玄鸟"有联系。后世人将玄鸟神化为玄女，玄女形象演化为半人半兽，并传授黄帝兵法。道教将玄女纳入自己的体系，一改半人半兽的形象，成为王母娘娘掌管

---

① 张德全. 新都七星墩汉墓与汉代天文[J]. 四川文物，1989（3）：22-25.

之下的一位女仙。之后,玄女彻底成为人神,成为法力高强的战神、术数神、丹药神。

关中西部乡村流传着一个关于九天圣母的传说:凤翔府商人到四川去贩糖,返回时迷路遇到一位十三四岁的奇丑女孩,说能将他们带回凤翔。商人回到凤翔后抛弃丑女,丑女后被邱村善心人收养。

图4-1
九天玄女雕像

长大成人后她告诉养母自己本为天上神仙，感谢养育之恩后便一路向北游历。途中经马头坡，到宝玉山定居。此后，农历七月初一为宝玉山"九天圣母"大庙会，七月十九为邱村老母庙会。这既是为祭祀玄女举行的庙会，也是村民们在农忙后的狂欢。①

（三）仙人崇拜

战国时期人们渴望通过修炼得道成仙，最终超然物外，长生不死。道教创立后，将神仙思想作为自己的重要理论思想。道学名家葛洪则将仙人分为三类：天仙、地仙、尸解仙。

五斗米道创始人张道陵在民间地位极高。张道陵为东汉时期丰邑人，入太学，博五经，深研黄老之道，曾任江州令，后辞官云游山川，寻道修仙，所行之处有北邙山、鹤鸣山等，自称"太清玄元"。魏晋以后，教徒尊称张道陵为"天师"，天师的名号也由其弟子世代传承。《列仙全传》中记载张天师炼丹三年得成，奉太上老君之命降妖除魔，永寿二年（156）九月九日与其妻在云台峰白日升天，时年一百二十三岁。由于张天师具有驱邪除妖的职能，在乡村，人们将其视为镇宅保护神。

二、王朝：官方正祀

在天赋皇权观念影响下，信仰促进了国家权力关系的建构和彰显。在国家与民间的互动中，既有对民间信仰的整合，也有矛盾与

---

① 仵军智.关中西部乡村"母性神"信仰活动考察[J].咸阳师范学院学报，2017（3）：55-60.

冲突。但究其原因，都是赋予统治神圣性，加强控制。① 下面从国家正祀、历史人物神祇、统治体系神祇三个方面介绍国家如何掌握信仰之权，乡村如何呼应王朝信仰。

（一）国家祀典：五岳与封禅

有些信仰和神祇在朝廷干预下不仅被列入国家祀典，甚至成为国家专祀的神灵，如山川祭祀，以五岳并称的五座名山是典型代表。五岳现具体指东岳泰山、西岳华山、南岳衡山、北岳恒山、中岳嵩山。其地理位置都处民间之地，体现出乡村也在参与着王朝信仰。

五岳祭祀体系首先体现出帝王统治力量的加强。先秦诸侯分封立国，周天子虽有对名山祭祀的最大权力，但诸侯仍可对所在封地的名山进行祭祀。秦汉统治领域扩大至天下，在对王朝领土进行划分基础上明确五岳所指，是中央一统四方在地理上的体现。对五岳的加封亦可显示本朝对前朝统治势力的削弱。武则天即位后最早将嵩山封为天中王、神圣天中皇帝。唐玄宗时期却改封嵩山为中天王，先后将其他四岳都封为王。看似是中岳嵩山地位的降低，其实是唐玄宗为降低武则天统治的影响。

东岳在五岳之中地位最高，这与泰山"封禅"之礼相关，封禅是封建王朝帝王的最高祭祀礼仪。只有天降福瑞，治国有功、有德行的帝王才可以封禅。因此历史上只有秦始皇等七位帝王举行过封禅大礼，其中武则天选择嵩山举行封禅，其他六位皆于泰山封禅，将泰山地位进一步提高。

---

① 李向平. 信仰是一种权力关系的建构——中国社会"信仰关系"的人类学分析[J]. 西北民族大学学报（哲学社会科学版），2012（5）：1-17.

除帝王之外,乡村也有对五岳神的祭祀。《月令广义》记载五岳神的分工,详见图4-2:

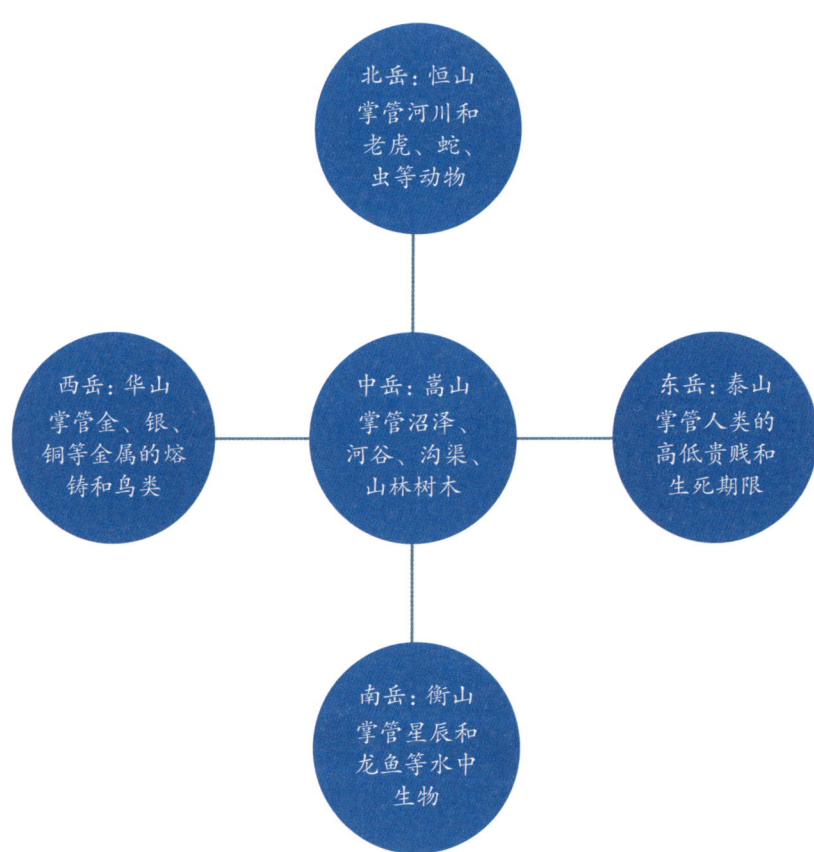

图4-2 五岳神职能[1]

---

[1] 胡敏,万建中,吴学新,等.汉族民间信仰风俗[M].南宁:广西教育出版社,1994:21.

（二）历史人物的加封：关公信仰

历代正直刚毅、忠贞勇敢的人物都可能被统治者追封为神。关羽因忠义勇猛的形象受统治者青睐，成为辐射至全国的一位神祇。

三国至隋唐时期，关羽在民间信仰中的影响并不大，仅在荆州地区有庙祭祀。隋唐后，关羽逐渐成为天下之神，首先源于佛道两教的宣扬。佛教传扬关羽在玉泉山向天台宗创始人智𫖮大师请求受戒，并助大师在此山建立法门，寺成后关羽担任该寺伽蓝护法神，此后各寺庙争奉关羽为护法神。道教将关羽奉为伏魔大帝。关羽的真正神化则在于历代帝王的推崇。宋元关羽最高被封为王，明清加封为"帝""大帝"，封号不断累加。至此，关羽成为国家正祀大神，对其信仰达到顶峰。

在封建王权推崇之下，民间也大肆修建关帝庙，清代中期山西高平形成了"村村都有关帝庙"的社会格局，有的村甚至有不止一座关帝庙。如康营村有东、西关帝庙，村民们时常通过诸多仪式活动表达对其的尊敬和崇拜。①

（三）国家治理与神祇：城隍信仰

统治者不仅依靠神祇来巩固治理地位，甚至让神祇直接参与官方统治，用以制衡已有官僚体系。城隍不仅是保家卫国的守护神，也是民间信仰与王朝统治结合的象征。

城隍原为保护城池之神，源于西周祭祀制度"大腊八祭"之一中的第七祭——水庸。《北史·慕容俨传》已有南北朝祭祀城隍的记载。唐代城隍祭祀在南方已经盛行，职能从守护城池扩大到主管

---

① 董竹馨.清代高平县关帝庙与乡村社会[D].太原：山西大学，2019.

图 4-3 福州城隍殿
(图片来源：李菲 摄)

水旱，这与唐代南方经济和城市发展有关。宋代城隍被正式列入国家祀典，地方官员上任还要例行祭拜城隍。元代在大都建立城隍庙祭祀国家级的城隍，城隍成为整个国家的保护神。作为城市和国家安全的保护神，城隍与政治关系密切。

明清城隍神格进一步提高，并有监察人事的新职能。明洪武初年革除之前城隍神的所有封号，按照人间官级序列重新加封，所封官阶要比对应的朝廷命官高二到三级。官员治阳，城隍则阴阳共治，共同维护辖区的秩序和稳定。①明清时期城隍祭祀基本固定在清明、中元、十月初一，清代北京还有城隍出巡的习俗。民间也将卓著历史人物奉为当地城隍，如唐代宣州城隍神为桓彝。

陕北鱼河堡城隍庙建于明成化年间，至今每年要举办三次大型庙会，分别为正月十三至十六一次、五月一次、八月初一至初三一次。庙会期间，城隍出巡，村民闹社火、唱大戏、放烟火，成为当地世代沿袭的传统活动。②

三、地方：神祇各异

中国民间信仰具有区域性的特征。由于受到自然环境、经济生活、历史文化等影响，沿海、平原、山区的民间信仰各不相同。大到一个地区，小到一个县、一个乡镇，甚至一个村，都有各自的民间信仰。我国可以按照不同的方式划分出诸多区域，区域村落也众多，下面仅对某些区域和村落的信仰进行举例说明。

（一）区域信仰

1. 华北信仰区：天仙圣母碧霞元君

华北地区主要包括北京市、天津市、河北省中南部、山西省、内蒙古自治区中部等区域，碧霞元君是该地区最具影响力的主神。一说碧霞元君为泰山东岳大帝之女，故又称其为"泰山娘娘"。二说黄帝建岱岳观时派七位仙女迎接西昆仑真人，碧霞元君为其中一

---

① 王占华.城隍信仰与明清政治[D].武汉：华中师范大学，2005.
② 王芳.庙会：对神的祈祀与乡民的休闲——陕北鱼河堡城隍庙会个案[J].咸阳师范学院学报，2010（5）：53-56.

位。三说碧霞元君前身为玉女。四说汉代民女石玉叶修炼得道成仙。其功能包含掌管生育、婚配，保平安、长寿等。明清时期，北京广修碧霞元君庙，其中五座最出名的庙称"五顶"，"金顶"妙峰山碧霞元君庙最为有名。

围绕碧霞元君祭祀而形成的香会则联结起了华北乡村社会。首先香会已成为乡村日常生活中的一部分，村落也是香会形成和存在的强大基础，香会资金来源正是由村民自发筹措。京西古城村的秉心圣会始于明万历年间，由十个会档组成，以往仪式活动则主要在每年农历四月按照"十一踩街、十二扬香、十三朝顶、十四还乡"的方式到妙峰山朝顶进香，1949—2004年间踩街在正月初二进行。2004年秉心圣会复会成了古城村的特别事务和庆典。如今该村香会仪式或许在减少，但对于进香者来说，他们仍秉心祈求娘娘保佑平安，过去的香会也成了村庄记忆的延续。①

2. 江浙信仰区：水上保护神

江浙地区位于我国东部，主要包括江苏省与浙江省。江浙一带为平原河网地区，河道纵横交错，为古代重要的漕运地段。民间也多以打鱼为生，因此该地区存在大量的水上之神为百姓护航，广泛信仰的水神有金元七总管、萧公、晏公等。

金元七总管是江浙地区的水神。南宋时开封人金和随高宗迁入苏州，死后被封为神，子孙也得其荫庇，加官晋爵。对这一家族群体的信仰称为金总管信仰，其中以金元七总管信仰最为普遍。在江浙一带的许多地方志中都有关于总管庙的记载，如《湖州府志》《南

---

① 苗大雷.村落变迁与妙峰山香会浮沉——京西古城村秉心圣会研究与反思[J].民俗研究，2011（3）：129-143.

浔镇志》等。"总管"为古代官名,有观点指出金总管家族官职名称不见正史记载,并非朝廷加封,而是金氏巫师为抬高自己身份和地位,冒称官员的后代。① 金元七的职能,主要为"阴翊海运"。对于江浙船商渔民来说,有了水神的相助才能平安获得财富,故金元七总管又被奉为财神。旧时每年农历二月十七和七月二十五农村会举行两次总管庙会。②

3. 江西信仰区:道教许真君

江西地区崇尚逍遥无为的道教思想,传东汉张道陵在龙虎山创立天师道,该地于是成为道教发源地之一。民众也尤为信仰那些得道成仙之人,如许真君、梅福、吴云等。

许真君,原名许逊,弱冠之年便师从真君吴猛,习得三清法,博览经书。西晋太康元年(280)任四川旌阳县令,为官清廉,造福百姓。他感天下将乱,便弃官东归,与吴猛游历四方,学习神仙修炼之术。许真君成道前最出名的神迹为除蛟斩蛇,为民除害,消除水患,乡民为表功绩,为其立祠。东晋宁康二年(374)135岁之时,许逊带领家人四十二口举家拔宅飞升,鸡犬随行,正所谓"一人得道,鸡犬升天"。宋绍兴年间,为解决战乱危机,南昌道士何真公请许真君降临,真君传其"净明大法"。后来净明道创建,奉许真君为教祖,教义"净明"融合了儒释道三教。许真君在江西南昌西山的玉隆万寿宫祠庙为"许仙祠",南北朝改为"游帷观",殿宇建筑宏伟壮观,气势不凡。

---

① 黄新华. 吴语太湖片区的金总管信仰考[J]. 苏州科技大学学报(社会科学版),2017(3):59-66.
② 马书田. 中国民间诸神[M]. 北京:团结出版社,1997:229.

4.闽粤及台湾信仰区：天妃妈祖

闽粤及台湾信仰区指广东、福建、海南、台湾四省。这一地区靠近东南沿海，对外贸易发达，从古至今都有我国重要的贸易港口，经商船只在此区域络绎不绝。同时，沿海百姓多以打鱼为生。海商、渔民都渴求在海上能有神相助，一帆风顺，因此海上保护神天妃妈祖在这一地区地位显著。

图 4-4
福州三坊七巷天后宫
（图片来源：李菲 摄）

关于妈祖的身份普遍说法为北宋莆田林氏，但宋代并无其身世的大量记载，仅在《夷坚志》的"林夫人庙"记录中可见南宋时期在莆田一带确有林夫人信仰。元代以来，人们开始记述她的生平，这与元代发达的海运相关。明代提出妈祖诞辰为三月二十三日，为北宋雍熙四年（987）升化，同年湄洲岛上第一座妈祖庙建立。妈祖影响的扩大与官方的褒封分不开。北宋徽宗宣和五年（1123）妈祖第一次得到加封，此后，从宋至清不断加封十几次，将其封为各种名号，如"夫人""天妃""天后"。道教、佛教两教也将天妃纳入自己的信仰世界，道教传说天妃是奉太上老君之命来人间解救苦难，佛教则将天妃说成是观音显灵。其职能更是延伸到了生活的诸多方面，护航、防洪甚至赐子。向妈祖"谢恩"是湄洲岛农村的一种特色民俗，主要内容是到妈祖祖庙及所属村落的妈祖宫及其他神庙请香回家供奉，谢恩时日需要算命择日，称为"正日"，民众在这日向妈祖还愿亦祈求长久保佑。①

（二）村落信仰

村落信仰在上述王朝与地方的社会互动背景中展开，体现出地方独特的传统和扎根性，也使得一村一屯一庄一寨，融入这片大的历史土壤之中。

1.介休市张壁村：金家姑嫂

张壁村内姑嫂殿奉祀的对象金家姑嫂为张壁村四大姓中金家人。姑嫂殿的具体来历如下：本地姓靳的一个媳妇喜欢念经拜佛。有一天，她在家里做家务活，用箅子箅豆。小姑就问嫂嫂，一天到

---

① 周丽妃.社会人类学视野下的湄洲妈祖信仰仪式探析[D].泉州：华侨大学，2012.

晚在念什么经。嫂嫂就说"箅豆吃豆"。小姑听了后也每天念"箅豆吃豆"。念来念去，姑嫂两人很诚心，慢慢就有了灵感。到了两人预知时至的时候，小姑和嫂嫂就都走到兴龙寺的庙里，坐化得道。小姑居上位，嫂嫂居下位。后人就修了姑嫂殿祭祀两人。①

2. 全州县江头村：伍元龙信仰

江头村伍氏宗族祖先可以追溯到吴国伍子胥，为元末从钱塘迁来。伍元龙在江头村一是作为祖先神被供奉，除有新旧两座祠堂外，各家还有供奉前两代先人的神龛。二是作为雨神祭祀，当地生产方式以农耕经济为主，旱涝灾害对人们的生产生活造成了威胁。当地流传伍元龙被宋理宗封为雨神，掌管雨部，甑山庵有专门供奉雨神的场所。现在虽然没有祈雨仪式，但是由于伍元龙灵验，这位祖先已被视为万能神看待，村民可求婚、求子。每年七月初四村民要举行大型祭祀仪式，年节、丧葬、婚育等事同样要祭拜祖先。②

3. 潞城贾村：秃奶奶

山西潞城（今长治市潞城区）贾村供奉着当地保护神秃奶奶。秃奶奶为靳门张氏，大名石花，神号秃奶奶。秃奶奶一生在碧霞宫奉神，行医本不是很多，但在那个医学不发达的年代所有人都来求她治病，并且她不贪财，无私无畏。抗战期间还抵抗日本人成为全村老百姓的"守护神"。村民们深深敬重她，在她死后不仅行特殊安葬之礼，还建庙供奉。③

---

① 李菲. 张壁村：多元地方信仰的历史建构与认同[J]. 广西民族大学学报（哲学社会科学版），2015（3）：30-36.
② 王雨. 伍元龙信仰与村落生活研究——以江头村为例[D]. 桂林：广西师范大学，2010.
③ 王丹. 改革开放以来潞城贾村民间信仰的传承与演变[D]. 太原：山西大学，2014.

第二节　乡村信仰的村落秩序、建筑空间与地理认同

在中国乡村社会，民间信仰不仅是人们在精神层面信仰的诸种观念，也体现在现实的物质层面，如村落的秩序与建筑布局。一般人们信仰祭祀的各类宫庙建筑是乡村社会的"中心"①，以这一神圣场所为中心，人们或布局自己的居所，或据此设计建筑的风格，或形成一种层级性的地理认同，无论哪种乡村信仰的影响，都是借此表达人与世界存在的一种有意义的关联，这也是人们通过理解乡村社会中的信仰场所来获得世界认知的重要方式。

一、乡村信仰与村落秩序

挪威建筑学家诺伯格·舒尔茨将存在空间定义为环境的"形象"，他认为对存在空间的研究应该是具体的，涵盖历史、地域、文化的具体空间的研究。乡村社会的基本空间即村落，其秩序与乡村信仰有着密切的关系，几乎可以说乡村信仰形塑了村落的布局与秩序。

山西高平市庄里村背靠五谷山，村落呈椭圆状分布。村落的东南西北方向坐落着四座庙宇，东为奶奶庙，是保育之神，保佑十五岁以下儿童的健康平安；西为军事马殿，村民介绍说是各路神仙开会的地方；北为法堂庙，现已不存在，旧址上是民居；南为五谷庙和炎帝陵，是该村落最大的庙宇。四个方位的神灵共同维护村落和

---

① 此"中心"不完全特指地理位置中的中心，更是能将乡村社会人们的精神世界与现实行动凝聚起来的"中心"。

民众的平安、和谐。当地以炎帝神农为信仰，建有五谷庙。现在庄里村每年四月初八举行五谷庙庙会，这一庙会关系着六个村庄的民众。庙会的神圣空间中体现了村落之间的主次秩序，对于庄里村村民来说，与自己的亲戚、朋友在庙会中聚会，不仅加强了彼此间的情感联系，而且也加强了村落之间的关系。因此，在庙会中形成了村落与村落之间既相互区别又相互交流的秩序关系。①

更具特色的是，特定区域关系网络中的村落与村落之间还会借用亲属关系的模式来建构和强化彼此的联系。比如山东中部博山地区传承的"颜文姜省亲仪式"是围绕当地地方神——颜文姜"出嫁省亲"而形成的一项极具特色的民间信仰活动。文姜省亲于每年的农历五月三十（或二十九）日下午开始。届时，颜文姜娘家亲属所在村落会先后来到传说中颜文姜的婆家所在地——颜文姜祠"搬颜神"。一个月后，颜文姜娘家亲属所在的村落再将其神像送回颜文姜祠。这是当地同生共存、利害相关的业缘聚落利用地方神灵信仰以缔结神亲维系与增强彼此休戚与共的业缘认同与内部凝聚力的独特方式。②

张家川回族自治县位于甘肃省东南部，县境内有伊斯兰教、佛教和道教。其中，回族占总人口的70%左右，是全国回族人口所占比例最高的少数民族自治县。以地处县城南郊的南川村为例，全村共有7个村民小组，自然村有4个，全民信仰伊斯兰教，属纯回族村。在南川村，虽然有自然村和村民小组的划分，但是实际的区域边界是以寺坊范围来确定的，因为该村有5个清真寺，村民以清真

---

① 张舒. 民间信仰与村落秩序——以高平市庄里村五谷庙为例 [D]. 西宁：青海师范大学，2013.
② 薛文成. 村际神亲与乡村社会关系网的建构——博山颜文姜省亲仪式研究 [D]. 沈阳：沈阳师范大学，2016.

寺为中心聚居，形成独特的寺坊结构，而且每一坊的人都是根据自己所属清真寺行动。这种以寺/教，而非以"街"为坊的特征，是回族社区与普通汉族村落的区别。可见，在西北回族社区的空间中，虽融合了一般中国乡土社会地缘与血缘的空间特征，但总体而言，宗教文化与教派，即民间信仰是产生村落空间布局与边界的主导因素。①

二、乡村信仰的建筑空间

民间信仰空间是民间信仰在聚落空间中的一种具象体现，民间信仰活动对村落的凝聚与整合有着十分重要的作用。

福建省石狮市的永宁镇留存着大量寺庙、祠堂、民居，形成以血缘、地缘、神缘交织的社会空间形态。其独特的三十二铺境制度同民间信仰相结合，如今已演变为以民间信仰为纽带的单纯的地域性划分，完成了从地缘性向神缘性的转变。具体而言，永宁古卫城的信仰空间是由许多个铺境区域以境主庙为中心、以街巷网络为边界组成的整体空间，每个区域因共同的神明信仰而聚集成单元区域。永宁卫城拥有大小宫庙三十余座，并拥有各自的保护神。因此，永宁卫的铺境空间是由民间信仰为纽带所联系起来的神缘性空间，大大小小的宫庙建筑，则是神性环境的标识。这是人们借助信仰经验来感受日常居住的空间是有秩序的、可理解的、有意义的、安全的环境，从而获得认同感与归属感的方式。②

---

① 王玲玲.西北回族社区声音实践的人类学研究[D].成都：四川大学，2021.
② 沈喆莹.建筑现象学下的福建省永宁卫传统聚落民间信仰空间研究[D].上海：华东理工大学，2015.

以梅山地区为例，此地民间信仰派系繁多，至今活跃着"师教""梅山教"等。传统聚落的布局形式与聚落选址主要有三种类型：依循山势散点式聚落、沿水系两侧分布式聚落，以及背山面水式聚落。以唐家观聚落为例，受到道教的风水学影响极大，其选址时整个建筑群位于山南水北，极为符合中国风水学的"负阴抱阳"之说；其布局则完全顺应地形建于河岸与山凹之中，符合风水学的"顺乘生气"之说，其建筑材质选用灰黑色的小青瓦和当地随处可见的木材，符合风水学的"因地制宜"之说。从江对岸观察唐家观，建筑聚落从建筑色彩、形式到整体规划布局几乎完全融入山体之中，与自然融为一体。这是中国乡村社会"风水"信仰对聚落建筑的影响。此外，梅山地区到近代前都一直交通闭塞，当地传统建筑规模不大，院落式建筑是到封建中后期才受中原地区建筑文化影响产生的。因此，其时空序列既使用了外来的建筑模式，又在细节上沿袭当地远古巫傩文化。如供奉儒家、道家神灵的神龛底座设置下坛以供奉当地神祇（如张五郎），屋顶正脊两侧吞兽多采用牛角的形式以表达当地农耕文化中对牛的崇拜，因为对自然山体的崇拜而出现山字形的封火山墙等。由此可见，梅山地区聚落建筑空间与设计本身也体现出当地民间信仰的交互影响以及信仰本身的多元性。[①]

三、民间信仰景观与地理认同

民间信仰包括自然崇拜和神像信仰。自然崇拜所形成的信仰景观，常作为一种地域性信仰存在。

---

① 李川.梅山地区民间信仰与传统建筑环境形态关联性研究[D].长沙：湖南大学，2017.

以蒲城尧山信仰为例①，尧山信仰首先是人与自然的接触所形成的自然景观的信仰。尧山地处关中平原，在其地域内与其他景观相比，有明显的相对高度，加上尧山有此地稀缺的泉水资源，所以，千百年来尧山在求雨方面扮演着重要角色。综上，因高山与清泉的存在，尧山在本地景观中具有独特的景观象征意义。同时，尧山古柏在尧山地区景观构建中有着非比寻常的重要性，与高山、清泉构成了整体的尧山景观。除了自然因素，还有人们附加给自然景观之上的人文价值与意义，也在景观形成中发挥了关键性作用。比如，关于尧山的民间传说与神话故事，以及地方社会的精英群体，如文人雅士与士绅名流的相关诗作，这些述说都为尧山附会了适合隐逸的色彩，使得尧山由纯粹的自然景观成为一个文化空间乃至信仰对象。普通民众与尧山的关系则更为密切，因为此地多为半干旱区域，尧山则因地理地形，降水相对较多，虽不具备人们实际灌溉的条件，但能满足当地人求雨所需要的象征性水源量。因此，普通民众对尧山圣母表示出虔诚的崇敬之情。在尧山地区，圣母信仰组织有三个层次，分别为尧山圣母庙所在区域形成的"尧峪仙坪"、环绕尧山周围的上百个大小自然村落所形成的十一神社，以及因尧山圣母信仰而形成的分布于十一社外围的具有放射性特点、呈点状分布的外围组织，这三者构成尧山圣母信仰影响的空间范围，形成人们对尧山的地理认同。

与此相类，位于太原市郊的山西晋祠，以难老泉闻名天下，祠中同时供奉有台骀神像。相传台骀神原为张氏始祖，后因治水有功被封为"汾水神"。台骀信仰也寄托了华北黄河流域与黄土高原地

---

① 侯晓东. 信仰景观与地理认同——以尧山圣母信仰区为中心 [D]. 西安：陕西师范大学，2015.

图 4-5　山西晋祠中供奉的台骀神
（图片来源：李菲 摄）

区"泉域社会"先民调动和利用水资源以造福民生的美好愿景与生境智慧。

第三节　神圣与世俗：乡村信仰与乡村生活的一体两面

神圣与世俗作为理解生活的两种方式在中国民间信仰中都有所体现，甚至是相伴存在。人们对神灵的供奉和祭祀体现出民间乡村信仰的神圣性,但乡村信仰在时间和空间上又与日常生活交织在一起,透出一定的世俗性。下面将从节庆、空间、人神关系、食物等四个维度探讨神圣与世俗的交融。

一、节庆:人神共娱

从节日时间的选择上来看,节期本身就体现着神与俗的两面。节日处于乡村农事生产的特殊时间点,首先具有一定的周期性,每年循环往复;其次为时间交替的交接点和中转点,如年节处于一年新旧交替之时;还有些节日是在季节变化之时,如端午、夏至、冬至等。这些节日的时间点在古人时间系统中本身就带有神圣性。但这些神圣时间与其他日常时间又处于同一个时间链条之上,共同构成一个完整的年度周期,并且只有在世俗的日常时间之中才能凸显出节日时间的神圣。

习俗活动中也体现出神圣与世俗的交织。首先,有些活动在乡村日常生活中也会进行,如腊月便要扫屋除尘、沐浴、理发,新年要穿新衣,这些日常活动在节日期间被赋予除旧迎新的内涵便有了神圣的一面。其次,一些节日当中的特定习俗更是带有人神共娱的特征,节日中的各种仪式庆典本是为了酬神,后来逐渐发展到娱人,不仅原祭祀活动有了娱乐意味,还出现了许多特定的娱乐和游戏。自汉魏以来,传统的禁忌祭祀之日就逐渐演变为民众休息娱乐,展示民俗和享受生活的时间点。①

---

① 萧放.岁时:传统中国民众的时间生活[M].北京:中华书局,2002:91-93.

如元宵节的燃火放灯活动原是每年春秋两季都要燃放火把来驱疫除鬼。道教则是为了给天官过生日，以求"天官赐福"。佛教则是为了纪念佛祖释迦牟尼的神变之日燃灯礼佛。后燃灯逐渐成为全民共同参与的节日习俗，与之相伴的还有猜灯谜、耍龙灯、放烟火、吃元宵等节俗，实为"闹元宵"。端午节竞渡最初也是人们为了祈神禳灾。首先是祭龙。这与古人的龙崇拜和星宿崇拜相关，龙能兴云布雨，自古就受到人们的膜拜，而五月仲夏时节正是苍龙星升至正南位置的时间。其次是纪念历史人物，如伍子胥、屈原等。赛龙舟更成为乡村传统的体育娱乐赛事，湖南常德古时四月八日揭篷搭船，五月一日船下水，五月十日、十五日划船赌赛，一直到十八日比赛完才拖船上岸。① 清明节踏青、插柳、放风筝，重阳节登高等都在祭祀之上增添了娱乐气氛，将节日变为了神与民的大联欢之日。

二、空间：信仰与日常的边界

民间信仰形成的祭祀空间虽与日常空间有所区分，但实际上是嵌入在世俗空间之中，与民众生活联系在一起。同时，乡村信仰还成为支配村落与区域空间关系的一种途径，实际上是通过集体信仰形成新的认同边界来重新划分村落和区域。一方面信仰可以跨物质边界而存在，不仅将本村或本区域内部凝聚在一起，甚至在更大地域范围进行多社群的整合。另一方面，信仰作为集体的象征也体现着排他性，村民会因不同的信仰而产生敌对或者竞争关系，并通过

---

① 袁学骏.岁时节日[M].石家庄：河北人民出版社，2009：74.

各种仪式来强化这种差异。

空间神圣与世俗的划分首先体现在日常生活之中。一是在家庭住房内，乡村房屋中的一些空间本就处于重要位置，是对人具有威胁的区域，如门在传统生活中是人与外界的保护通道，灶是储存火的重要场所，因此人们早对门、厨房所处空间产生敬畏，将其视为与其他地方不同的神圣空间。对神圣空间的膜拜通过祭祀神灵的方式来表达，门上贴门神，厨房供灶神，水井奉水神等，信仰的祭祀则强化了空间的神圣性。[①]但这些空间又并非抽象空间，门、厕所、厨房等都是人们日常生活必备的，神圣空间和世俗空间由此交叉叠合在一起。然后是庙宇，庙宇作为神圣空间体现在它是特地用来供奉神灵和举行仪式的场所。但庙宇并非只有仪式活动期间才开放，也是民众生活娱乐的日常场所。它作为村庄中的公共建筑还体现和反映着旧村落的格局，以及信仰与风水的关系，如图4-6所示。

因共同信仰产生的"神圣空间"可以促进村落和区域的融合。民众在祭祀过程中以祭祀场所为中心形成一个新的聚合之地，香会便是典型代表。香会是使固定社会（乡民祭神的会集）演变为流动社会的重要形式，表现出民众的信仰力和组织力。[②]北京盛大的妙峰山香会主要是京津冀地区的民众在碧霞元君信仰下形成的"不同职业、不同村落、不同乡里社会的异质集合"[③]，是广大信众根据地缘和业缘的便利在神缘认同下结合成流动的"香客"社会，在逐渐扩

[①] 白杨.神圣与世俗：荆楚年俗新解[D].武汉：华中师范大学，2008.
[②] 顾颉刚.妙峰山[M].上海：上海科学技术文献出版社，2014：11-12.
[③] 韩书瑞，周福岩，吴效群.北京妙峰山的进香之旅：宗教组织与圣地[J].民俗研究，2003（1）：75-101.

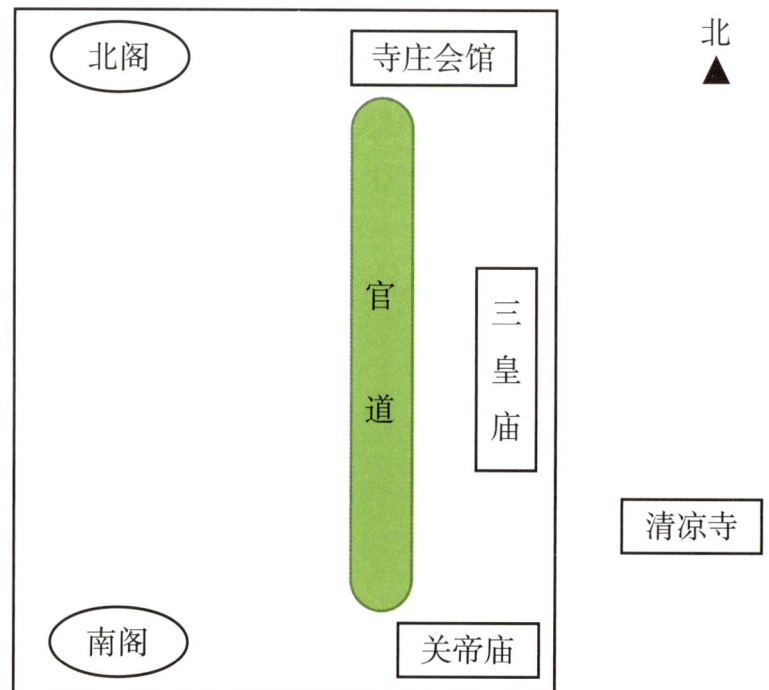

图 4-6　山西高平寺庄村庙宇分布图①

大的过程中香会之间形成更大的社会,并具备一定的礼仪和规范。② 如今碧霞元君信仰和妙峰山香会正在吸引着更多的个体香客和其他地区的信众及游客。远近闻名的妈祖信仰在我国沿海及内陆盛行后,逐步传入台湾、香港、澳门和新加坡等地。尤其在传入台湾后迅速

---

① 董竹馨.清代高平县关帝庙与乡村社会[D].太原:山西大学,2019.
② 王立阳.庙会组织与民族国家的地方社会——妙峰山庙会的公民结社[J].民俗研究,2011(1):139-161.

扩大，台湾妈祖庙占世界上的三分之一，台湾是世界上妈祖信仰最发达的地区之一。①

信仰是社会融合的象征，亦可以是分类的标志，台湾移民社会中便存在"分类信仰"。清代台湾移民多来自福建和广东两省，各籍移民的信仰一般按照各自的祖籍地划分，福建泉州、漳州、汀州和广东的惠州、潮州各籍移民守护神带有明显的地方色彩。其中，同一府下属的不同县，由于文化、政治等的联系较多，守护神并无较大差异。但不同府属之间的守护神却存在明确的界限，一般排斥其他府的守护神，民众在发生械斗之时还会将对方守护神作为攻击对象。如咸丰三年（1853）台北的漳州府属移民与泉州府属移民发生矛盾，漳州阵营用开漳圣王像引领应战泉州人，泉州人由此愤恨，毁掉供奉圣王的太平宫，并夺取圣王像。此类事件在清代移民社会中屡见不鲜。②

三、人神关系：现实伦理和秩序

在乡村民间信仰中，人与神的统一性将神圣世界与乡村社会联系在一起，现实生活因神灵的进入富有神秘色彩，神的世界也会出现现实社会的伦理道德和秩序。

前文所述天妃妈祖、关帝圣君等神祇，无论是在历史记载还是神话传说中，都可以看到他们的人间经历及人文情怀。妈祖从小生活在海边，从事巫祝工作，勇敢善良；关羽是三国大将，仁义兼具。

---

① 张桓忠，林益德.台湾地区妈祖庙现况调查与分析[J].妈祖文化研究，2017（2）：61-89.
② 郑振满，陈春声.民间信仰与社会空间[M].福州：福建人民出版社，2003：263-265.

他们死后都逐渐成为一方乃至全国敬仰的万能保护神，继续庇佑人间。如台湾屏东县万丹乡就流传妈祖显灵的传说，第二次世界大战期间，美军要轰炸万惠宫，炸弹落在万惠宫后却未爆炸，当地乡民传言是妈祖现身用脚踢开了炸弹，也有说是用手接下了炸弹。总之，是妈祖救下了村民和万惠宫。①

冥间地府按照人间官方设置一方面是等级制度的体现，一方面是对现实伦理道德的维持，提醒人们只有善良者才可成神，作恶者终会得到报应。在《温州鼓词南游传》关于陈靖姑的传说之中就有陈靖姑为救李十三闯地府，阎王派金童玉女带陈靖姑巡游地狱的情节。阎王让她回到阳间要奉劝世人行善行孝、诚实勇敢，说明传统伦理道德在冥间也被奉为规范，并通过神的力量在人间继续传播。②

神不仅是人的保护者，还可以成为乡村社会生活的重要角色。中国四大传说之首的牛郎织女讲述人神相恋的故事。牛郎和织女在人神化的过程中被塑造为自由的爱情追求者和打破束缚的象征，并被称为爱神。织女是天帝的孙女，牛郎是凡人，一神一人，看似遥不可及。但两人相恋结婚、生儿育女，再到银河相隔，每年七夕相见的浪漫事迹，反映出神灵并非不食人间烟火，人与神的距离有所拉近。牛郎与织女的结合，也体现了人对神从单纯景仰到敢于追求，以及当时封建等级观念下人们对美好爱情的向往。

---

① 杨淑雅.台湾屏东乡村的妈祖信仰——以万丹乡万惠宫为例[J].莆田学院学报，2015（1）：1-5.
② 易婷.神圣与世俗的混融——论陈靖姑传说中的人际网络构建与社会秩序构想[J].艺术科技，2012（4）：103-104.

四、食物：由俗转圣

在乡村民间祭神仪式中，奉献给神祇的祭品是人们精心挑选且经过特定仪式洗礼的圣物。人们献祭的本质是期望与神灵交换，通过各种供品来表达自身敬意和虔诚，以换取庇佑和恩赐。在祭品中，食物占了很大的比重，并在各种仪式过程中实现由俗到圣的转变。

"中国宗教祭祀活动中的食物类祭品几乎涉及人们食物结构的各个主要方面，凡是人可吃的精美食物都能用来献祭。"[1]用来献祭的食物主要为以下几类：一是以牛羊马等牲畜为代表的肉类，二是以稻、麦、黍等六谷为代表的粮食类，三是蔬菜和果品类，四是以酒、茶为代表的饮料类。[2]这些用来献祭的食物与人类饮食结构大体一致，但它们在成为祭品时就被赋予了神圣的属性。从用途来看，这些食物是给神灵的礼物和供品，是人与神沟通的中介载体。在食物的选用上，并非所有的牲畜、粮食都可以，而要进行一定筛选，合乎标准的才可成为供品。如云南白族乡村在大型仪式和重大事件时必要杀猪祭祀本主神，并且祭祀的猪通常只取猪头、猪尾、猪蹄和猪五花，代表以整头猪祭祀神灵。[3]

祭祀食物一般有两种处理方法：一是供神灵食用，如仪式过程中烧毁供品，或将供品放置在神像前；二是由人享用，村民认为奉祀过神灵的食物具有驱邪的力量，一般会分食共享，以求与神相通，期望神能相助自己解决日常生活中的困难。这些供品既是"圣物"，又是"食物"，具备双重属性。

---

[1] 瞿明安.隐藏民族灵魂的符号：中国饮食象征文化论[M].昆明：云南大学出版社，2001：215.
[2] 瞿明安.中国古代宗教祭祀饮食文化略论[J].中国史研究，1998（3）：152-162.
[3] 王斯.大理洱海周边白族食物类祭品研究[D].昆明：云南大学，2015.

此外，还有一类并非祭品的食物，它们在仪式过程中被运用，也与神灵发生了联系，仪式结束之后也作为驱邪消灾的圣物而被食用。如四月初八浴佛节中的浴佛水并不是专门向佛献祭的供品，只是寺庙为了浴佛仪式而准备的水。在浴佛之后，人们将其视为"圣水"饮用，祈求更多福报。

时间、物候的变化会影响到民众的生产、生活，神祇正是庇佑岁稔年丰、平平安安的保护神。岁时节日既包含古代民众对自然时序更替的特有理解，也包括将季节、天象变化与民间信仰结合后而形成的民俗活动，它反映的是古人在时间转换中积极能动地对社会生活做出调和及适应。受社会历史状况、区域地理位置、文化环境等因素的影响，乡村信仰和神祇又带有层级性、区域性、地方性的特征。既是维护王权的手段和方式，又是地方区域村落融合和分离的标志。同时信仰又带来神圣空间的生活体验，在信仰空间中有区别于日常世俗的特定意义和文化内涵。但神圣空间往往是日常生活的"中断"，并以一定的日常生活空间为背景而存在，人与神在神圣与世俗的交织中和谐统一。

"祭神如在"既包括共时间，又包括共空间。共时状态下的乡村民间信仰，是社会空间的历史沉淀；而共空间的民间信仰，自身又有着动态演变的历史过程。从乡村的时空框架中去理解民间信仰，实际上是将民间信仰融入乡村自有的时间节奏、地理环境、社会结构之中。乡村民间信仰不仅是村落日常生活自有社会秩序的体现，也是文化规范的约束。

第二部分

Chinese Traditional Villages 村落

中国传统村落文化抢救与研究
非物质文化系列（融合出版含视频）

地方乡村传统岁时民俗与民间信仰

生境智慧是千百年来乡村生活区域性劳动智慧的表达。乡村中"靠山吃山、靠水吃水"的生产生活逻辑，使得乡民在生产生活中尊神、祭神、敬神，也擅长造神。加之我国地域辽阔，南北气候差异明显，地形地貌丰富，乡村生活中以二十四节气为主要参照点，构成了多元的节律性生计模式、区域性生境智慧和丰富的岁时节俗。这其中既有对礼义文化的推崇与推许，又有对忠孝文化的传承和弘扬，也有对历史英雄人物的悼念与纪念，包含着跨时代的意义与价值。本部分在遵循地理区域划分的基础上，按照地方生计模式的差异，深入乡村生计的文化脉络和实践逻辑中理解乡村，认为乡村生产生活以地缘性为基点，既有弥散性、实用性等共性特征，又有"万灵崇拜""多神崇拜""区域性神祇崇拜"等差异，呈现出多元的节俗。在不同的地理区位和生境条件下，民间生计模式千差万别，信仰也呈现出多元的特征，如小岛渔民供祭海神娘娘和船神，平原农民供奉龙王、土地神、五谷社稷神等。[1] 在同一地区，主要生计和补充生计相辅相成，也导致了不同祭祀对象的出现。如以水稻种植为主要农事活动的南方地区，也有养蚕、采集、渔猎等补充生计模式。因此这里在祭祀稻花娘娘的同时，也祭祀"蚕神""码头娘娘""河神"等。这一现象体现了乡村生境智慧和多元节俗。本部分结合各民族独特的岁时节俗，向读者展开中国乡村地区信仰与节俗的图景。

---

[1] 乌丙安.中国民间信仰[M].上海：上海人民出版社，1995：8.

第五章
东北地区传统岁时民俗与民间信仰

东北地区盛产大米、玉米等,农业发达,且森林资源丰富,乡村在主要从事农业种植之外,围绕上山采人参、下海捕鱼虾等生计方式形成了多元的民间信仰。因是多民族聚居区,受到多元文化交流的影响,东北汉族村落中的少数民族信仰里,对动物神祇的信仰尤为明显。又因早期"闯关东""淘金热"等活动,建构了地缘性的信仰传统。生计信仰神祇的建构性,具有浓郁的地域特色,充分反映了地区民间信仰的融合性。

第一节 祭山神与敬"老把头":采人参习俗

耕地之外,山林也是东北乡民的栖息之所,为乡民提供生存的物理空间和生活资源。一方面,乡民的生存繁衍、衣食住行都与山林有着密切的联系。另一方面,山林中的药材也是就近乡民重要的经济来源。被誉为"百草之王",俗称"棒槌"的人参,在关东三宝中排名第一。

在东北地区,上山采人参俗称"放山",又叫"挖宝",是该地区独特的生计模式。按照人参生长的不同状态,可分为三个时期:一是每年农历三四月,

采人参

图 5-1
红榔头

百草初长，参苗开始发芽，这个时期通常被称为"放芽草市"；二是待到农历六七月，此时山林中丛草丰茂，参叶藏于杂草，难以辨别，被称为"青榔头市"；三是直到农历八九月，参籽颜色鲜红，形状很像榔头，被称为"红榔头市"。三个阶段中，"红榔头市"是"放山"之人最期待的时节，此时人参成熟，山林中会出现专吃人参籽的棒槌鸟，"放山"之人可通过观察棒槌鸟找人参籽的线索，寻得人参。

据杨宾《柳边纪略》载："凡走山者，山东、（山）西人居多。每岁三四月间往，九十月间归。其死于饥寒者，不知凡几。"[1]"走山"是"放山"的别称，关于"走山"的记载与"放山"大体一致。从人群属性上来看，这个习俗是由外来人口主导的；从时间上来看，

---

[1] 张云霞.杨宾与《柳边纪略》[J].兰台世界，2011（2）：63-64.

基本在每年春夏,且持续时间较长。正因采参之人上山之后所待时间较长、与山林打交道的时间多,同时上山谋生活也有诸多不确定性,因此"放山"也有祭祀习俗,且多与山神相关。山神"老把头"便是长白山采参习俗的祭祀核心。传说"放山"第一人名为孙良,早期他与张禄两人结伴上山采参,孙良挖宝返家后不见张禄返回,便上山寻找。最后因为体力不支倒在山林之中,并咬破手指在石头上写道:

> 家住莱阳本姓孙,漂洋过海来挖参。
> 遍山寻觅好兄弟,不见兄弟不甘心。
> 日后有人来找我,顺着古洞往上寻。

该传说和诗文展现了孙良重情重义、对朋友的肝胆相照。相传康熙皇帝得知此事,亲自前往长白山,果真见孙良的尸身不倒,感其忠义,便封孙良为"山神爷""老把头",并砍下一棵树做成木墩,给其当板凳。随后孙良的尸首便稳稳地坐在木墩之上。也因此,"放山"之人一般都不敢随意坐木墩,因那是老把头的专属。①

长白山地区的山民把每年农历三月十六日定为"山神节"。在节日当天,邀请来自全国各地的"放山"人参与,他们欣然赶到孙良墓前举行祭祀仪式,以每年的节日和祭祀来表达对"山神孙良"的敬仰之情。其中,抚松人既认孙良是神,也认定他是一个活生生的人。因此,这也是民间信仰中由人变为神的重要案例。地方学者

---

① 黄云鹤,苑宏光.清代以来东北汉族民间信仰构成及其特征[J].长春师范学院学报(人文社会科学版),2010(5):38-41.

考证，孙良在顺治八年（1651）闯关东，结合对其祖籍山东莱阳的求证，找到孙良的后人，证实他是莱阳县（今莱阳市）穴坊镇富山村人，如今仍有孙氏后嗣。并且，从2006年开始，抚松的老把头庙会在传统的祭仪基础上增加了邀请老把头家乡山东莱阳地方政府和孙良后人参加的环节，成为民间信仰中独一无二的内容。①

东北的一些县志，如《抚松县志》《临江县志》《通化县志》及现代民俗调查材料中有不少关于采参者供奉老把头的记载。从更大的范围来说，老把头、山神、土地神、五道神这四位神灵被认为是上山采参需要祭祀和供奉的神祇。当然，其中老把头和山神在采参者心中所占的分量更重。采参者一般结伴同行上山，并在同行的人当中选经验最丰富的当"把头"，作为上山采参的领头人，其余的采参人则称为"边棍"。进山后要先立老爷府，然后叩拜祈祷："求山神爷、老把头保护放山（此指挖参）的穷乡亲，如能挖到大货（大人参），回去不忘按节烧香上供。"②

第二节　萨满信仰圈：东北地区的狩猎采集民族

萨满教是我国北方阿尔泰语系中突厥语族、蒙古语族、满－通古斯语族的一些民族普遍信仰的一种原生性宗教。不同民族对其有不同的称呼，满族称"萨满"（Saman），蒙古族称"孛额"（Buge），藏族称"苯波"（Bonpa），哈萨克族、塔塔尔族等称"喀

---

① 向云驹.非物质文化遗产的若干哲学问题及其他[M].北京：文化艺术出版社，2017：295-296.
② 李乔.中国行业神崇拜[M].北京：中国华侨出版社，1990：349.

木"（Kam）。①萨满教是一种原始的多神信仰，起源于万物有灵思想，人们认为宇宙由"天神"主宰，山有"山神"，风有"风神"，地上又有各种动物神、植物神和祖先神……从而形成普遍的自然崇拜、图腾崇拜和祖先崇拜。

"万物/多神崇拜"是中国民间信仰系统的总体特征。具体到某一区域或村寨、家族以及个人，其崇拜的对象往往都是有限的，至少是有重点的崇拜对象。以东北地区的少数民族民间信仰为例，虽然每个民族都有所不同，但是在信仰层面上有相似之处，比如都侧重于对自然神（如日月星辰、山川河流）、祖先神和牲畜保护神的崇拜，这与人们的生活环境、生计模式有关，以及人们对生存的朴素愿望有关。总体而言，隐藏在东北少数民族民间信仰背后的是人们对萨满的崇拜，萨满信仰已经融入人们日常生产生活的各个层面，发挥着重要作用。

目前，我国东北地区的鄂温克族、鄂伦春族、赫哲族、达斡尔族、满族、锡伯族以及朝鲜族和西北地区的裕固族中的一部分人信仰萨满。历史上蒙古族也信仰过萨满教，至今仍有萨满信仰遗存，如敖包祭祀。以下诸篇，笔者就不再重复东北各少数民族普遍的萨满信仰，而是在萨满信仰的大背景下，为大家介绍一些少数民族乡村日常生活中独具民族特色的民间信仰和节日习俗。需要注意的是，此信仰圈层下的各少数民族的节日可以分为三类：第一类是与汉族文化交流而产生的共同节日，如除夕、春节、元宵节、清明节等。第二类是由于民间信仰不同而形成的不同的祭祀节日，如祭太阳、

---

① 艾丽曼.从萨满教到藏传佛教——蒙古族宗教信仰变迁的历程[J].青海师范大学民族师范学院学报，2011（1）：1-7.

祭月亮、祭河神、祭火神等。第三类是本民族固有的传统节日，比如锡伯族的抹黑节、鄂伦春族的米特尔节等。

第三节　锡伯族的"喜利妈妈"和"海尔堪玛法"

　　锡伯族主要分布在辽宁、吉林等省和新疆伊犁地区的察布查尔锡伯自治县。早期以狩猎捕鱼为生，信仰萨满。元、明以后，受到藏传佛教的影响。清军入关以后，锡伯族又受到中原汉文化的影响，所以锡伯族的寺庙内除了供奉释迦牟尼等佛像外，还供奉娘娘神、关公、八仙、门神和灶神，以及"喜利妈妈"女神和"海尔堪玛法"男神。

　　在锡伯语中，"喜利"意为"延续"，"喜利妈妈"是保佑家宅平安和人丁兴旺的女神。在今天的沈阳市沈北新区黄家锡伯族乡八家子村还经常举行"喜利妈妈祭祀"仪式。一般"喜利妈妈"的供位在上房西屋西北角，用毛笔书写在红纸上面。"喜利妈妈"上系一条两丈多长的挂有小弓箭、小布条、小摇车、小靴子、铜钱、缨帽等的麻绳，一般由家族中年纪最大、儿孙满堂的人来制作。如果生一个男孩，则系一个小弓箭，希望他将来成为一名射手；生一个女孩，则系一个小布条，预示她将来主持家庭事务。①

　　新疆察布查尔锡伯自治县有一个"锡伯族民俗风情园"，主要展示锡伯族西迁历史及其发展历史和民俗。在孙扎齐牛录镇境内，人们供奉"海尔堪玛法"，他是保护牲畜兴旺的男神，也被称为

---

① 王俊昕.喜利妈妈祭祀的文化研究[D].沈阳：辽宁大学，2011.

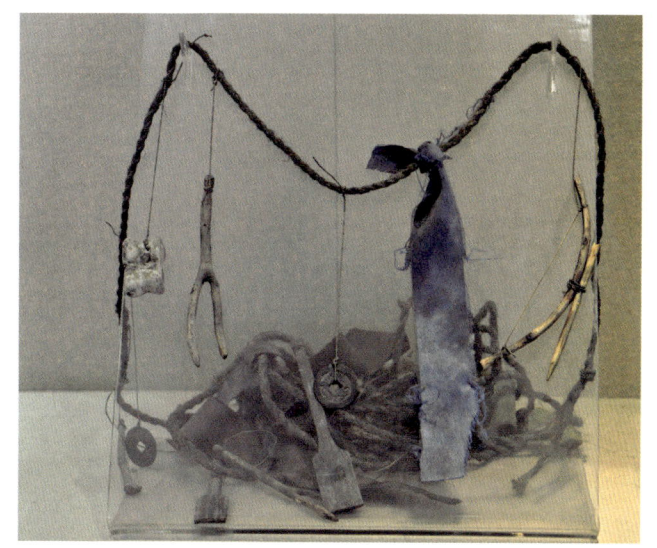

图 5-2
锡伯族"喜利妈妈"

"马神",供位在正房西间外面西南墙的房檐下,一般人们在墙上掏洞,里面放木匣,匣里装有木雕或泥塑或纸画的神像,初一、十五或逢年过节,则会烧香叩头,祈求神灵保佑牲畜兴旺。[①]

锡伯族的抹黑节源于一个传说,即约 700 年前,锡伯族所种植的小麦和稻谷因受冻生出"黑丹",人们以为是天神惩罚,为了消除灾害,每年的农历正月十六,人们趁天神巡视之际,抹成黑脸前去请罪。

---

① 姗艳塔娜.锡伯族的民间信仰习俗[J].满族研究,2000(4):80-83.

第四节　鄂温克族和鄂伦春族的"保克""白那查"和"吉雅奇"崇拜

"鄂温克"一词是鄂温克族的自称，意为"住在大山林中的人们"，其祖先曾居住在森林中，以从事渔猎和饲养驯鹿为生。中国鄂温克族主要聚居在内蒙古自治区呼伦贝尔市的鄂温克族自治旗，其他散居在陈巴尔虎旗、根河市、莫力达瓦达斡尔族自治旗、阿荣旗、扎兰屯市和黑龙江省讷河市等地。由于自然环境和历史变迁等，直到20世纪中叶，大部分鄂温克族人均以狩猎业、牧业、农业和狩猎兼营的生产模式为主。鄂温克族的信仰比较复杂，除大部分信仰萨满教外，牧区的鄂温克族同时也信仰藏传佛教，而陈巴尔虎旗和敖鲁古雅的鄂温克族又有信仰东正教的习俗。

敖鲁古雅鄂温克族乡是内蒙古自治区呼伦贝尔市根河市唯一的纯林区民族乡镇，是最后的"狩猎"部落，也是中国唯一饲养驯鹿的少数民族聚居乡，于2003年搬迁至根河市郊。鄂温克族曾居住在大兴安岭腹地，以狩猎为生，在鄂温克族人的萨满信仰中，自然中的万事万物都要受到鄂温克人虔诚膜拜，突出表现在对天、日、月、星辰的崇拜。鄂温克族人把天称为"保克"，这位天神的形象是一位人格化的男性。不同地区的鄂温克族人在祭天仪式的地点选择和祭品种类，以及祭天仪式的流程上都存在明显差异。但一般而言，鄂温克族人多选择在高山和树木茂盛的地方祭天，他们认为山和树木与天相连，这样天神更容易接纳供品，听到人们的心愿和请求。[1]

---

[1] 汪立珍.鄂温克族萨满教信仰与自然崇拜[J].中央民族大学学报（哲学社会科学版），2000（6）：72-77.

鄂伦春族人对太阳、月亮和北斗星等非常崇拜,每年正月初一要向太阳跪拜,人们遇到困难也向太阳祷告,发生日缺时,认为是天狗在吃它,则会敲铜盆来解救。①

鄂温克族人认为牲畜是"吉雅奇"神赐予的,它是运气之神,每年正月十五或六月牲畜膘情好时,要祭"吉雅奇"神,供物是稷子米或大米奶粥。"白那查"(山神),其形象是在大树上绘制的长须老人,鄂温克族人认为一切野兽都是"白那查"饲养的,捕获的野兽则是"白那查"恩赐的,所以,遇到绘有"白那查"的大树,人们一般要用兽肉献祭,喝酒前也要先敬"白那查"。②这种对山神的崇敬也体现在鄂伦春族的节日和狩猎活动中,因为同为以狩猎为生的鄂伦春族人,也信仰山神"白那查"。

第五节　赫哲族的萨满和额莫赤·妈妈信仰

在赫哲族的生活中最重要的事情首先是渔猎,其次是狩猎。其原始信仰归纳起来有祖先崇拜、自然崇拜、鬼神崇拜和萨满崇拜。在黑龙江佳木斯市同江市八岔赫哲族乡和街津口赫哲族乡、双鸭山市饶河县四排赫哲族乡仍能找到赫哲族萨满信仰的现象。据考察,这里的赫哲族萨满有品级和派别之分,品级依鹿角神帽而定,派别可分为河神派、独角龙派和江神派。③赫哲族每年春秋举行跳鹿神

---

① 杨圣敏,丁宏.中国民族志[M].北京:中央民族大学出版社,2003:95.
② 杨圣敏,丁宏.中国民族志[M].北京:中央民族大学出版社,2003:88.
③ 王一鸣.黑龙江省少数民族萨满调研究——以鄂伦春族、达斡尔族、赫哲族为例[D].齐齐哈尔:齐齐哈尔大学,2016.

活动，也叫跳太平神，是为了求神驱鬼，消灾求福，保佑人丁兴旺与渔猎丰收。赫哲族人若患了病，则先请萨满寻找作祟的鬼神，并宰杀猪或鸡，同馒头等供物一起放在祖宗堂和小庙等处，以献祭鬼神。除此之外，赫哲族的女人在分娩后的三天里，要在土房的西北角落放一个用杨木制成的额莫赤·妈妈神像（婴儿的母神），以祈愿孩子一生顺遂，前途光明。

第六节　满族的祖先崇拜

满族人十分重视祭祖，通常满族各姓氏以血缘族姓为单位举行祭祖活动，其祭祀的对象是祖先神，即"人化神"，而不是自然神。每逢龙年或虎年，吉林省九台区其塔木镇刘家满族村的满族还有续谱祭祖的习俗。① 人们一般在正房的西墙上，安放一二尺长、一尺宽的木板，称"祖宗板"，其上再放一个"祖宗匣子"。"祖宗匣子"里则装有家谱、神偶和箭、刀、领牲碗、酒盅等祭祀器具，有的也装子孙绳。满族民间祭祖又称"大祭"，一般要举行三至五天。首先要花两天时间准备祭品和祭器，祭品包括面食、酒，以及用于献祭的猪。一般由家萨满主持，分三天进行，第一天在室内，分为朝祭和"背灯祭"两部分。朝祭是在天亮之前请下祖宗板，分食饽饽和"吃福肉"。"背灯祭"在当天天黑后进行，主要祭祀对象是"万历妈妈"，传说她是明代总兵李成梁的四夫人，因搭救努尔哈赤而在夜里被杀，身上没穿衣服。因此，满族人祭祀她时，怕其因裸

---

① 于洋.吉林九台满族罗关家族续谱祭祖调查[J].满族研究，2018（2）：112-118.

| 第二部分 | 地方乡村传统岁时民俗与民间信仰

图 5-3 满族祭祖仪式中的祭祖陈设

体害羞所以"背灯"。大祭第三天,则是祭佛托妈妈,"佛托妈妈"是满族传说中主管繁衍后代的女神,所以这一祭祀是专为祈祷子孙繁衍、保佑孩子平安举行的。[1]

总之,满族举行祭祀活动,主要是缅怀祖先功德,祈求祖先保佑平安,与萨满的多神信仰有本质上的区别,是汉族文化与萨满文化

---

[1] 汪萍.满族祭祖习俗[J].兰台世界,2011(31):74.

相结合的一种习俗。① 这也体现在满族所过的节日上，包含了大量汉族的传统节日，比如春节、元宵节、乞巧节、重阳节和小年等，但同时也融入了满族自身文化的特点。在众多节日中，颁金节是满族非常隆重的节日，因为清太宗爱新觉罗·皇太极在继位后，于明崇祯八年（1635）农历十月十三日发布谕旨，定族名为"满洲"（辛亥革命后通称为"满族"）。因此，每年的农历十月十三是满族人的"颁金节"，即满族诞生纪念日、命名纪念日。这一天，满族人要聚在一起，穿上民族服装，举行祭祖仪式，开展各种庆祝活动。

第七节　蒙古族的萨满信仰

蒙古族是主要分布在东亚地区的一个传统游牧民族，他们以家为单位居住在一种呈圆形尖顶的天穹式住屋，即蒙古包里。在藏传佛教传入蒙古族之前，萨满信仰一直在蒙古族各部落中长期存在。以科尔沁蒙古族萨满信仰为例，其信仰的神灵十分庞杂，从自然中的日、月、风、雨、雷、电、山、河等，到动物中的鹰、熊、马、狗等。但总体而言，"腾格里"和"翁衮"两大神系是蒙古族人萨满信仰的主要内容。

"腾格里"即"天"，是一个无所不能的、庞大的天神崇拜系统。据统计，在蒙古族史诗和神词中，各司其职的腾格里有上百个，蒙古族认为天有若干层，每位天神各管一方。其中"蒙客·腾

---

① 刘明新. 满族祭祖与萨满教的关系研究初探[J]. 中央民族大学学报（哲学社会科学版），2000（2）：55-61.

格里"（长生天）是凌驾于各层天神之上、无所不能的总天神。在阿鲁科尔沁旗，每年七月初七或初八，萨满祭祀仪式中都有大型的祭天活动。但不同身份、地位和需求的人尊崇的腾格里是不同的。对于民间百姓而言，他们多尊奉与日常生活相关的腾格里，如掌管水草和畜牧的"吉雅齐腾格里"和"保牧乐腾格里"，负责消灭疾病和瘟疫的"查干腾格里"，以及执掌林木和野兽的"玛努罕腾格里"等。①

"翁衮"是由祖先灵魂变成的蒙古族人祭拜的死者对象，是萨满教的守护神。蒙古族人一般用木头、毛毡、布等材料制成各种形状的翁衮偶像，挂在帐壁中，对之礼拜，且在每次吃饭前，都先将肉或奶献祭。翁衮作为一个庞杂的神灵崇拜系统，其崇拜的数量和对象在不同时期、不同地区、不同部落也是不一样的，既有全蒙古族公认的一般性的翁衮，也有各村落自己的翁衮，但一般都认为这些偶像是畜群的保护者，同时也是畜群繁衍的恩赐者。翁衮有善恶之分，有的是保护神，有的则是恶魔，会带给人灾难。②在成吉思汗建立蒙古帝国后，萨满教虽进入兴盛时期，但由于神权与君权抗争的失败，萨满教逐渐失去了此前的重要地位。后期藏传佛教格鲁派在蒙古族的全面传播，更使得萨满信仰式微，逐渐被佛教取代，但萨满教作为蒙古族的古老信仰，已经深深根植于民众的日常生活中，所以在今天也能看到具有萨满信仰特色的祭祀活动，如祭敖包。

敖包，意为"堆子"，以石块堆积而成，形状多为圆锥形，高低不等，象征着天、地、人，是人们赋予神化色彩的石堆，是蒙古

---

① 毛公宁.中国少数民族风俗志[M].北京：民族出版社，2006：35.
② 刘桂腾.科尔沁蒙古族萨满祭祀仪式音乐考[J].中央音乐学院学报，2004（1）：49-61.

族人举行祭祀天神、地神、山神仪式的地方，一般都建在山顶或丘陵之上。2006年，由内蒙古自治区锡林郭勒盟申报的祭敖包经国务院批准列入第一批国家级非物质文化遗产代表性项目名录。

祭敖包通常在每年农历五月至七月举行。仪式从日出之前开始，隆重而严肃。参加者都要围绕敖包顺时针转三圈，边转边向敖包滴洒鲜奶和酒，之后在敖包正前方叩拜，并将带来的石头添加在敖包之上，还需要用柳条、哈达、彩旗等物品将敖包重新装饰一番。待仪式

图 5-4　敖包

结束后，便举行"那达慕"活动，牧民们参加摔跤、赛马、射箭等传统体育活动，引吭高歌，翩翩起舞，并聚在一起举杯畅饮。

祭敖包是蒙古族古老文化的缩影，包含了蒙古族众多的传统文化与民间习俗，对于研究游牧文化、民族发展史等具有重要社会价值。虽然传统祭祀敖包的仪式日趋淡化，取而代之的是由政府推动、民间组织、群众参与的民俗盛会，但是发掘、抢救、保护祭敖包，对促进中华民族文化的认同，增强社会凝聚力，增进民族团结和社会稳定仍有重要意义。

蒙古族赛马

第六章
华北地区传统岁时民俗与民间信仰

从自然地理上的划分来看，华北地区北部与东北地区相接，主要为温带季风气候，属于典型的平原旱作型地区。华北地区乡村生活中自然神崇拜种类繁多，节律性的耕种生活使得乡民们对于神祇的信仰有着明显功能性的划分。其信仰逻辑主要以"求"利"避"害为线索，串联起农耕的节律性生活。与生境相关的节日习俗中，也紧紧围绕求利避害的原则展开相关的活动。

第一节　驱蝗：华北八蜡祭与驱蝗神

蝗灾是我国古代最主要的农事灾害之一。对于以小农经济为主的古代社会来说，蝗灾可以说是与水灾、旱灾并列的自然灾害。如果是连年的蝗灾，乡民无法在原来的土地上谋生活，一旦发生饥荒只能迁徙。自古以来，抗蝗灾和祭祀蝗神在农事活动中占有重要位置。全国各地的蝗神信仰不尽相同，华北地区以八蜡庙和虫王庙祭祀为主。八蜡是中国历史上与农事相关的祭名，起源于周代，也与汉族先民祭祀八种与农业相关的神祇有着密切联系。民间敬畏蝗神，修建蝗神庙，供奉驱蝗神，以期能驱除虫害、除蝗保稼、抗灾御患。古代专门供奉与农业相关的神祇的庙宇称为"八蜡庙"，祭祀活动则称为"八蜡祭"。

华北地区祭祀驱蝗神的习俗活动首先与自然灾害尤为密切。《中国蝗灾史》记载,两宋时期平均3.5年就发生一次蝗灾。每遇大蝗灾时,飞蝗四起,所到之处吞噬禾稼,非人力所能控制,百姓苦不堪言。① 在山西忻州原平大林乡魏家庄有"虸蚄庙",当地人也称作"虫王庙"。《崞县志》载:

> 八蜡庙,一名虸蚄庙,在县治南十五里魏家庄。金大定初,邑人游完建,后圮,至正元年修复。明洪武、弘治间先后重修。崇祯五年,知县郑独复再新之,代有记石。②

随着时间的推移,历史上的"八蜡"祭祀又与英雄人物发生了关联。各地祭祀的蝗神的人物原型虽有所不同,但都是历史上治蝗有功,或有突出功绩的英雄。《新齐谐·鬼多变苍蝇》载:"虫鱼皆八蜡神所管,只需向刘猛将军处烧香求祷,便可无恙。"③相传,刘猛将军是历史人物刘锜,他任泾源(现隶属宁夏回族自治区固原市,位于宁夏最南端)经略使时,在地方兴修水利、灌溉农田,与乡民治理蝗虫灾害,深得民心。同时,在南宋与北方的金、西北的夏作战时,刘锜又多次率部队出征,抵御外敌,将敌人打得溃败而逃,守得疆土,从而威名远播。刘锜威猛、忠义的形象在蝗灾高发的南宋时期,得到了官方的大力宣传。宋理宗时期,官方便试图塑造一位主管蝗灾的神祇,希冀以此震慑和克制蝗灾。同时,也给百姓树

---

① 章义和.中国蝗灾史[M].合肥:安徽人民出版社,2008:32.
② 原平虸蚄庙文物保护单位简介.
③ 程方.清代鲁西北农村社会变迁[J].聊城大学学报(社会科学版),2011(4):59-66.

立抵抗蝗灾的精神支柱。总之，刘锜任地方官时，治蝗有方，且抗击外敌时骁勇善战，其铁胆忠义的形象进入后人视野，使得他成了驱蝗神。

此外，乡民们也采用"先礼后兵"的形式抵抗蝗灾。除了修庙

图 6-1
山西介休张壁村的蚂蚱庙
（图片来源：李菲 摄）

图 6-2　山西介休张壁村的蚂蚱庙的对联
(图片来源：李菲 摄)

祭祀之外，民间也积极进行蝗虫捕捉和灭蝗行动。《诗经·小雅·大田》载："去其螟螣，及其蟊贼，无害我田稚！田祖有神，秉畀炎火。"便记录了用火灭蝗的办法。清代的《捕蝗考》《捕蝗集要》等文献记载了官方和民间的灭蝗经验。自古以来，从事农业生产的民众对于虫神的态度可谓是双重的，围绕"求"利和"避"害的主题展开。

随着科技的进步与乡民认识水平的提高，乡村的信仰已经具有多重内涵。有乡民直言不相信蝗神能保平安，认为还没有农药管用，但还是会参加乡村的祭祀活动，因为这是村子的集体活动，自己就是这个村子的人，所以也得参加。同时也本着宁可信其有，不可信其无的矛盾心理，希冀求得神祇的庇佑，使得作物自然生长，利民丰收。乡民们一方面对驱蝗神进行供奉和祭祀，以家庭为单位参加村落的祭祀活动；另一方面，也积极对抗自然灾害，不单把丰收、高产的愿望寄托在神祇之上。

第二节　避雹：雹神变雹为雨

因为地理位置和气候，对于以农业种植为主要生计的乡民而言，雹灾是威胁农业生产生活的又一大自然灾害。由于古代难以从科学角度解释自然现象，雹灾与神话故事、社会政治、道德秩序等联系在一起。在古人的眼中，冰雹即便是一种自然现象，也属神灵系统管辖之下形成的"自然规律"。在《聊斋志异·雹神》篇中，"此上帝玉敕，雹有额数，何能相徇？"说明降雹的数量是天界规定的。此篇中的王公筠苍诚心登龙虎山拜谒天师，天师嘱咐雹神"其多降山谷，勿伤禾稼可也"，体现了上天与官民的和谐相处，要求冰雹不伤庄稼。《国语辞典》释雹神："司雹之神。相传为汉代广武君李左车。"在汉族村落，乡民们多在农历四月初一拜祭雹神，以求庄稼自然生长，不被破坏。

河北保定高碑店一带一直以来受到冰雹灾害的侵扰，有数据显示，在20世纪60年代至90年代，该地区平均每年都会出现一次冰雹灾害，气候不佳之时更是一年达到五次，对当地的生产、生活，尤其是农作物种植等带来了不小影响。① 历史上，义店村也成立与此相关的服务性组织，主要是围绕"冰雹会"展开隆重的祭祀活动，截至目前已持续了600余年。②

受到佛教信仰介入等影响，高碑店义店村"冰雹会"祭祀主神逐渐改为供奉佛教"地藏王菩萨"。在"冰雹会"的祭祀习俗中，冰雹使者神的日常供养由村里的"冰雹会"组织负责，同时该组织还负责每年正月十五和立夏之际的两次庙会祭祀活动。2009年6月，该地从原来"冰雹会"演变而来的冰雹音乐会被列入河北省第三批非物质文化遗产。在娱神娱人的祭祀活动中，"二十四路神"成为冰雹会祭祀的主体对象。

表6-1 义店村"二十四路神"神位排序表 ③

神位位置	神祇体系
正中间	天地三界十方万灵真宰
从中往东依次排列	奉天行威行雨龙王之神、奉天行威通海龙王之神、奉天行威雷公电母之神、奉天行威冰雹使者之神、协天大帝之神、风伯雨师尊神、刘孙二祖尊神、刘猛将军尊神、金龙大王之神、虮瘟蚜蚄之神、释迦佛之神
从中往西依次排列	敕封虫王八蜡之神、敕封雷声普化天尊之神、敕封山邑大川之神、敕封水府三官大帝之神、伏魔大帝之神、将军河伯之神、青山水草之神、境内山川之神、青苗水草之神、宣司水神、本县城隍之神、当方土地之神

---

①③ 常江涛.官民互动 礼俗兼具——高碑店义店村"冰雹会"祭礼仪式用乐的考察[J].人民音乐，2018（5）：76-80.
② 侯杰，段文艳.信仰民俗的历史传承与乡村社会秩序探析——以河北省高碑店市大义店村冰雹会为中心的考察[J].民俗研究，2010（4）：165-179.

从"二十四路神"神位排序表中我们可以发现，基本上都是自然之神，与风雨雷电等相关，包括行雨龙王、雷公电母等。奉天行威冰雹使者之神在祭祀活动较中间的位置，如此的位置排序应与华北乡村冰雹灾害频发有着密切的关系。乡民们也希冀如《聊斋志异》中的冰雹一样"多降山谷，勿伤禾稼"。而"冰雹神"通人性讲情理的传说还与一个名为张大善人的故事相关。相传张大善人家中殷实，乐善好施，也时常接济乡邻，邻里有经常受张大善人照顾的两兄弟，一日正在地里帮张大善人耪玉米，听见炸雷和冰雹落下时还有一段对话：

"孩儿们注意了，前面就要到张大善人家的地了，你们赶紧收住身子别落到地里去，要是把张大善人家的庄稼砸坏喽，以后你们可就没有供品吃了，等过了路不是张大善人家的地你们再往下落。"紧接着就又听到一群尖细的声音答道："大人，小的们记下了！"

果真，张大善人家的庄稼没被冰雹损坏。于是哥哥转念一想，便对着弟弟喊："二弟，咱们种张大善人家的那十几亩玉米地，今年一定会是大丰收，这次咱们可要给张大善人多交租子呀。"这时，有的小雹兵想收住腿脚却已经来不及了，吓得出了一身汗，结果落成雨滴落在了玉米地里。因此哥俩租种张大善人的玉米地不但没有被冰雹砸，还得到了雨水的浇灌。

进入 21 世纪以来，随着科技水平的提高，社会控雹的能力提升，冰雹会的功能从之前的求神避害转为凝聚乡民。"冰雹会"发展成为祭祀活动的一个代名词，成为村落信仰的一个集中点，反映出村落作为乡村民间信仰的一个单位在凝聚乡民、延续历史传统方面发挥的重要的作用。有学者认为,民间信仰中结合个体家庭的诉求和村落共同祈愿的祭祀仪式,既将村民结合为一个整体,也提高了村民参与的主动性。村民参加集体的祭祀活动,其神圣性和公共性为村民提供了公开交往的机会和空间。① 但随着社会的发展,农业收入在村民生活中的比重有所变化,冰雹会的功用也发生着微妙的变化,当地的乡民也开始重新审视祖辈留下的这份特殊遗产。在"非遗"的语境下,现在的冰雹会既延续了古老的冰雹会承载乡民愿景的功能,又可以带动乡村社会的转型,从传统农业经济转变到以村落为单位的旅游经济并带动其建设和发展。

第三节　敬窑：窑王爷与窑神节

在中国历史上,主管挖煤的窑神和烧瓷器的窑神有所不同。煤窑主和窑工都要祭祀窑神,且不同地区奉祀不同。北京地区相传的窑王爷有老子、罗煊、祝融、魏老爷、崔义等,山西地区有刘赞雄、殷郊、老君爷等窑神,陕西地区则有德应侯碑,据说是中国最早的窑神碑。这些窑王爷,或是历史传说中发现煤炭之人,或是有着感人故事的煤窑工人,或是以往行业中的翘楚。

敬窑的习俗活动,按照不同的主体,可分为两个层面。一是对煤窑主而言,祭祀窑神是希望窑神保佑多出煤,财源广进;二是对于窑工而言,则是祈求窑神在工作中保佑平安,一切顺利。可以说

---

① 侯杰,段文艳.信仰民俗的历史传承与乡村社会秩序探析——以河北省高碑店市大义店村冰雹会为中心的考察[J].民俗研究,2010(4):165-179.

窑主和窑工们将挣钱和平安生产的愿望基本寄托在了窑神祭祀上。每年的腊月十八日是窑神成神的日子，以煤窑为生的民众常常在这一天，由煤窑主组织，祭祀窑神。煤窑开窑、复工、日常生产中也要祭祀窑神。祭祀窑神的仪式非常隆重，窑主们烧香叩拜，摆席宴请宾客，并请民间的艺人为窑神唱大戏。同时，窑工也需要凑钱共祭窑神，参与祭祀大会。

除了煤窑，窑神节也是陶瓷生产中重大的传统节日。由于地域和文化的差异，各地祭祀的窑神谱系繁杂，南北方差异巨大。如禹州神垕镇主要祭祀"伯灵翁"、江西景德镇祭祀"童宾"（风火仙师）。在《童宾何以封神》的论述中，景德镇的风火仙师传说在明代以前并不存在，而是在历史进程中被建构的。主要源于明清以来，官方和文人士大夫阶级考虑到经济的发展以及为了促进瓷业和官窑的复兴，以历史上明万历年间童宾投火祭窑事件为蓝本构建了风火仙师的形象，创造了风火仙师的传说，并进行大力宣传。到了清中后期，风火仙师与童宾成功捆绑，成为景德镇瓷业的窑神，可以说是家喻户晓。[1]在实际的生产生活中，风火仙师也被广泛提及。《明清景德镇瓷业神灵信仰和地域社会》等文章也对景德镇地区的瓷业进行了梳理，从社会史的角度指出该地区窑神信仰（祭祀）曾广泛存在于各个窑场（窑口）。[2]方李莉在研究景德镇的案例中提及："我曾研究过景德镇的陶工，他们也是有信仰的，他们是从不同地方来到景德镇做工的人，他们不仅带来了对不同地方神的信仰，他们还

---

[1] 胡蓉. 童宾何以封神——基于景德镇风火仙师传说个案的方法论反思[J]. 民俗研究, 2020（4）: 74.

[2] 崔璨. 窑神崇拜的"不定性"解释——以景德镇风火仙师崇拜为例[J]. 湖北民族大学学报（哲学社会科学版）, 2020（2）: 107-113.

共同信仰风火神、师主神等行业神。"①

  不管是煤窑还是瓷窑的生产和祭祀中，似乎都很少看见女性的身影。早期在窑业生产中，女性不得入内是一条约定俗成的规定，送饭也只能在窑口外。这应是受到了传统道教观念的影响，道教认为女性属阴性，而窑房属阳性，不管是瓷窑还是煤窑，对于火候的把握是烧窑的重要环节，阴阳相冲，女性进入窑坊会不利于烧窑的进行。②随着社会的发展，关于女性的禁忌逐渐消失，窑神的祭祀成为地方行业群众性的集体活动和文化记忆。

---

① 王杰，方李莉，徐新建.边界与融合：审美人类学、艺术人类学与文学人类学的交叉对话[J].贵州大学学报（艺术版），2021（5）：1-14.
② 崔璨.窑神崇拜的"不定性"解释——以景德镇风火仙师崇拜为例[J].湖北民族大学学报（哲学社会科学版），2020（2）：107-113.

第七章
华中地区传统岁时民俗与民间信仰

华中地区地形以平原、丘陵、盆地和河湖为主，水资源丰富，适合农业种植。华中更是历史悠久的中原地区，儒、释、道、巫等思想汇集，相互融合，相互渗透。[①]千百年来，其乡村的民间信仰在地方民众的生产生活中逐渐形成。随着道教、佛教的传入，乡村岁时民俗与民间信仰更加复杂和多元。该地区以农耕生计为主体，一方面延续了传统农耕时代遗留的人祖信仰；另一方面，围绕农耕生计的水神信仰也显示出鲜明的地方特色。

第一节　中原地区：人祖信仰

民谚云："三十六行，种地为上。"[②]中原地区由于农业起源较早，与农业相关的民间信仰习俗和活动随处可见。该区域对伏羲的信仰还保留至今，伏羲古称羲皇，被奉为"三皇"之一，在中华文明的发展中占有重要地位。

河南省周口市的淮阳地区，作为中原文化的代表，该地对人祖

[①] 黄永林，李琳.文化生态视角下湖南地区民间信仰的传承与保护[J].长江大学学报（社会科学版），2019（3）：13-18.
[②] 李乔.中国行业神崇拜[M].北京：中国华侨出版社，1990：335.

伏羲的信仰与崇祀较为浓厚，人祖伏羲信仰在乡民的日常生计活动中占有重要的位置。伏羲和女娲是人祖信仰的核心，伏羲被称为人祖爷，女娲在当地被称为人祖奶奶或人祖姑娘。两者共同构成了该地民间信仰的重要内容。值得注意的是，人祖信仰中，伏羲在庙会的祭祀活动中处于主要位置，而女娲则属于次要位置。随着城镇化的发展，乡村社会的习俗活动开展出现了一些分化，一方面由于男性外出务

图7-1　伏羲女娲画像砖

工，女性在家留守的现实情况，民间乡村中参与庙会的女性要多于男性；另一方面也由于女性在家庭生活之外的社交需要，她们较为积极地主动参加"赶会"和"唱大戏"等庙会活动，留守老人和留守儿童也较多地参与到庙会之中。①

根据调查者记录，因人祖伏羲在神话传说中是一位与农业相关的神祇，乡民参加庙会祭祀首先是祈祷人祖保佑粮食丰收。每年三四月份，如遇干旱等自然灾害，老会首带领村民到地里祈祷求雨，希望来年粮食能够大丰收。当然，祭祀的同时也夹杂着日常生活中的其他需求，如保佑家人身体健康、消灾祈福、求财求子等。

人祖信仰作为地方与生计相关的节律性的祭祀活动，还有其他的表现，如太昊陵。该地随着当地政府对于人祖文化的开发，人祖信仰被高度关注，带有浓厚的官方色彩和商业色彩，由此形成新的节日习俗，在这个过程中，作为承载民间信仰的乡村具有"新"乡村的特征，旅游的介入和外来开发商的干预，使乡村民间信仰融入诸多旅游的共同元素，民间信仰成为展示民间生活的一种元素和手段。面向现代旅游的民间信仰，在与当地、与游客以及设计者的互动中，使当地成为旅游景区。由此作为一种可以被看见的商业发展模式的民间生活，成为当下一种新的民间信仰与乡村生活互动的方式。

第二节　两湖地区：王爷将军护洞庭

华中地区湖南、湖北沿江河有"大庙不离洞庭（王爷），小庙

---

① 李乔.中国行业神崇拜[M].北京：中国华侨出版社，1990：318.

不离杨泗（将军）"之说，庙有洞庭宫、将军庙、江神庙、平浪官等名称。① 两湖地区水资源丰富，洞庭湖自古水势浩洋，环湖而居的民众生计模式也有较多选择，以洞庭湖水资源为中心专事渔业或种植业，或亦渔亦农都较为普遍。乡民们临水而居，古时在面对无法解释的自然现象以及应对自然灾害的过程中，水神信仰应运而生。

向柏松在《中国水崇拜》中将水信仰分为两个层面："一是对水的种种神秘力量的崇拜，二是对掌管水与雨的神灵的崇拜。"② 乡民一方面感激水、渴望水，因为水是赖以生存的物质基础；另一方面，他们害怕水、恐惧水，因为湖水的凶险无常、瞬息万变随时可能毁灭他们的生存和生活，甚至威胁他们的生命安全。③ 感激和敬畏双重情感，使得洞庭湖周边乡民以水为中心的信仰活动较多。在湖区以捕鱼、摆渡为生和其他以船为生计的乡民，需倚仗水势的平稳，因此普遍信水神、敬水神，并在船上设有水神专用的神龛。在洞庭湖附近的区域，尤其是经常与水打交道，以捕鱼、渡船为生的乡民，对于洞庭王爷的信仰更为虔诚，祈祷洞庭王爷庇佑过往船只安全。

相传洞庭王爷原为一名叫柳明英的书生，救了东海龙王的三公主，为了感谢柳明英，龙王奏准玉皇大帝，封其为洞庭王爷。此后他每日到湖上看护，监管洞庭湖，使船只平安过湖。此外，也有说法认为洞庭王爷为柳毅，传说以"柳毅赶考—路遇龙女牧羊—代龙女传书—迎娶龙女"的主线展开，后来柳毅掌管洞庭湖一方的平

---

① 李乔.中国行业神崇拜[M].北京：中国华侨出版社，1990：318.
② 向柏松.中国水崇拜[M].上海：上海三联书店，1999：3.
③ 肖旻.人与自然和谐的文化写照：洞庭湖区水神信仰研究[J].湖北省社会主义学院学报，2015（4）：93-96.

安,被封为洞庭王爷。①清代东轩主人《述异记》上有记载洞庭君柳毅赤面、獠牙、朱发的形象,一手遮额覆目而视,一手指湖旁,形象威严。这体现出其对湖中事物的威慑和管辖力度,从而在乡村民间信仰中有比较高的声望。②

除此之外,祭祀杨泗将军的寺庙和以杨泗命名的乡、村、道路、码头、遗址等多分布在湖南、湖北等地。民间传说,杨泗为掌管水利的行神,为水神之一。③湖南等地的杨泗将军传说还与南宋时期洞庭湖区农民起义领袖杨幺崇拜相联系。1997年11月24日《湖南日报》发表的《杨泗将军考》中称:"杨泗将军不是别人,乃是宋代农民起义领袖杨幺。"④此地区的杨泗将军则是与民间道教斩蛟龙的水神杨泗将军的结合,呈现人物来源的多重叠加。今长沙果园镇寻龙河河畔有一小镇,即名"杨泗庙"。湖南慈利县江垭镇南门东下溇水边有一座杨泗庙,正殿供奉杨泗将军神像。

洞庭湖附近的洞庭王爷与杨泗将军信仰都与历史人物相关,体现了两湖地区乡民对历史上本土英雄的崇敬。当在面对与生计生活相关的不确定性时,乡民便在心灵上唤起了对历史人物、传说和历史人物成神的体认,由此在日常生活中创造和形成了相关的节日习俗和祭祀文化。尽管现在两湖地区湖区的"王爷和将军"信仰发生了很大变化,甚至很多地区的信仰都消失了,只剩下只言片语的口头传说和一些地名上的痕迹,但因乡民们依水而生的生计模式没有改变,"王爷和将军"信仰在此地仍有延续的可能。

---

①② 李乔.中国行业神崇拜[M].北京:中国华侨出版社,1990:319.
③ 方东平.汉阳曾有三个杨泗庙[J].武汉文史资料,2015(4):59-60.
④ 刘友富.民间杨泗信仰合法性探究——基于湖南省南县杨泗信仰的考察[J].民族论坛,2013(10):103-107.

图 7-2　杨泗庙

第八章
华南地区传统岁时民俗与民间信仰

华南地区涉及广东、广西、海南、福建、香港、澳门、台湾等地，是一个多元文化碰撞的特殊区域，移民文化特征明显。该地各种信仰文化和谐共生，节日习俗丰富。但因沿海地区的乡村主要生计方式以渔业为主，因此，节日习俗中海洋性特征较为明显。

第一节 客家民系的祖先纪念

客家人是华夏民族中较为独特的民系。自秦汉以后，中原地区的群众或因自然灾害，或因逃避战乱迁往今广东省东部和北部。迁徙性是客家民系突出的特征，由于历史上"北人南迁"的广泛性和持续性，海南、福建、广西、台湾、湖南、四川等省区也有部分客家人。客家民系的形成时间大致是在宋代。相传客家人的祖先原籍为河南地区的中原汉族，他们虽然已经迁往南方和其他地方，但是至今仍保持中原古文化特色。

福建省宁化县是世界公认的全球客家总祖地。宁化在海内外被称为"客家祖地"，被视为"客家摇篮""客家朝圣中心"，民谚云"北有大槐树，南有石壁村"。自宁化石壁外迁的客家祖先被视为第一代客家人后，同时他们也被后裔奉为开基祖或始祖。在百余姓氏的客家族谱中,《李氏族谱》载:"闽开基大始祖火德公……"《梅州刘氏族谱》载:"闽粤刘氏后裔,均以祥公为始迁之祖……"客家人的祭祖是一年当中极为重要的习俗,祭祖习俗在一年之中有两次较为大型的仪式活动,分为春祭和秋祭。春祭安排在每年的清明节,秋祭的时间是每年农历八月初一。该习俗已延续数百年之久,由福建省宁化县申报的祭祖习俗(石壁客家祭祖习俗)于2011年入选第三

图 8-1　客家祖地

批国家级非物质文化遗产代表性项目名录。

祭祖习俗中，一般分为公祭（或称官祭）或族祭（或称私祭、家祭）两种。公祭一般规模盛大，参与人数众多。而族祭则由同一姓氏后裔共同举办，或在祠堂祠祭，或在祖茔墓祭，相较而言规模更小。从石壁地区的祭祖仪式来看，有出主、燃烛、设案、上香、跪叩、荐食、储食、初献、读祝、再献、三献、焚祭文、纳主、撤、馂十五个步骤。在此，可发现因客家人源于中原地区，因此，在祭祖仪式上仍沿袭古礼，并适当结合当地习俗，从而使得祭祖习俗既有共性又有地区特色。1995 年，石壁客家公祠落成，当年举办了首届世界客属石壁祖地祭祖大典，到目前为止，已举办 20 余届。为迎接海内外客属乡亲，该地区举办的祭祖活动既具有特色的区域性，又具有全球性。①

客家人作为汉族中的一个族群，历史上从中原南下，在赣、闽、粤地区休养生息后继而播散到了海外，②他们对认祖、祭祖、寻根活动的执念，也多源于其历史上的迁徙性，宁化等地的客家祭祖活动吸引了来自全球各地的客家人参加，人们通过祭祖习俗、祭祖活动、寻根之旅参与和共建了客家祭祖文化。2010 年马来西亚客家文化访问团百余人到石壁祭祖。连续举办 20 余年的石壁祭祖大典，每年更是吸引来自马来西亚、加拿大、印度尼西亚、文莱、泰国等国家，以及台湾、香港、北京、上海、广东、福建等地区的客家社团和万余人士参与，在一定程度上促进了海内外客家文化的交流与

---

① 黄明珠.世界客属祭祖大典背景下的民间舞蹈新生性——以宁化民间舞蹈为个案[J].民族艺术研究，2014（6）：39-44.
② 彭兆荣.政治-文化地理之"中心-边缘"对客家文化的影响——以福建宁化客家"祖地"建构为例[J].百色学院学报，2019（1）：31-37.

传承，促进世界各地客家人对于客家文化的接受和认同，对继承中华文明、凝聚华夏民族精神、传播中华文化具有重要的意义。

第二节 沿海渔民的多神信仰

沿海渔民的生计与水运业和渔业密切相关，他们时常与风浪打交道，工作危险性大，因而特别希冀能得神灵的庇佑。其中，影响最大的是妈祖信仰。目前已有许多关于妈祖信仰的研究，此处不再赘述。与海相关的水运业和渔业所奉的神灵诸多，呈现出形形色色、十分庞杂的面貌。被供奉的神祇皆负水上保佑之责，可统称为水神，又可依所辖水域谓之江神、海神、湖神、河神等。[①]

值得注意的是，不同沿海地区的渔民信奉不同区域性的海神，同时也呈现出多神祭拜的特征。以福建地区为例，闽江流域供奉"晏公""水部尚书陈文龙"，泉州石狮永宁奉祀"五显大帝"，同安奉祀"苏碧云"等，形成了主神之外的各类管辖区域的水神信仰。民间则以神祇们各司其职的逻辑进行祭祀，祈祷诸神祇庇佑家人平安，出海顺利。

沿海地区民间信仰中的神祇多与"水"相关，有"陆上妈姐"之称的临水娘娘是福建地区民间祭祀的一位神祇，相传其本名为陈靖姑，是唐代福建地区的一位村民，她得道成仙后，民间又尊称其为"顺天圣母""顺懿夫人""通天圣母"等。她能拯救难产妇女，是妇女儿童的保护神。其信徒遍布福建、台湾、江苏、浙江及东南

---

① 李乔.中国行业神崇拜[M].北京：中国华侨出版社，1990：311.

图 8-2
福建厦门沙坡尾一年一度"送王船"的仪式举行地
(图片来源:李菲 摄)

图 8-3
福州市净土庵厚洋正境供奉的临水夫人陈靖姑和民间女性
(图片来源:李菲 摄)

亚一带。在每年正月十四，临水娘娘诞辰之日，福建地区多地祭祀临水娘娘。总之，临水娘娘是在古代医疗水平和科学技术并不发达之时，人们从历史传说出发，逐渐为自己塑造的一位女性保护神，其实这也是祈祷妇女生子平安、健康顺遂的一种方式。

沿海地区有一类比较特殊的渔民——疍民。以珠三角地区的疍民为例，随着城市化的加快，广州渔民新村的疍民上岸之后，大多继续从事渔业相关的行业。但因其传统生计方式发生的些许改变，民间信仰也经历了从水神、海神到水陆共管的土地神崇拜的演变。如广州渔村前锋村，该地和其他众多闽南渔村一样信奉妈祖。当地的霞霖妈祖宫，是全村举行民间信仰活动的公共场所。该村仍然以妈祖信仰为主，但同时也供奉关帝、孔子、马王爷、观音等其他神祇，以求在海上生活之外，其他日常生活方面也能平安顺遂。[①] 可见，在城市化发展和其他政策实施的背景下，随着生计方式的改变、居住环境的变迁，民间信仰也在一定程度上发生了变化。

第三节　港澳台地区大王与大仙

自古以来，岭南就是世界海洋贸易的东方中心以及中华文化海外传播交流成果的汇集之地。岭南文化是由本根文化（即语言认同文化）、百越文化（即固有的本土文化）、中原文化（即南迁的北方文化）、海外文化（即舶来的域外文化）四部分组成，其内涵丰富

[①] 邱运胜.都市边缘区渔业疍民的生计、信仰与日常生活——广州渔民新村的个案研究[J].文化学刊，2015（12）：18.

多彩。其信仰文化一方面体现出海洋信仰的底色，另一方面也呈现出多元信仰杂糅共生的局面。

（一）香港地区的洪圣大王与黄大仙

香港的渔民、水手等依水而生，因此，与水相关的信仰较多，如北帝、谭公、洪圣、龙母等。其中南海神较为出名，香港地区称其为"洪圣大王"或者"洪圣爷"，也称南海海神，还有"茅洲大王""把港大王"等别称。南海神庙也被称为"洪圣庙"。古时民众出海或外商来朝贡，都要祭祀南海神，祈祷"海不扬波，一帆风顺"。

南海神的来历有两种传说：一是"洪圣大王，本名洪熙，唐代广利刺史，为官廉洁、爱民，精通天文地理，曾经设立气象观测所，使出海的渔民和商人都颇受其益"。因洪熙生前的功德，他死后便进一步演化成民众心目中的海神。二是传说洪圣大王的身份是屠夫，这位屠夫不忍杀生，拜师修行。某日师徒二人来到海边，师父让屠夫（洪圣）把自己的心肝挖出来，并掷下海，屠夫（洪圣）照办，之后海中升起五彩祥云，屠夫（洪圣）便乘祥云升仙而去。[①]可以看出这两个传说都有一个共同点，即人飞升成神。但又有区别，前者实质是歌颂为民的好官因其功绩飞升成神；而后者实则是给普通个体向善的引导，多有"放下屠刀，立地成佛"之感。

每年农历二月十三日，民间便会举办仪式来纪念南海神诞日。目前，香港湾仔的洪圣古庙已经被现代高楼大厦包围，但古庙所在地之前可俯瞰整个海湾。因此这里对当地渔民来说，不仅是举行

[①] 肖文帅.探究香港民间水神信仰的源流[J].江西农业大学学报（社会科学版），2012（1）：139.

"洪圣大王"的信仰和祭祀活动供渔民祈福、求安的地方,也是老一辈人对传统生计、生活的一种记忆。可见洪圣古庙作为祭祀的中心,对地方团结社群也有一定的影响。不仅在香港,现广东省有各种南海神洪圣公庙宇500余座,深圳博物馆还有葵涌洪圣宫的铁钟,可见各地区南海神信仰文化的交流与融合。

另外,香港地区著名的黄大仙信俗于2014年被列入第四批国家级非物质文化遗产

图8-4 香港赤松黄仙祠
(图片来源:李菲 摄)

代表性项目名录。相传黄大仙原名黄初平，是东晋人。他得道成仙后多行医济世，其善举广为人知。因此，黄大仙祠中也多见老年人前来祭拜以祈求身体健康。在百年的传承与延续中，黄大仙信俗其实是港人心中多行善举、福泽众生信念的外显。如今，黄大仙祠中仍香火不断，由此可见黄大仙在香港民间的地位。

此外，"打小人"也是香港民间流行的一种信仰习俗。惊蛰时节，春雷初现，万物复苏，旧时农民为防虫害，会手持艾草等熏家中四角，以香味驱除害虫和霉味，后来逐渐演变成不顺心者拍打死对头以驱赶霉运的习俗，也就是现在经常在民间听到的"打小人"。"打小人"仪式可分为"奉神—禀告—打小人—祭白虎—化解—祈福—进宝—打杯"等环节。尽管传说"打小人"习俗是从广东地区"祭白虎震害虫"演变而来的，但目前将此习俗保留和传承得较为完整的则是香港岛，在香港岛北部的鹅颈桥尤为兴盛。人们多在鹅颈桥下找到一位神婆，神婆念叨些许咒语，诸如：打过小人行好

图 8-5
香港"打小人"仪式
（图片来源：李菲 摄）

运、打过小人升官发财……可见，民间信仰活动更多的是为求心理的慰藉，祈求这一年平平安安、诸事顺利。

（二）互通互联：朱大仙与哪吒信仰

澳门是我国著名的沿海港口，以捕鱼为生的渔民占绝大部分。与沿海地区的共性一致，该地区以妈祖信仰为主，另外有朱大仙、哪吒、谭公、洪圣、关帝、陈王、三婆、水上仙姑等海神类信仰。其中，朱大仙信俗在澳门地区的发展比较突出，是目前保存较为完整的信仰习俗。澳门地区每年会举办朱大仙水面醮活动，这一项祭祀活动和仪式已经成为澳门地区独特的非物质文化遗产。与其他海神信仰不同的是，澳门地区的渔民只在船上开展朱大仙祭祀活动，在陆上并不建庙供奉。因此举办的朱大仙水面醮活动，岸上的居民很少参加。历史上唯一在陆上供奉朱大仙神像的寺庙只有香港大澳的龙岩寺。①

从参与人数上来看，2008年澳门的朱大仙水面醮有180户参加；2009年移至香港仔田湾举行的朱大仙水面醮活动约150户参加；2009年的沙梨头值理会主办的朱大仙水面醮活动约1000人参加；在澳门地区参加朱大仙水面醮活动的家庭在逐渐减少，并且有些活动还转移至香港举办。②以2009年4月沙梨头值理会主办的朱大仙水面醮活动实录为例，可看出该仪式需要经过以下几个步骤：

结忏：结束有关忏悔赎罪的环节，由六位居士全部身穿海青及

---

① 傅玉兰.澳门朱大仙水面醮和非物质文化遗产保护[J].博物馆研究，2009（2）：57.
② 傅玉兰.澳门朱大仙水面醮实录（下）[J].博物馆研究，2010（1）：74.

搭衣主持；由值理持手炉参与。

过关：即过平安门，寓意通过难关。现场专人布置经桌，一堂红色绣有"平安关"三字及左龙右凤图案和黄绿缎子绲边的绸布帘，架在竹竿上，高约二米，一排黄色流苏横排垂下，门帘斜开，分左右两幅。

施幽：幽食祭品。分别为白米8桶、白菜8盆、芽菜8桶、椰菜8盆、冬瓜8桶、青瓜8罐及豆腐6罐。

祝星：亦称为"赞星"，是赞美天上星宿之意，为渔民驱除厄运，带来好运和丰足的生活。

散坛：朱大仙水面醮活动结束，渔民们打杯前先放下一些纸币，可拿三二个"卖钱"（供用盘内用红丝线串起的铜钱），它被认为有保护作用。①

澳门地区的渔民在船上或陆上参加朱大仙水面醮活动，以求大仙洁净水面和船上的环境，从而阖家平安、渔获丰收。《澳门朱大仙水面醮和非物质文化遗产保护》中指出，对朱大仙等海神的信仰是渔民社群精神力量的源泉，渔民共同合力组织水上的打醮活动，体现了朱大仙信仰对澳门渔民的凝聚力。长年分散漂泊在外的渔民们在每年大仙打醮的日子里，除进行祭祀仪式外，也可得以聚首相见，闲话家常，交换消息。但目前该活动面临诸多危机，比如参加的渔民越来越少、渔民上岸谋生、渔民之间凝聚力减弱等，以及现在熟知打醮的渔民老龄化，面临仪式流程等失传的情况。②

---

① 傅玉兰.澳门朱大仙水面醮实录（下）[J].博物馆研究，2010（1）：66-68.
② 傅玉兰.澳门朱大仙水面醮和非物质文化遗产保护[J].博物馆研究，2009（2）：58.

与此同时，在澳门人的心目中，哪吒是一个不畏强暴、降魔除妖、护佑万民的英雄，因此哪吒信仰在澳门地区也极为普遍。从 19 世纪末柿山（现大炮台山）一带供奉哪吒神龛开始，哪吒信仰在澳门地区开始逐渐出现分灵。每年五月中旬哪吒宝诞前后，民间便会自发前往哪吒庙祭祀。在民众心中，哪吒主要司祛除疾病瘟疫等职能，也兼治水、镇海之职，又因哪吒三太子的儿童形象，人们也认为哪吒在保佑孩童方面十分灵验。众所周知，哪吒文化是我国神话传说的一部分，也与道教文化、佛教文化相关联。哪吒崇拜历史久远，澳门地区 19 世纪末开始建立哪吒庙，这也与潮汕和客家两大民

图 8-6
澳门大三巴的哪吒庙
（图片来源：李菲 摄）

系在沿海地区的深层次交汇融合有密切的关系。但其实不管是内陆地区，还是沿海港口城市澳门，以哪吒为代表的讲究忠孝仁义、惩恶扬善的核心思想其实是共通的，它们也是中华优秀传统文化的重要部分。

（三）台湾地区民间信仰的原乡性和多元性

在我国台湾地区，随着闽粤移民到来，民间信仰中也糅合了我国自古以来的儒、释、道文化。台湾地区也有妈祖信仰、关公信仰、保生大帝、王爷信仰、哪吒信仰等。可见，该地区的信仰既存在沿海地区的共性，也在逐渐地生成本土民间信仰的风格和节日习俗特征，呈现出综合性、地域性、家族性和功利性等特点。

首先，台湾的妈祖信仰已普及化、大众化，与福建泉州、澳门等地的信仰文化有较多的相似性。在台湾，妈祖不仅是海上守护神，也可解百难。台中市乐成宫所在地的旱溪一带早年是较贫困的农垦区，饱受水害、旱害所苦，妈祖据此演化出保护农业的神力。因此，乐成宫中的妈祖既能护佑生灵，又能使禾谷丰登。在台湾妈祖信仰中，"求平安，赚有呷"也是信众普遍的心愿。"求平安"多指身心方面，女性信徒为多。而"赚有呷"多指生计方面，男性信徒为多。①

其次，由于移民人数较多，在台湾内部地区民间信仰十分丰富，同时也呈现出明显的"原乡"神祇信仰特点，即各地大多由故里迎请地方神祇，分灵侍奉，落地生根。具体而言，以台湾中部为例。在《林安梧访谈录》中提到："在台湾中部，凡是靠海的地方一

---

① 何绵山.闽台五缘简论[M].郑州：河南人民出版社，2018：170.

图 8-7
台北市南港区三山国王
巡境
（图片来源：李菲 摄）

定有妈祖，靠山的地方一定有哪吒，这跟你的家乡在哪儿有关系。我们是从福建漳州来的，主要到了台湾中部；至于靠海的，有些是从泉州来的，可能有妈祖，有王爷信仰，另外还有别的一些，可以说琳琅满目……"[1]由于移民渡海需面对莫测的海象变化，移民者到台垦殖后，也面临诸如水土不服、疾病瘟疫，以及与台湾原住居民文化上的差异性等问题。因此迎奉原乡神祇，成为移民群体的精神所向。而原乡神祇也逐步发展为无所不能的地方守护神。

简言之，台湾地区的民间信仰与大陆大多同宗同源，一方面由于移民因素，民间信仰的原乡文化特征较为明显；另一方面，在长

---

[1] 林安梧. 林安梧访谈录：后新儒家的焦思与苦索[M]. 济南：山东人民出版社，2017：319.

期的交流与融合中,台湾地区的民间信仰在多元文化中也形成了杂糅共生的局面。

第九章
华东地区传统岁时民俗与民间信仰

华东地区地处中国东部,全年气候温和,雨量充沛,得天独厚的地理和气候条件,使得该地区渔业、农业、商业、种植业等都较为发达。有学者指出,当地虽具有重工商、勇开拓、蔑权威、尊海神、乐兼容的海洋性特征,但其深层特征仍不改华夏文化本色,表现为重工商而不废耕读、勇开拓而不忘根基、蔑权威而昭著信义、尊海神而并尊诸神、乐兼容而不失本位。

第一节 插秧时节:田公田婆忙

因降水量丰富,地形也较为平坦,华东地区大部分乡村种植水稻较多,春季有着祭祀田公田婆的习俗。相传田公田婆是管理稻子的神仙,主管水稻的成长和收成。以传统稻作为主的汉族民间过去十分重视开秧门和关秧门,这"一开一关"是民间每年农事活动中的重头戏。在民间,每年开秧门时家中必备荤腥酒菜、纸钱、香烛等。在正式开始插秧之前需在田边做简单的祭祀仪式,包括烧纸钱、点香烛、燃放鞭炮等,以祈求田公田婆保佑丰收。

田头伯公！

田尾伯婆！

我虔诚祷告你，

保佑我好禾！

敬你酒一杯，

给我谷一箩，

多敬你一杯，

多给我一箩。①

民间插秧还有许多禁忌与风俗。如浙江嘉兴地区，插第一行秧苗时忌开口，民间认为如果插第一行秧苗时开口容易伤筋，而且讲究两把秧苗的合拢处需要留有缺口，即"秧门"，如若没有，则被认为是不吉利；湖州农村开秧门时，在挑第一担秧苗下田前，要喊一声"老田公"，祈求保佑。②因此，在实际的农耕生活中，农民需要遵循祭祀仪式和禁忌，可以免去相关的诸多常见疾病，比如"伤筋""秧风""手指不灵""秧痂疯"等。可见田公田婆的职能在农事活动的实践中逐渐扩大，本来是保佑丰收的神祇，但同时也主导了民间生产中相关的疾病。

青苗会是我国农业生产风俗和民间农业祭礼的一种活动，所祀神就是"秧苗土地"。之前每年夏天，待耘苗结束，处农闲阶段之时，江苏吴江地区会以自然村为单位，联合几十个村集资举办"青苗会"。乡民们清晨抬来附近庙内的菩萨，绕村一周，然后停放在

---

① 徐杰舜.汉族民间经济风俗[M].南宁：广西教育出版社，1990：10.
② 徐杰舜.汉族民间经济风俗[M].南宁：广西教育出版社，1990：14.

场上，请来"堂名"唱戏一天。堂名来自嘉兴、盛泽或桃源本地。一班堂名八人，搭阳台，边奏乐边唱戏。当日全村会餐一至二顿，一家一人或全家人参加，各村不一。有的青年人抬着菩萨赛跑，比谁跑得快，称"抢轿"；有的听唱戏，男女老少热闹一天。而办青苗会、请菩萨，都意在保佑田稻丰收。

第二节　偶遇财神：鲸鱼和海鳖信仰习俗

长岛渔民中流行着这样的歌谣："赶鱼郎，黑又光，帮助我们找渔场。"山东沿海渔民把鲸鱼视为神祇，称鲸鱼为"赶鱼郎"。因鲸鱼在海中追逐鱼群，渔民通过观察这一现象，并紧随鲸鱼的动态及时撒网，便能获得出海的丰收。可谓是"赶鱼郎，四面窜，当央撒网鱼满船"。[①]鲸鱼在当地也有"老赵""老人家"的别称，因山东地区民间信仰的财神中有一位是赵公明，而出海捕鱼时偶遇鲸鱼便能给渔民带来丰收，相当于遇见了鲸鱼便是遇见了财神爷。

浙江舟山地区的渔民称鲸鱼为"乌耕将军"，与"赶鱼郎"同理。大致在每年立夏前后，当然根据汛期时间上也有所出入，但每年大概都在这个时间段，在此期间，鲸鱼有季节性地移动，需横渡舟山海峡，因此也会导致鱼群翻涌。鲸鱼便也成为渔民取得丰收的象征。在此活动习俗中，渔民们结合自身经验，在该时节敲锣打鼓，焚香叩拜，放鞭炮以庆祝即将到来的丰收。因鲸鱼与渔民的生计息

---

① 叶涛.海神、海神信仰与祭祀仪式——山东沿海渔民的海神信仰与祭祀仪式调查[J].民俗研究，2002（3）：65-80.

息相关，因此它成为渔村民间信仰的重要内容，也衍生了诸多"鱼祭"的庆祝方式。

山东荣成地区的渔民崇敬海鳖，据说是因为海鳖善于变化，能够给人祸福。在荣成地区形成了一种共识，渔民外出作业时不得捕捞海鳖。即使在海上捕鱼的过程中，遇到海鳖上网，也不得捕捞。据渔民说，看似碗口大的海鳖，下水后便会变得比碾盘还大。因此，渔民外出捕鱼时凡见到海鳖，不仅要烧香烧纸，还要磕头祷告。且渔民作业时都忌讳说鳖，称呼其为"老人家""老帅""老爷子"。下锚时高叫一声："给锚了！"稍停片刻再将锚掀进海里，以此提醒"老人家"避一避。①

从鲸鱼和海鳖信仰习俗中，一方面可以发现神祇祭祀的历史延续性特征。海神祭祀既与其他地区有较多的共性，又有属于地方渔民的独特性。另一方面，也可以发现民间神祇与民众生活密切相关。在地方财神赵公明与鲸鱼被称为"老赵"的关联中，可以看见民间生产生活的思考逻辑与智慧。尽管近几十年捕鱼的方式和生活水平都发生了变化，但由于渔业生产所具有的风险性仍然存在，海上生产生活的不确定因素仍然较多，其祈求保平安和祈祷丰收的愿望一直未变，因此渔民自发组织和集体组织的祭祀仪式和活动延续至今。

---

① 叶涛.海神、海神信仰与祭祀仪式——山东沿海渔民的海神信仰与祭祀仪式调查[J].民俗研究，2002（3）：65-80.

第三节 畲族信仰：多样性与功利性

畲族人主要居住在福建、浙江两省的广大山区，其余分布在江西、广东、贵州、湖南和安徽省境内。畲族自称"山哈"或"山达"，意为"山里的客人"。其聚居点多为数十户人家组成的自然村寨，因而形成了典型的散居与杂居特点。

图 9-1
中国畲族馆
（图片来源：李菲 摄）

相传畲族始祖盘瓠王，因不愿为官，经高辛帝准许，率领盘、蓝、雷、钟三子一婿，离开京都，迁居深山，务农狩猎为生。为了繁衍子孙，历尽艰辛，前往间山、茅山学法，练就一身战胜自然灾害和抵御外来侵略的高超本领，使子子孙孙能得以繁衍生息，安居乐业。畲族信奉盘瓠为他们的始祖之一，其绘制的祖图，即盘瓠图就是以长幅布画的形式，展现畲族女始祖与盘瓠通婚而生育后代的历史故事。①祖图在畲族民间代代相传，平时善加珍藏，每逢祭祖时节，都要悬挂出来虔诚侍奉。祭祖仪式可一户单独举行，由本户上一代传给下一代，亦可由同支祖系中若干户联合起来举行。除了祖图，在畲族民间，人们还编有盘瓠歌和其他故事，如《高皇歌》《麟豹王歌》等以拟人化的手法，叙述盘瓠王的出生、成长、生活和死亡的不平凡经历，歌颂盘瓠王的英勇杀敌和繁衍子孙的丰功伟绩。②

我国瑶、苗、畲等许多民族的先民视盘瓠为始祖，认为自己是盘瓠的后代。盘瓠传说在中国畲、瑶、苗等族群中广为流传。瑶族的民间文书《评皇券牒》就有盘瓠传说的记载。苗族祭盘瓠的历史也有千余年之久，据汉文史料记载，唐代苗族就盛行盘瓠祭，历经宋、元、明代，一直延续至清代。③但苗族在盘瓠信仰历史发展过程中逐渐将"祖先"的因素从"盘瓠"身上剥离开来，从而变成祖先是祖先，盘瓠是盘瓠。④

除了盘王的民间信仰外，畲族还普遍信仰道教和佛教。但有意

---

① 宋兆麟.巫与民间信仰[M].北京：中国华侨出版社，1990：78-86.
② 侯光,蒋永志.图腾崇拜·生殖崇拜：神秘莫测的原始信仰[M].成都：四川人民出版社，1992：34.
③ 万建中.传说记忆与族群认同——以盘瓠传说为考察对象[J].广西民族学院学报（哲学社会科学版），2004（1）：139-143.
④ 李方.建构与嬗变：历史变迁视野中的盘瓠信仰[J].民族研究，2017（3）：50-58.

思的是，畲族村寨既没有道观，也没有独立营建的佛寺。众教合一、多神一庙倒是常见现象。这种现象，实际上体现了畲族信仰的多样性与功利性特征。

第十章
西北地区传统岁时民俗与民间信仰

我国地理划分上的西北地区深居内陆，距海遥远，主要地形为高原、山地，阻挡了湿润气流的流入。因此该地区降水稀少，气候干旱，属于典型的黄土高原旱作型农业社会，农事耕种是主要的生计模式。因为干旱缺水，祈雨就成为民间重要的农事祭祀活动。随着城市化进程加快，西北乡村的汉民族村落民间信仰活动在城市化背景下逐渐弱化。一方面，青壮年进城务工，村落中的信仰活动主要由老年人带小孩参加，民间信仰活动主体也多以中老年人为主。另一方面，青年离开乡土之后，乡村原本的生产生计模式也受到挑战，但又无法革新。因此，西北乡村汉族村落的信仰中，求雨祭祀等现象减少，而求平安、佑子女的信仰活动增加。居住在新疆的各少数民族在历史上信奉过萨满教、摩尼教、景教、祆教、佛教等多种宗教，这些信仰虽然没有在上述民族信仰文化中久留，但是对其信仰也产生了影响，在这些少数民族乡村人们的日常生活中依旧能看到这些信仰的历史遗存。

第一节 农业"总管家"：土地小神

土地神，是中国社会中耳熟能详的神祇。在乡民的生产生活逻辑中，土地神在乡村信仰中属于自然神祇，且处于次级地位。土地神在民间社会中处于其他"高功能"地方性的神祇之下，只掌管一片区域，如一方良田。乡民们认为，土地神具体负责的事情很模糊，但在农事生产中又非常重要，比如驱蝗神，该神祇信仰的作用是使庄稼免受蝗虫的侵害，而土地神则掌管这片土地，可以笼统地负责这片土地的安宁。不仅如此，土地神属于日常性的神祇，与人们的生产生活更是直接相关。在中国乡土社会众多庙宇中，土地庙与城

图 10-1
土地神龛
（图片来源：李菲 摄）

隍庙对村落社区具有特别的意义，作为聚落独立成村的标志，土地庙完成村落空间的初次整合。①

土地神本属于自然属性的神祇，顾名思义，与自然地理中的实体土地相关，但在乡间，人们对其的理解又与风、雨、雷、电等自然现象有着不同的逻辑。洪水、干旱、电闪雷鸣等有直接的表现形式，乡民对此类现象保持敬畏之心。而土地作为一个客观的对象，存在于乡民的日常生活之中，因为其"隐性"的存在，其掌握生计的权威次于其他神祇。土地神的形象也一直都是亲善、和蔼的，且乐于助人，故民间对其敬而不畏，认为他不似雷公电母般威严。古代乡里有人去世也要到土地庙前"报庙"，祭宗祠、扫墓、破土前都要祭祀土地神。每年农历二月初二传说是土地神诞辰，要供拜演戏娱神。在民间生活以及祭祀的仪式中，乡民们还给土地神配置了配偶，称"土地奶奶"，将土地神亲切地称为"土地公公"，两者共享香火。也有的地方将土地公公与土地婆婆同祀，社公、社母同祀，城隍与城隍夫人同祀。有的地方甚至给二者增添公主或王子等神像，共同祭祀。从乡村的土地神到城市里的城隍，反映了不同情景和生活模式下，民众祈求安稳、平静生活的共同愿望。

而土地神的崇拜在历史上经历了一个漫长的过程。最开始，人们崇拜土地神，将祭祀和供奉的物品撒在地上。也有的地方垒起土块，固定在一个地方进行祭祀活动。久而久之，固定的场所就成为祭祀土地的专门空间场所，逐渐形成社，祭祀土地被称为祭祀社主。随后，土地神作为掌管土地的自然之神，变成主管一定区域的社会之神，其神职功能也发生着变化。

---

① 黄忠怀.从土地到城隍：明清华北村落社区演变中的庙宇与空间[J].清史研究，2011（4）：91.

图 10-2
土地公婆
（图片来源：李菲 摄）

第二节　祈雨活动：干旱地区的多元习俗和仪式

古有大禹治水，三过家门不入的美谈，大禹"左准绳，右规矩，载四时，以开九州，通九道，陂九泽，度九山"，最终化洪水泛滥之地为乐土。水多泛滥易导致洪涝，水少则易造成干旱，祈雨活动在民间生产生活里则代表了乡民期冀风调雨顺的朴素愿望。中国乡村民间围绕农业生产，以血缘、地缘为核心进行祭祀。外部有自然神灵信仰，以风、雨等自然神灵为主要代表，祈祷作物生长有一个风调雨顺的生长环境。内部以血缘、地缘为中心形成神灵崇拜系统，如祖先崇拜，祈祷自家生产生活顺遂。因地理环境和气候条件的限制，西北地区干旱少雨的时节较多，使得祈雨是西北乡民一年中极为重要的祭祀仪式。

各地由于习俗不同，祈雨的时间设置、供奉对象都不尽相同。如北方农村地区"在土地爷、玉帝和关帝的诞日举行庆典仪式，但是迄今为止，村庄里最重要的宗教仪式是集体祈雨。求雨的对象不是龙王，而是中国民间最高的神灵——玉帝"[1]。在具体的仪式和安排上，20世纪中期杜赞奇写道：

为祈雨活动设立了各个专门小组，有五十余人，负责仪式的各种事务，如管理内账房、修表、升炮等。整整3天，全体村民都参加这一精心准备的仪式和聚餐，在19世纪30年代末通货膨胀以前，如果祈雨后老天降下甘霖，该村百姓还要演戏酬神，所需费用由各家各户均摊，但赤贫者及住在村里的"外乡人"可免纳。修缮寺庙和维持庙祝的费用亦向村民摊派。[2]

杜赞奇调研写下的这段文字介绍了我国北方以村庄为单位的集体"祈雨"仪式，该仪式盛行于我国北方的诸多地区，在我国西北各省区尤为明显。

---

[1][2] PRASENJIT D. Culture, Power, and the State: Rural North China, 1900-1942[M]. Redwood City: Standford University Press, 1988: 126-127.

一、尧山圣母

陕西蒲城县尧山一带是我国西北地区中缺水较为典型的村落社区，该地农业灌溉用水和日常饮用水都不足，村落平时主要的水源便是依靠尧山形成的地形雨。因此尧山成为当地村落和社区民间信仰的主要对象。在未能解释降雨的原理之前，当地人相信，尧山的雨是由在尧山中住着的女神带来的，该女神被称为"尧山圣母"。据此，当地人为尧山女神修庙立碑，组织村社，轮流祭祀。这一系列活动也成为此地民间信仰生活的重要内容。

尧山圣母庙位于蒲城县北约25千米，山上以圣母像所在的宫殿为正殿，周围有马王庙、牛王庙、文昌庙、药王庙等90多间庙宇。每年清明节前后，尧山庙会都非常热闹，庙会保留了传统祭祀和社火活动，尧山十一社的村民、周边县的群众都会前来祭祀。在当地说法较盛行的是，尧山圣母是尧王的女儿。还有其他说法，如她原本是村里的一个姑娘，叫尧姑。尧山圣母崇拜在当地一直延续至今，是因为村民们相信其祈雨灵验。尧山的碑文中也多次记载，尧山地区干旱成灾，古时候乡里人或"父母官"到圣母庙祈雨，不久便会降雨的情况。还记载有当地整修庙宇缺水，山上突冒泉水，庙宇修建完毕，泉水便停止的历史，乡民们由此便坚信是尧山圣母显灵。诸如此类与祈雨相关的记载在尧山上的圣母庙中也有许多，民间传说中也有尧山圣母显灵降雨或送水的故事，如：

洗山传说（庙会前后必定要下雨，是圣母显灵洗山）；
起云降雨传说；
小水罐救大军传说；

牲口驮水传说；

旱天及时雨传说。①

可以看出，尧山圣母在西北地区干旱少雨的农作环境中有较好的群众基础。除了尧山圣母的"祈雨"仪式，尧山南北也有洗碾子、晒龙王等求雨的仪式。乡间做完此类仪式后，如果降雨，乡民们则又会进行还愿仪式，如送匾唱戏、打社火等。祈雨仪式中也充满了诸多象征符号，如通过供奉盛在罐子里的水、带上亲水的柳枝以及将裤脚挽高免于湿漉来祈雨。同时，在祈雨仪式中，人们若戴着草帽遮蔽阳光，会被认为怀疑祈雨的灵验。于是，柳条帽对于让神明降魔降甘霖是很重要的象征。②

除了恭敬地祭祀"水神""雨神"，民间也有将神像放在骄阳下暴晒的仪式。孔宝荣等人曾讨论中国宗教实践中的象征性行为，孔宝荣认为，将神像曝晒在太阳下是试图强迫神对民众祈求给予回应的许多方法中的一种，当然还包括在有些情况下破坏神像或寺庙。这也是中国人擅长造神，以及信仰中注重实用性的体现。

二、斩旱魃

另一种使用暴力求雨的形式是仪式性地斩旱魃。天旱被民众认为是旱魃在作祟。张振南和暴海燕在其调查报告中呈现了斩旱魃的仪式：

---

① 庞建春.传说与社会——陕西蒲城县尧山圣母传说传承与意义研究个案[J].民族文学研究，2004（2）：124-129.
② 范丽珠，欧大年.中国北方农村社会的民间信仰[M].上海：上海人民出版社，2013：123.

在斩旱魃的仪式中，人们用谷草绑个身架，做成旱魃的形象；用一个菜瓜，点眉画眼做个头颅，把瓜瓤挖去，装进一碗红水覆盖，再用彩纸为它做了衣裤，放在车上；乐户奏乐前行，旱魃在后。到郊野，由社首设玉皇大帝牌位，献上供品，奉香进酒后，由主礼朗诵祭文，数魃鬼致旱之罪，并下令处斩。由乐人扮演的神将，一声得令，耍了个"五花拳术"，一刀下去，砍了旱魃半个脑袋。鲜血淋淋，众皆大笑，得胜而归。①

由于西北地区气候干燥，祈雨活动也是一年中重要的集体活动。"祈雨"与当地生计模式密切相关，并成为地方民间信仰的主要表现形式。目前，乡民们的耕种逻辑是：一方面积极灌溉，辛勤劳作，以家庭为单位与干旱抗争，另一方面，如果主观能动性无法解决当下的问题，干旱情况还是十分严重的时候，乡民们便会自发组织，求助于诸如龙王等代表自然力量的、具有象征意义的神灵，以获得庇佑。②

第三节　新疆少数民族的早期信仰遗存

西北地区少数民族的信仰多种多样，在外来宗教传入以前，哈萨克族人信仰萨满教，后又信奉过摩尼教、佛教和景教。大约在喀喇汗王朝期间，哈萨克族人的一些部落开始接受伊斯兰教，到15—

---

① 范丽珠，欧大年.中国北方农村社会的民间信仰[M].上海：上海人民出版社，2013：117.
② 范丽珠，欧大年.中国北方农村社会的民间信仰[M].上海：上海人民出版社，2013：114.

16世纪，哈萨克族人基本上全民族信仰伊斯兰教。①哈萨克族人以游牧生活为主，逐水草而居，长期以来没有固定的村落，为了冬季放牧，哈萨克族人一般从当年秋末到来年春季近半年的时间都居住在"冬窝子"里。中华人民共和国成立后，为解决哈萨克族人家的子女上学和就医问题，党和政府有计划地营造定居或半定居点，由此，哈萨克族牧民逐步转向定居与驱赶放牧相结合的生活方式。在哈萨克族中，比较特殊的是骨信仰，骨信仰习俗的存在本身是多元文化交融的产物，其可分为人体骨骼信仰和动物骨体信仰。哈萨克族人非常重视人体的骨，将其看成人强壮的标志，以及人的情感载体和性格产生的根源。哈萨克族人将骨作为部落的代名词，也用骨来区分贫富，并将骨视为人的主体和亡人灵魂的依附地、憩息地。而畜骨，尤其是家养的老羊骨以及野生狼骨则被认为具有避灾、保佑平安的作用。②

塔塔尔族作为新疆世居民族，在皈依伊斯兰教之前，经历过万物有灵的原始信仰阶段。在塔塔尔族的民间信仰中，人们有信仰"萨班"的习俗，"萨班"在塔塔尔语中指的是耕地工具犁铧。因为"萨班"的出现使塔塔尔族的社会生产力得到很大的发展，所以在每年的6月21日到25日，即春耕结束，夏收即将开始的时候，人们会聚集在田头或野地，由有威望的长者主持，举行各种庆祝活动，以示对"萨班"的感激与崇拜之情。③

中国境内的塔吉克族主要聚居于新疆塔什库尔干塔吉克自治

---

① 杨圣敏，丁宏.中国民族志[M].北京：中央民族大学出版社，2003：165.
② 周亚成.哈萨克族民间骨信仰习俗浅析[J].西北民族学院学报（哲学社会科学版），2002（1）：24-27.
③ 缪雪峰.塔塔尔族萨班节的文化解读[D].乌鲁木齐：新疆大学，2010.

县。公元 11 世纪，生于阿富汗的伊斯玛仪派著名哲学家和诗人纳赛尔·霍斯拉吾到帕米尔地区传教，由此，塔吉克族接受了伊斯玛仪信仰。自 19 世纪中叶以来，伊斯玛仪派最高伊玛目称为阿迦汗，塔吉克族人认为能见到他是最大的幸福。据说 19 世纪末，阿迦汗二世曾到塔什库尔干探视他的信徒，并在一些地方做短暂停留，留下了几处被称为"阿迦汗之足迹"的地方，至今人们有崇拜"阿迦汗之足迹"的习惯，即骑马经过这些地方时，都要下马虔诚地祈祷。①

一、多文化交融下的陵墓朝拜

（一）麻扎

麻扎，意为"拜谒之处"，引申为"先贤之坟""伟人之墓"。原指依禅派长老的陵墓，现在主要指伊斯兰教派著名贤者的陵墓。麻扎广泛分布于新疆各地，其中喀什、和田和吐鲁番地区最多。

鄯善县吐峪沟乡麻扎村是鄯善县西南部火焰山峡谷口一个有 2600 多年历史的古村落，是一座人文景观和自然景观融于一体、佛教文化与西方文化荟萃于一身、多民族风情异彩纷呈的历史文化古村。村中现保存有大量的生土建造的传统民居，是新疆生土建筑的典范，堪称"中国第一土庄"。麻扎村的北部有吐峪沟千佛洞，西部紧邻著名的吐峪沟艾苏哈卜·凯赫夫麻扎。麻扎村不仅是一个文物古迹群，更是一个多元文化的融合区，科考价值和旅游价值极高。据史料记载和鄯善县实地考察，全县境内拥有 50 多处文化古迹，麻扎村就有 5 处，约占鄯善县文化古迹总数的 10% 左右，保存至今的

---

① 李德成.中国少数民族宗教信仰[M].北京：中央民族大学出版社，1999：125.

图 10-3
新疆鄯善县
吐峪沟乡麻扎村
（图片来源：李菲 摄）

仍有艾苏哈卜·凯赫夫麻扎、吐峪沟千佛洞、古墓群、石窟、岩画等，其中艾苏哈卜·凯赫夫麻扎、吐峪沟千佛洞为自治区级文物保护单位，吐峪沟千佛洞作为研究古西域和佛教文化的重要基地之一，具有重要的历史价值和文物价值。

每当伊斯兰教的重大节日或纪念日，凡身体和经济条件许可的男、女穆斯林，都要亲自去麻扎朝拜。除依禅派信徒举行集体祈祷和赞圣等仪式外，其他朝拜者均单独举行活动。主要内容和仪式有：向麻扎礼拜、诵经、祈祷，宰牲献祭，捐献金钱或财物，以及在麻扎及周围的灌木、草丛中插树枝、挂旗幡等各种饰物，还要击鼓奏乐，跳苏菲"萨玛哈舞"。现又增加了叼羊、赛马等活动。①朝拜者

---

① 中国伊斯兰百科全书编辑委员会.中国伊斯兰百科全书[M].成都：四川辞书出版社，2007：329.

认为这些先贤品级较高,比自己更接近真主,是人与真主的中介,相信他们能够替死后的凡人向真主求情。有的甚至把朝拜麻扎视为一项宗教功修,可以代替去麦加朝觐。麻扎朝拜具有鲜明的维吾尔族民族特色,其实质是伊斯兰教苏菲派圣徒崇拜与维吾尔族、哈萨克族等民族古老的祖先崇拜和多神崇拜相结合的产物。①

（二）拱北

中国伊斯兰教苏菲派一般将其导师、门宦始祖、道祖、先贤等人的陵墓建筑称为拱北,拱北有圆拱形的,也有六角重檐塔楼状的,一般由门宦始传人的墓庐、礼拜堂、历代传教继承人墓群、经堂室、经文学校等其他附属建筑组成,也是各门宦教众纪念和拜谒先贤的地方。历史上著名的大拱北有四川阆中的"久照亭",宁夏金积的洪乐府拱北、韭菜坪拱北,甘肃张家川宣化岗拱北、灵明堂拱北、临夏花寺拱北,青海后子河拱北,等等。

甘肃省张家川回族自治县的宣化岗拱北,又称为"北山拱北",是伊斯兰教哲赫忍耶门宦教主马化龙、马元章、马进成、马元超等人的陵墓,也是中国伊斯兰教哲赫忍耶主要的宗教活动场所之一。每年在教主、教主家族成员以及殉教者的生辰或忌日,这里要举行十多次大型纪念活动,其中尤以每年农历正月十三太爷马化龙忌日的纪念活动最为盛大。

拱北朝拜源于人们认为这些先贤为教门做出重大贡献,品级较高,所以去拜谒先贤及其后辈传人的墓地和静修之处也是善功一

---

① 毛公宁.中国少数民族风俗志[M].北京:民族出版社,2006:162-163.

图 10-4
张家川县宣化岗拱北
（图片来源：王玲玲 摄）

件。①拱北朝拜是伊斯兰教苏菲派文化与中国本土文化相融合的产物，但需要注意的是中国部分穆斯林对拱北的朝拜，并非祖先崇拜，只是纪念先贤的一种方式。同时，陵墓朝拜也是麦加朝觐的一种变体。

二、行走在文化孔道中的朝觐

"朝觐"，音译"哈吉"，意为"朝拜、巡礼"。在中国，"朝觐"一词在多数情况下特指伊斯兰教穆斯林前往麦加的朝拜活动，这也是伊斯兰教的五大宗教功课之一。伊斯兰教义规定，凡成年穆斯林若身体健康、理智健全且经济条件允许的情况下，一生中都应该到麦加朝觐一次。②"朝觐"是伊斯兰教为信徒所规定的必须遵守的基本制度之一，它既是尊重历史传统，纪念"先知"的一种宗教仪式，又是一种自发地促进各国穆斯林间彼此了解和增进友谊的年会。

中国穆斯林朝觐活动始自明代，历史上，中国穆斯林朝觐的主要路线包括海、陆两条通道。陆上的线路：从甘肃河西走廊出发，途经新疆、中亚、伊朗、伊拉克、叙利亚、巴勒斯坦、埃及，最后横渡红海抵达吉达港；海上的线路：从香港出发，经缅甸、印度等地前往吉达港。这两条通道也是早期阿拉伯人、波斯人在中国进行商贸活动的重要路线。改革开放以来，随着社会经济条件的改善以及现代交通工具的便利化，朝觐呈现出主体的多元化、方式的规模

---

① 马通.中国伊斯兰教派与门宦制度史略[M].银川：宁夏人民出版社，2000：331.
② 杨文笔.西海固回族穆斯林朝觐实践的调查与研究[J].北方民族大学学报（哲学社会科学版），2014（1）：115-122.

化和组织化等特征。朝觐作为全球最具规模的宗教仪式，不仅是中国穆斯林坚定宗教信仰的途径，也是中国与周边国家的文化交流的孔道。在复杂的国际政治形势和多元的信仰文化下，麦加朝觐有助于中国和阿拉伯世界的友好交往，促进全球文化的交流和融合。

第十一章
西南地区传统岁时民俗与民间信仰

西南地区面积较大，地形多样，生计模式也存在明显的差异。自然区划概念下的西南地区，主要包括四川盆地、云贵高原、青藏高原南部、两广丘陵西部等地形单元，大致包括重庆、四川、贵州、云南、西藏等地。西南的乡村，由于多民族交融及移民潮的影响，其神祇在与当地的自然地理环境、生活方式、生活需求相关的基础上，呈现出独特性。具体而言，西南地区少数民族较多，汉民族的民间民俗和信仰既受到了临近少数民族宗教文化的影响，又形成了具有独特地域性的文化形式。与生计相关的神祇也在长期的历史发展过程中以不同的形式延续下来。而即便临近的村寨也有不同的民俗和信仰。但总体而言，大的地方有共神，小的地方有地方神。它们既能满足人们在日常的衣食住行上顺遂的愿望，又能在农村种植业与生计上给人庇佑。

第一节 农耕社会的好伙伴：牛神

在古代传统的男耕女织生活中，牛作为主要耕畜，辅助人们耕地，是非常重要的生产和生活资料，并与诸多生计的发展有密切的关系。《山海经·海内经》："后稷是播百谷。稷之孙曰叔均，是始作牛耕。"在"国之大事，在祀与戎"的社会背景下，牛成为三牲之一，与羊、猪合称"太牢"。① 因此，牛也受到人们的崇拜。《中国行业神崇拜》一书中指出："牛王所指有不同，或指冉伯牛，或指龚遂，或指丑宿星君，或指牛首人身者或无实指。牛王又有牛王大帝、牛王菩萨、牛王神、牛大王等称谓。"②

宋代的时候，建有诸多的牛神庙，并受人供奉。关于供奉的牛王原型，民间有许多说法，但占主流是冉耕。他是孔子的学生，姓冉，名耕，字伯牛，冉伯牛与牛神的渊源我们不得而知，但可以看见民间对此的附会，即在儒家的知识文化体系中建构出一个民间的信仰对象。在民间，牛是人们生产劳作的好伙伴，旧时盐场、磨坊等也常见牛的身影。这些与牛有关的从业者大都供奉牛王，或仅供牛王，或主祀牛王，或将牛王作为众神之一。③ 各地牛王节的习俗大多不一致，明嘉靖年间《洪雅县志》记载：

十月朔，作饼饵饭牛，余则挂之角，谓牛是日照水，角无饼饵则悲鸣。佣者是日与之衣以归，遂纵牧于野。④

因为牛是农人重要的生产生活资料，可以说，家庭的耕牛在一定程度上表现了一个家庭生产力的情况。牛的强壮、健康与否，与传统农耕家庭的生计有着密切关系，耕牛好预示着丰收。农人也希望通过祭祀牛王实现五谷丰登的愿望。这表现在农人与牛互动的环

---

① 陈鹏程.先秦与古希腊神话价值观比较研究[D].天津：天津师范大学，2006.
② 李乔.中国行业神崇拜[M].北京：中国华侨出版社，1990：328.
③ 林移刚.清代四川汉族地区耕牛崇拜研究[J].农业考古，2013（4）：304-308.
④ 《洪雅县志》明嘉靖本.

第二部分 | 地方乡村传统岁时民俗与民间信仰

图 11-1
川西乡村小庙供奉的
牛王菩萨
（图片来源：李菲 摄）

节中，通过给牛做饼，并把部分挂于角上，同时还有照水过程，即整个仪式使牛心情舒畅，可以说是为了犒劳牛，或者给牛王献媚。据该县志记载，人们会在专门的日子款待牛，让牛休息，与之相关的，被雇佣的人也会被放回家休息，这是旧时期一年中"法定"的节假日，人们把这一日也称为"牛王节"。《华阳县志》记载："十月一日,为牛王生辰,农人捣糯米为粢祭之,并置牛角,回家以糯糍安牛角上,谓之'牛接角',仍以桑叶包糕喂牛,以报一年之力。"①此外,据川、渝、黔和滇等地若干地方史志记载,四川盆地西部自明嘉靖年间,民间开始流行一个以祭祀牛神为形式、保护耕牛为目的的民俗活动"牛王节"。几个世纪以来盛行不绝,并逐渐扩散到四川、重庆、贵州、云南等地。②

成都牛王庙位于成都老城东门外,现已成为城市中的一个景点。相传,当年成都平原牛瘟肆虐,人们谈牛色变。四川巡抚张德地为了安抚民心,便在毗邻的牛市之外修建了这一牛王庙,并铸有铁牛一头,供奉于庙内。该庙宇始建于清代康熙七年(1668),距今已有300多年的历史。牛王庙建成之后,靠天吃饭的百姓们便纷纷前来供果祭拜。

在四川金堂县,"十月初一为牛王会,乡村农家以米粢悬牛角为劳苦之"。③祭祀牛神和祭祀别的神灵最大的不同,就是祭品中不能有牲畜,而且还要有一束新鲜的嫩草作为牛神的祭品。但是也有破例的时候,尤其是在后来,人们用鸡或是羊来作为祭品。人们在祭祀的过程中,以各种方式来庆祝牛神的诞辰。民间各地祭祀牛神的时间都不一样。有的在八月十五日祭祀牛神,有的则稍晚一些,在十月一日才开始祭祀。在百姓家中,还有供奉牛神绘像的,其看起来像个中年儒生,和蔼亲切。牛神的旁边还有一个孩子,像个牧童,牧童的前方就是一头健壮且姿态优美的黄牛。

现在,成都平原乡村中依然有农户养牛,牛仍旧是下田耕地的

---

① 《华阳县志》清嘉庆二十一年刻本。
② 干安生.西南爱牛民俗活动——牛王节[J].古今农业,2004(4):88-90.
③ 《金堂县志》清道光二十四年补校本。

主要劳动力，只是用于农耕的时候较少，且牛王崇拜已经式微。现代耕作技术的进步虽使人力和畜力得到了解放，但乡下农家放牛的生活，作为一种被浪漫化的田园生活，依旧让城镇的居民羡慕不已。

第二节　西南丘陵：井盐生产与盐神信仰

我国是世界上的产盐大国，国内盐区分布广泛，且种类多样。从地理分布上看，我国东部产海盐、中部产井盐、西部产池盐。井盐产区主要分布在四川、云南，自贡便是四川井盐产地的代表城市。围绕井盐的生产，各地有不同的仪式和信仰的神祇。

西南地区的井盐生产在全国占有重要位置，有"盐都"之称的自贡，是我国最大的井盐产地。其井盐生产历史悠久、质量精良、产量较高。自清以来，自贡市随着"盐都"之名的逐渐建构，盐产业规模的扩大与盐工的增多，经济发展较为繁荣，民间和官方对于盐神的信仰也空前繁盛。盐工们自发组织了祭祀盐神的仪式活动。同时随着各种供奉行业神的庙所不断增加，各类祭典、仪式、戏剧演出也成为地方社会的定例，逐渐形成了带有宗教信仰色彩的盐神崇拜，这一信仰在靠盐谋生的盐工生活中占有重要的位置，呈现出一种具有井盐业特色的文化现象。

自古以来，盐便是生活的必需品，民间与官方对于盐业的重视可想而知。在民间信仰中，赵公明、范蠡、关羽、管仲、葛洪等人拥有盐神的称号，他们同时也兼有财神的身份。[①] 因中国的盐业有

---

① 徐胜男.论盐神信仰及盐神司财现象[J].盐业史研究，2020（1）：62.

不同的种类，行业神亦十分庞杂。就中国盐业神而言，其社会身份可谓包罗万象。诸如炎帝、夙沙、蚩尤、胶鬲、管仲、张飞、樊哙、张陵、玉女、鲁班、华祝、扶嘉、黑牛、白羊、南风等，都被请进盐业神的行列之中。以四川资中为例，该地的盐神庙就供奉有管仲、关羽、李冰等神祇。这些神祇中，既有血肉之躯的人，又有仙风道骨的神。既有历史记载中的人物，又有神话传说中的人物。既有从其他行业神中借来的，也有从文学作品中移来的，甚至与盐有关的牛羊等动物也被尊奉为神。

云南井盐产区的盐神则包括洞庭龙女、陈文秀、李阿召等。还有与当地传说相关的人物，如云南姚安供奉的龙女，相传是因为龙女在牧羊时发现了盐泉，而这个发现对当地盐业有着至关重要的作用与影响。另一版本的传说与上述相差无几，传说的主人公名为陈文秀，她在牧牛之时发现了盐井。还有云南黑井盐场供奉的盐神李阿召，同样也是因为她在外放牛时，发现牛舔地，出现了盐，进而开凿出盐井。上述三则传说的共同点都是盐的发现与牧人及动物相关。因此放牧之人或动物为盐业神也是云南地区盐业行业神的一个特点。一方面因为牧人发现盐资源对盐业开采具有重要作用。另一方面牛或羊等动物因为在日常生产生活中也发挥了重要作用，因此在传说中都被赋予了神性。云南地区还有专门的节庆习俗，李妮蔓以云南大理诺邓村"龙王会"为例，调查诺邓村的井盐生产情况及当地井盐生产过程中的民间信仰与仪式。[①]诺邓村每年农历六月十三日会举行龙王会，尽管该地村民大多是白族人，但是在仪式环节和

---

① 李妮蔓.井盐生产与盐神信仰田野调查报告——以云南大理诺邓村"龙王会"为例[J].西部学刊，2020（2）：59-61.

内在的诉求中，与汉民族的乡村节庆习俗大体一致。村民们在熬制盐之前，需要举行"接水魂"仪式；熬制井盐的过程中，需要祭祀灶神，祈祷一切顺利；熬制后，在盐的运输过程中，则祈祷土地公公和山神的保佑，希望盐的运输和销售过程顺利。

第三节 成都平原：川主信仰与蚕神

成都平原，四周群山环绕，海拔 600 米左右，土壤肥沃，有历史悠久的都江堰灌溉工程。境内水渠纵横，也是中国重要的水稻、甘蔗、蚕丝、油菜籽产区，地理条件和灌溉条件促使了成都平原农业发达，成都也有"天府之国"的美称。《三国志·诸葛亮传》中指出："益州险塞，沃野千里，天府之土，高祖因之以成帝业。"[1]由此，也可见成都平原的富饶。

一、天府之国的川主信仰

四川盆地地形对于成都平原的农业种植有着重要影响，平原土壤肥沃但地势低洼，容易形成洪涝灾害。川主，又称川祖、灌口神，是一种以巴蜀治水文化为核心内容的民间信仰。成都平原著名的都江堰灌溉工程，对于天府之国的农业生产产生了深远影响，成都平原川主信仰即是对秦蜀郡太守李冰的信仰崇拜，希冀川主保佑巴蜀免于水旱灾害。《史记·夏本纪》载："天下皆宗禹之明度数声

---

[1] 强晓.四川、汶川、北川、青川的得名[J].文史杂志，2008（4）：109-110.

图 11-2 李冰父子雕像

乐,为山川神主。"但明清以来,川主成为四川本土乡神,川主信仰成为四川农业经济中的重要信仰。清代川主庙遍布四川省(含今重庆市)内各州县,有方志记载的便超过 500 处。在川渝之外的川主庙则同时还兼有川人会馆的功能。① 也有说法是:川主即山川之主——大禹,史前传说中的帝王和治水英雄。面对滔滔

---

① 林移刚.清代四川民间信仰地理研究[D].重庆:西南大学,2013.

洪水，大禹从鲧治水的失败中汲取教训，改"堵"为"疏导"。并且为了治理洪水，大禹"三过家门而不入"，他的事迹和精神，体现了为公、为民的高尚气节，也体现了中华民族在面对困难时的决心和勇气，进而被人们奉为川主。①

四川川主信仰的祭拜场所以川主庙为主，也称川主宫、川主寺等。川主的祭祀活动分为官祭和民祭。古代官方尤其重视祭祀活动，修建了众多祭祀神祇的庙宇。成都的川主庙建于清雍正五年（1727），开始祭祀李冰。信仰治水有功的神祇与成都平原的自然地理和人文环境分不开，在四川乡民的信仰实践中，既有大禹、龙王等全国通行的神祇，又有本土历史人物神格化被后人祭祀，还有外来的杨泗、萧公、晏公、天后等。历史上，四川地区在移民潮带来的乡村重组以及外来文化的影响下，其川主信仰与节庆习俗也比较复杂。目前，川主信仰主要流行在中国西南乡村，以四川为中心，对临近的重庆、贵州、云南、陕西等地也有一定的影响，也从属于其他各地区广泛存在的类水神信仰。

二、刺绣与织锦中的蚕神信仰

中国是世界上最早的蚕桑之国。古代中国社会男耕女织的生产模式，使得传统家庭经济中种桑养蚕在生计中占据了重要地位，历史上的"蚕神"有先蚕、西陵氏嫘祖、马头娘、蚕姑、青衣神、蚕花五神等。在中国数千年的蚕桑历史及丝织业发展史中，四川地区的织锦非常出名，养蚕在四川的家庭经济结构中也占有重要地位。

---

① 田苗苗.巴蜀川主信仰研究[D].成都：四川省社会科学院，2009.

图 11-3　四川盐亭嫘祖陵
（图片来源：盐亭县文化馆图片资料，李菲 摄）

近代以来，形成了成都、乐山、顺庆、綦江、重庆等重要的丝绸贸易中心，四川全省丝绸最高年产量达 70 万匹左右。①

因蚕桑业和丝织业的兴盛，四川乡民们对于蚕神较为尊重。养蚕作为一种生计模式参与乡民的生产生活，而与养蚕相关的事宜在四川也被蚕农列为要事。但蚕并不好养，乡民们口

---

① 林移刚.清代四川民间信仰地理研究[D].重庆：西南大学，2013.

中流传着"三姑把蚕，蚕食四叶"的俗语。意思是"蚕难养"，即三个姑娘伺候一只蚕，一只蚕要吃四片桑叶。也有说"三姑置蚕大吉"，这指的是汉代皇后祭祀的蚕神菀窳妇人、寓氏公主和晋干宝《搜神记》女化蚕故事中的马头娘当为祭祀的养蚕始祖。[1]

四川大部分地区主要将蚕丛当作蚕神祭祀，祭祀时间一般为正月十五，只在围绕蚕相关的行业生产和祭祀仪式中进行。但各地祭祀的时间、习俗有少许差别。四川大邑县大致在每年正月十五祭祀蚕神，其祭祀的仪式如《大邑县志》载："……是日祀先蚕，饲蚕者即以是月浴蚕种。"四川江油，则是"蚕事毕，户闻煮茧之香，廛列贸丝之市。毂击肩摩，沽酒市脯，谢蚕母赐佑，乐妇子之欢腾"[2]。其他如在眉州、彭山县等地也有类似习俗。

除了蚕丛，四川地区的养蚕业也崇祀马头娘，由妇女主祭。清代傅崇矩《成都通览·成都迷信神道之礼节》"蚕神文"记载："礼：一献；祭品：酒馔、香帛；主祭：以贞女节妇之名为宜，如果无，乡绅乡农均可代祭。"祭文云：

乌乎！修其蚕织，生自妇人。懿厥哲妇，敬恭明神。神之的矣，我马维驹。我思古人，祗搅我心。我闻有命，之子予征。不遑将父，萧萧马鸣。女曰观乎，婚姻孔云。雨骖如舞，永观厥成。载驰载驱，修我甲兵。征夫归止，啴骏有声。既差我马，有一美人。如何如何，辟言不信。爰丧其马，毛犹有伦。其为飘风，女子有

---

[1] 汪小洋.中国百神图文志：原始神、宗教神和民间神五千年总揽[M].上海：东方出版中心，2009：220.
[2] 林移刚.清代四川民间信仰地理研究[D].重庆：西南大学，2013.

行。……既又飨之，福禄来宁。①

秦汉以后，蚕丝业发展到了汉水、淮河及长江流域一带，江南的蚕农更是后来居上。江浙一带蚕农们信奉的是一位骑在白马上的"蚕花娘娘"。"蚕花娘娘"的故事及形象特征，在《集说诠真》《太古蚕马记》《搜神记》《太平广记》等古籍中都有记载。蚕乡中的蚕神或印制的神像，一般都是一个女子骑在马背上；也有一个女子端坐，身边站着一匹马的；也有三个女子共骑一匹马的。称呼也多样。除马头娘外，还有马明菩萨、蚕花娘娘、蚕姑、蚕皇老太、蚕花五圣等担任蚕神。浙江余杭旧有《蚕花五圣》纸马，刻印之蚕神坐正中，两眉之上又生一目，五圣之下刻养蚕妇女收蚕茧和育蚕之情景。②

养蚕、缫丝、织造是丝织品的全部生产过程，原皆由蚕农完成，后逐渐分离出专事织造的机户。四川地区丝织业历史悠久，蜀锦、蜀绣世界闻名。随着丝织业的兴盛，出现了许多围绕丝织业的店行，有丝行、染丝坊、车户、牵经接头、机店、梭店、筘店、绺梭店、竹器店、范子行、挑花行、拽花行、边线行、结综行及绸缎商等。蚕农供奉的神有马头娘、嫘祖、蚕花五圣、三姑、菀窳妇人、寓氏公主、青衣神等。据说现在川南的青神县，就是当年蚕丛的出生地，县境内有一条青衣江，此条江便因蚕丛穿青衣劝农桑而得名。③直到今天，青衣江流域仍然是一派桃花源似的乡风民俗，人

---

① 李乔.行业神崇拜：中国民众造神运动研究[M].北京：中国文联出版社，2000：240.
②③ 汪小洋.中国百神图文志：原始神、宗教神和民间神五千年总揽[M].上海：东方出版中心，2009：221.

们仍然着青衣裹青帕，唱着祭祀青衣神的带哭腔的山歌，怀念为他们造福的青衣神。

三、川西林盘中的竹篾祖师

成都往西，川西坝子上大大小小的林盘是四川田园式的乡村生活写照。竹木荫蔽的林盘给川西乡民提供了居家生活的必需品，也是农家的屏障。川西民间谚语有"养儿不如息竹"之说，一岁或两岁生的竹竿剖成的篾条，非常有韧性，是竹编的极佳材料。川西的乡民和附近城镇的居民，家家户户都有竹制品，用于生产和生活，如簸箕、背篓等。茂密的竹林给当地乡民的生活带来了便利，编竹篾可用于农事生产与日常生活，成了川西农人和手工艺人的一项技能。

一般而言，居住在林盘中的川西乡民都会几手篾活儿，家用的较简单的篾器，都是农家自己所编。除了家用，有的还挑到集市上去卖钱。能工巧匠还将竹编手艺发挥到极致，成都市郫都区古城镇指路村至今尚有近百位竹编鸟笼的工匠。该村被称为鸟笼之乡，竹编鸟笼的技艺被列入四川省非物质文化遗产名录。李福清《中国神话故事论集》云："蜀国国君刘备年轻时曾以贩履织席为业，因此他就成了编织行业的神。"《三国志·蜀书·先主传》载："先主（刘备）少孤，与母贩履织席为业。"民间传说因刘备早期从事的行业将其与竹篾相互捆绑，口耳相传。又因刘备与蜀地的机缘，川西乡民与蜀地的竹林以及历史人物刘备的关系，在一条一条的篾条编织中继续互动着。

第四节 西南少数民族的典型信仰

一、普米族的韩规信仰

普米族主要居住在云南省的兰坪、宁蒗、维西、永胜等地，村子一般建在有松林的半山缓坡地带，多以血缘亲疏关系各自聚族而居。通常二三十户为一村，村寨之间很近，房屋多为木结构。

除部分普米族人信仰藏传佛教外，大部分普米族人信仰一种古老的民间宗教——韩规教。"韩规"和"师毕"分别是云南宁蒗等地和云南兰坪等地对主持宗教活动的巫师的称谓。[1] 在普米族的韩规信仰中，有非常丰富的自然崇拜，其中对山神的崇拜特别突出。普米族先民称山神为"日精""司日"。"日精"为负责远行的平安之神，"司日"为掌管山寨的平安之神。祭山神活动称为"日精必""司日必"，每逢岁首、年中、喜庆，都要进行祭祀，祭祀的规模有户、族、村三种类型，但各个村寨祭祀日期有差异，有的村寨在农历的三月三举行，有的村寨在农历二月份或八月份举行。河西乡的一些村寨祭山神一般是在农历二月份或八月份。[2] 直到近代，普米族每户、每个氏族和每个村都有各自的"山神树"，人们认为每座山都有一个山神，每个山神又分管不同的任务。

兰坪县是普米族的主要聚居地，当地村寨的人一般选松树或麻栗树中最大者为全村的山神树，日常生活中这些树都是受到保护、不准砍伐的。有的地区，少年举行成年仪式后，要把象征自己成年

---

[1] 宝贵贞.中国少数民族宗教[M].北京：中国民主法制出版社，2015：43.
[2] 熊贵华.普米族志[M].昆明：云南民族出版社，2000：117.

的绵羊毛线从脖子上解下,系到一棵茁壮的小树上,把它当成自己的保护神。由于普米族居住较为分散,所以各地普米族都有自己侍奉的山神,每年农历的七月和腊月各户要祭本家山神,在四五月封山和八九月开山时,则全村公祭"山神"。祭祀时要在树下架一口锅,焚烧松毛,请巫师诵经祈祷,并以牛羊为牺牲供祭。[①]

二、傣族的祖先崇拜

傣族分布在中国、印度、越南、柬埔寨、泰国等国家。中国境内的傣族主要聚居在云南省西双版纳傣族自治州、德宏傣族景颇族自治州以及耿马和孟连两个自治县。傣族对不同区域地方有不同的指称,一般有勐和曼,"勐"的区域相当于多个村寨的聚合,而"曼"则单有村社之意。

傣族民间信仰有三个历史渊源,分别是百越文化、华夏文化和印度文化。其中,百越文化是傣族固有的原始信仰组成部分。在傣族的民间信仰中,最为独特的是傣族的祖先崇拜,在傣文文献《谈寨神勐神的由来》中就提到傣族先民大迁徙后到达云南南部建寨建勐的创始者,就是氏族和部落的祖先神。傣族的祖先崇拜分为家神、寨神、勐神三种。在每日早晨饭做熟以后,要将第一团糯米饭敬给家神享用。"蛇曼蛇勐",意为氏族保护神和部落保护神,也就是"寨神勐神"。[②] 祭祀时以寨和勐为单位举行,各寨各勐所祭祀的神灵互不相同,互不隶属,且各有其传说,但这些传说均与建寨建勐

[①] 《普米族简史》编写组.普米族简史[M].北京:民族出版社,2009:269.
[②] 刘岩.南传佛教与傣族文化[M].昆明:云南民族出版社,1993:59-71.

历史相关，主要包括三类对象：一是建寨建勐时的本民族祖先或死难英雄，人们对其充满感恩与崇敬，希望通过祭祀能使祖先继续护卫傣族的村庄。二是被征服的敌对部落的首领，人们将其奉为神灵，定期祭祀，是为了安抚亡灵，祈求他不要作祟。三是其他民族领袖和英雄人物。因地区差异，傣族祭祀寨神、勐神的周期和时间也有所不同。在祭祀之前，负责祭祀的议事庭要专门起草公文，号召全体村民参加，告知祭神的日期，以及本勐于祭神当日将封锁路口，禁止临勐的商旅往来等事宜。凡属本氏族的成员必须参加，且绝对拒绝氏族以外的人观看，可见，傣族寨神勐神祭祀具有很强的排他性。[1]有学者认为，西双版纳寨神、勐神崇拜与西双版纳勐、陇、曼社会关系无论在结构和功能上，还是在发展过程上都有着一一对应和不断趋同的关系，所以寨神、勐神信仰本身对傣族社会区划结构有着稳定和传沿的作用。[2]

三、布朗族的竜神信仰

布朗族主要居住在云南省澜沧江沿岸的高山河谷地带，各个村寨依山而建，人们认为村寨后面的原始森林里住着保护村寨的竜神。以双江县的邦协村为例，人们认为竜神有大竜神和青年竜神之分，均为男性。作为村寨的保护神，竜神多数时间住在竜林里，身穿白色衣服，出巡时骑白马。祭竜神作为邦协布朗族民间信仰中最重要的祭祀活动，也是全寨性的集体仪式，要求每家每户必须派一名男子参加。

---

[1] 阎莉，莫国香.傣族寨神勐神祭祀的集体表象[J].广西民族研究，2010（1）：51-56.
[2] 陶琳.西双版纳傣族社会结构与寨神、勐神信仰的关系研究[J].大理大学学报，2017（1）：1-5.

在举行祭竜仪式期间严禁外寨人进入村寨，更不允许外族人参与他们的祭竜活动。祭祀竜神的日子事先由竜头选定，时间必须在每年傣历八月属马的吉日，一般每年举行一次。但如果遇到战乱、天灾或人畜大规模病害等特殊情况，则可能会在一年之中举行多次祭祀活动。①

四、佤族的木鼓信仰

佤族是云南省境内的世居民族，主要居住在云南省西南山高林密的阿佤山区，以农业为生。在西盟、沧源的各佤族村寨里，佤族人崇拜木鼓，有句谚语说："生命源于水，灵魂求于鼓。"佤族人认为建一个寨子首先要选好水源与木鼓房地址。木鼓是通天的神器，只要一被敲响，天神就会下凡保佑村寨平安与庄稼丰收。在佤族村寨中，一般需要经常不定期地举行砍木鼓仪式。秋收后，一个村寨里比较富裕的家庭，若是粮食增产了，就会杀鸡占卦。因为人们认为丰收是社神赐予的，若是占卦后，卦象吉就说明得到了社神的佑助，卦象凶也是社神的启示，即为了保命要破财，唯一的办法就是砍木鼓，并杀猪剽牛煮饭供全寨人吃。一般砍木鼓要选择吉日，木鼓的材料选用红毛树或者花桃树，因为这些树是树中之王，树质好，最坚硬，寿命也最长。同时，砍木鼓要注意大树所倒的方向，一般认为倒向寨子方向是好的。砍好木鼓后，全寨所有健康的男子都要去拉木鼓，随后还有凿木鼓和祭木鼓等活动。②

佤族木鼓信仰

---

① 黄彩文.民间信仰与社会变迁——以双江县一个布朗族村寨的祭竜仪式为例[J].云南民族大学学报（哲学社会科学版），2009（4）：28-31.
② 陈国庆.中国佤族[M].银川：宁夏人民出版社，2012：196-200.

图 11-4 木鼓

五、彝族的祖灵崇拜

凉山彝族乡村形成了以祖先崇拜为核心，集自然崇拜、图腾崇拜、灵物崇拜于一体的原始宗教信仰。祖先崇拜的思想基础是"三魂说"和"三灵说"。彝族人普遍认为已故祖先具有三个灵魂。这三个灵魂各有不同的归宿，其中一魂守坟场或坟墓，一魂居家中供奉在祖先灵位上，一魂归祖地与先祖灵魂相聚。与"三魂说"密切相关的是"三灵"观念，即游灵、家灵和祖灵，对信仰的子嗣而言，这三者是不同层面的信仰对象，但也可以同时存在并接受人们的供奉。具体到某一祖先灵魂来讲，这三者又是人去世后另一种"生命"历程中不同阶段的三种不同形式，通过一定的仪式活动可以转变和递升，即从游灵到家灵再到祖灵。而从丧祭到安灵祭再到送灵祭便是引导祖灵诸形式转变、递升的行为和标志，安灵祭指招灵附于灵牌并供于家中的仪式，送灵祭则是将家中所供的家灵灵牌送入同宗祖灵箐洞的仪式，但能够设立灵位在家中和送灵到祖灵箐洞都涉及此灵是否有子嗣的问题。①

彝族原始宗教信仰的神灵中，数祖灵与人们的吉凶祸福、贫富关系最密切。其安适与否、清洁与否以及受到相应的供奉与否，都能影响和左右子孙后代的祸福兴衰。就祭祀目的来看，有为丰年祭祖，有为消灾治病祭祖，有为求育生子祭祖，有为新生命的诞生及顺利成长祭祖，有为联姻祭祖，有为战争祭祖，还有为分支合族祭祖。②

彝族祖灵信仰是在对祖灵世界的崇信中确立的，是在对祖界生活的构拟中成型的。祖界在彝族人的观念中指传说中本民族祖先发祥分支之地，是祖灵归宿的最高境界。③家庭、家族、家支制度在彝族社会中的存在具有长期性和普遍性，决定了彝族祖灵信仰的稳定性和共同性。同时，祖灵信仰也起到维护彝族的家族、家支制度

---

① 巴莫阿依.彝族祖灵信仰研究：彝文古籍探讨与彝族宗教仪式考察[M].成都：四川民族出版社，1994：9-11.
② 毛公宁.中国少数民族风俗志[M].北京：民族出版社，2006：264-265.
③ 巴莫阿依.彝族祖灵信仰研究：彝文古籍探讨与彝族宗教仪式考察[M].成都：四川民族出版社，1994：15.

图 11-5
彝族火把节
跳"朵乐荷"
（图片来源：李菲 摄）

的作用。

彝族人对历法的认识是渐进的，主要包括五种：第一种是人体历法，据刘尧汉考证，云南宁蒗县彝族地区曾存在一种"一个月28天，一年13个月，共364天"的人体历法，即以妇女月经28天周期为一个月的纪历方法；第二种是"十八月历法"，即天文历法，以北斗星的斗柄指向定季节，上指为大暑，下指为大寒，将一个寒热转换的周期365天划分为18个时段，每段时空为20天，剩余5

天为禁忌日或称"祭祀日";①第三种是"十兽历法",以虎、水獭、鳄、蟒、穿山甲、麂、岩羊、猿、豹、四脚蛇十兽纪日而得名。还有十月太阳历与十二月太阳历两种。彝族最为重要的节日是彝族年和火把节,彝族年一般是在农历十月,即庄稼收割完毕之际,一般有三天。火把节一般在农历六月二十四日举行,届时还有宰牲献祭祖先与宴饮聚会吃坨坨肉等活动。

六、白族的本主崇拜

"本主",又叫"本主神",意为"我们的主人",具有村社祖先的含义,但不等同于祖先神崇拜。白族的祖先崇拜是以祭家庭祖先的祖先牌位,以及扫家族墓地的形式表现的。本主崇拜则起源于白族先民对社神的崇拜,而且具有农耕文化特征,是以自然村落和村社的水系为基础产生的民间信仰文化。本主崇拜的核心是祈雨水和求丰收。

在白族地区,几乎逢村必有庙,逢庙就有本主神,形成了一种以村社单位祭祀本主的信仰文化。不仅如此,白族的本主崇拜也是一种多神崇拜,即在一个自然村、一个本主庙中,本主崇拜的内容也是多神性的。在白族本主祀神格局中,通常将位于主殿、主要位置的祀神称为××本主,即主神,主神本身既有单一主神又有复数主神两种形式。居于主神左右的是配神,常见的配神有"大黑天神",一般居于本主神的左侧或左侧殿;"财神"一般居于本主神的

---

① 王敏,王舒怡.略论彝族历法经历了不断完善的过程[EB/OL].(2018-11-3).http://m.yizuren.com/yistudy/yxjlygd/37409.html.

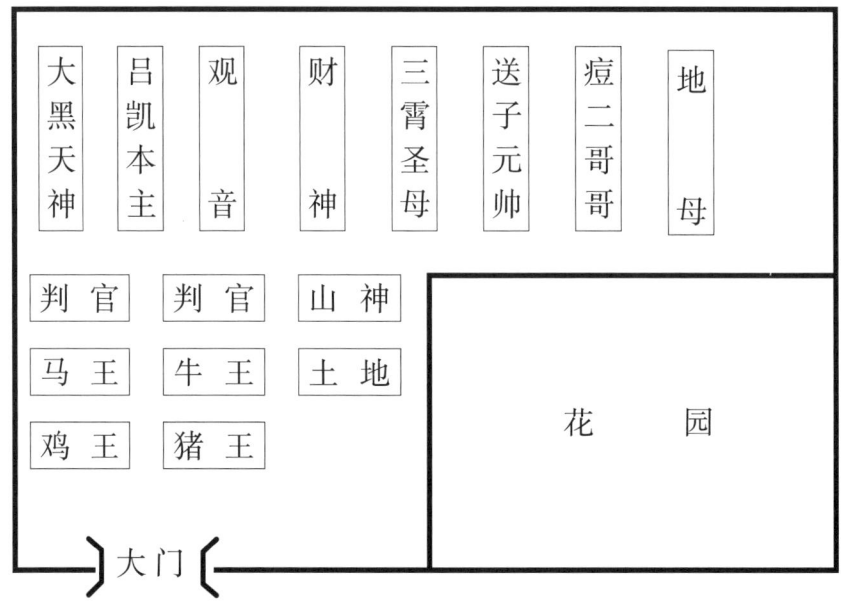

图 11-6 洱源石岩本主庙多神供奉示意图[①]

右侧或右侧殿。其他常见的配神还有"观音老爷""送子娘娘""痘二哥哥""沙麻""山神""土地""牛马猪鸡四王"等。大理的本主庙中的"新王太子"也作为常祀的配神。主配神之间的功能、性质有区别也有联系。配神具

---

① 杨政业.白族本主文化[M].昆明：云南人民出版社，1994：32.

有某一方面的宗教功能，如财神司财宝，大黑天神镇邪司福禄，送子娘娘司送子，山神土地司万物生长等等，配神对主神的"神力"有补充的作用。①

白族地区各个村寨一般都有自己的本主。每逢本主的生日，都要举行隆重的本主节活动。由于各个村寨本主的生日不同，因此本主节的时间也不同。一个村寨过本主节，其他村寨的亲朋好友都前来做客。本主节最重要的活动是"接本主"，接本主就是将本主像从庙里接到村中。接来村里后，村中各家各户都来敬献，"莲池会""洞经会"等宗教组织念经祈福，民间艺人则在村中表演"大本曲"娱神，整个村寨欢声笑语，洋溢着节日气氛。②

本主崇拜，是白族具有鲜明民族特色和地方色彩的一种信仰。在云南大理白族自治州境内的白族村寨，几乎各村各寨都祭祀本主。有的一个村有一个本主，有的几个村共祀一个本主。大凡祀本主的地方，都有供祀本主庙。据调查，大理白族自治州境内共有本主庙近千座。本主崇拜作为一种积极的信仰文化，在发展过程中，曾受到佛教和道教文化的渗透，南诏、大理国时期的一些统治者也成了本主神，但白族土著的本主神祇始终居于主导地位，这些神祇，不分等级、不分职业、不分民族、不分男女、不分年龄大小，甚至不分宗教，其主体是对人民做过好事，促进了本民族社会、经济和文化发展的人物，或是其道德情操受到人们敬仰的人物。③

---

① 杨政业.白族本主文化[M].昆明：云南人民出版社，1994：9-37.
② 毛公宁.中国少数民族风俗志[M].北京：民族出版社，2006：546.
③ 毛公宁.中国少数民族风俗志[M].北京：民族出版社，2006：557-558.

七、羌族的白石崇拜

羌族自称"尔玛",主要居住在四川省阿坝藏族羌族自治州的东南,也就是岷江上游及其支流两岸的茂县、汶川、理县、松潘等地。大多数羌族村寨分布在高山间的山谷中和半山腰,人们把有溪流蜿蜒其间的峡谷称为"沟"。一般羌族会把几个家族集中居住的聚落以汉语称作"寨子",几个寨子又组成"村",民众大多认为同寨或同村的人也是祭同一山神的人群。羌族崇拜的众多神灵几乎皆无偶像,统一以白石为象征,供于屋顶塔子、神龛、火塘、田间山头,以及神林等地方。

在茂县羌族黑虎寨的山脊平地上就有一处专供祭祀的祭祀坪。在每年农历正月初三,各家各户到自家白石神位前用柏枝点火生烟,以敬神灵。关于敬白石的来历,黑水县有一则传说:从前有两位祖先打架,其中一人用白石打死对方取胜,于是后人就把能打死人的白石敬为神灵,常常加以奉祀。民间俗话说,"白石头放在路上,黑石头放在路边",说明在羌族群众的意识里,白石头比其他石头的地位高得多。据说羌族民间巫师"端公"帽子上的三角,其中第一个角即表示"黑白分明",以白色代表公正合理,以黑色代表淫邪不正。屋顶上立白石神位,就是为了以正压邪,护佑家人平安。还有一种传说则流传更广,在古代羌人的大迁徙中,有一支羌人到了今日的居地岷江上游,遇到强大的"戈基人"。在双方交战之前,羌民首领在梦中得到天神的启示和佑助,即只有用坚硬的木棍和白石块作武器才能取胜,而且要在战士的脖子上挂羊毛线作区别的标识。羌民依神的启示而行,果然获胜。后来为了感谢神灵,但又不知神的具体形象,于是便以白石为神的象征。白石在羌民的信仰中

图 11-7
羌族崇拜的白石

是多种神的化身，其中包括供在屋顶的太阳神、供在路边或墙上的寨神、年神、山神，以及供在堂屋的家神。[①]

羌族的白石崇拜实际上是一种灵物崇拜，其与自然崇拜的不同在于：灵物崇拜的对象往往是一块小石、一根树枝等微小物体，它本身不像自然的崇拜对象那样代表雄伟的自然力。但它之所以受到崇拜，是因为它身上附有神灵，有它本身的自然形体所不具备的某种神奇力量。古人认为供奉这些灵物，便会得到灵物所代表的神灵的庇护，以消灾得福。羌族白石崇拜，正是这样的灵物崇拜，人们崇拜的并非白石本身，而是白石所代表的种种神灵。白石是诸神的象征，如房顶上的白石代表天神，火炉旁的白石代表火神，立在山

[①] 毛公宁.中国少数民族风俗志[M].北京：民族出版社，2006：1199-1200.

顶上的白石代表山神，田地里立的白石则代表土地神……①

八、水族水神崇拜

水族主要聚居在黔桂交界的龙江、都柳江上游地带，贵州省黔南的三都水族自治县、荔波、独山、都匀等县市。作为西南稻作民族，水族滨水而居，水是人们生存和生活的重要资源。所以，水族对水的崇拜在民间信仰活动中极为隆重。如富源一带水族农历二月祭白龙和三月的祭龙节，都是以祭祀水神为中心，以祈求风调雨顺、五谷丰登。日常生活中，一些人家的孩子多病，经水书先生测算，如缺水者，要拜水井为保爷，并取名水生，寓意孩子的生命如长流之水。②

水族与水有关的节日包括敬霞节和祭白龙。敬霞，又叫拜霞，"霞"为水语，"水神"之意。敬霞即祭拜水神。在三都水族自治县九阡地区及其毗邻地区人们多以一块似人形的石头为"水神"的化身，世代供奉祭拜。祭祀时段，都选择在水稻栽插结束之后的水历九、十月间，相当于农历五、六月。祭日选择多以水书《开霞》日及卵卜确定。"祭霞"组织多以血缘氏族村社为主。"霞"神石分真"霞"和假"霞"两种，对真"霞"要秘密祭祀，严防被盗以免"粮水受亏"。秘祭时多在祭日子夜举行，公开祭祀则在祭日午后举行。③祭白龙是富源等地水族过的节日，也叫祭天节、祭水口神、祭

---

① 王康，李鉴踪，汪青玉.神秘的白石崇拜：羌族的信仰和礼俗[M].成都：四川民族出版社，1992：28.
② 毛公宁.中国少数民族风俗志[M].北京：民族出版社，2006：949-950.
③ 潘朝霖.猪与水族雨水神"霞"[J].贵州民族研究，1999（1）：73-76.

龙潭、祭坝塘等,在每年农历三月的第一个属蛇日举行。

九、壮族花婆信仰和青蛙崇拜

壮族的民间信仰主要包括自然崇拜、"布洛陀""姆六甲"始祖神崇拜、师公教信仰等。其中,师公教信仰是较为独特的。师公教是一种以壮族原始信仰为主,兼有道教内容的信仰。师公教信徒所信仰的神祇很多,大致可分为四类:师公主神,如梅山派祖师唐、葛、周三元神,以及斩妖除邪的主将赵公明、邓中辛、马胜刚、关云长四大元帅等;道教神祇,如玉帝、三清、真武大帝、九天玄女等;佛教神祇,如释迦牟尼、观音童子等;以及本地土俗神灵,如莫一大王(传说中为壮族古代民族首领)、冯泗(壮族历史上的英雄人物)、五谷娘娘、白马仙娘等。[1]

在壮族民间师公教的神灵系统中,有一位虽然位于普通神系列但是受到人们崇拜的神灵,即花婆圣母神灵。百色市平果市太平镇感圩屯的巴庙山上有一座感圩花婆庙,人们认为世间所有人都是花婆后花园里的花,这些花朵的枯荣开败与人的生死康疾息息相关,所以,有些地方的壮族也称花婆为"送花娘娘""床头婆"或者"花王神"。据学者调查,送花娘娘是壮族的生育之神,已婚妇女会在卧室设立其神位,一般在逢年过节或小孩生病时祭祀,久婚不育的妇女则每年祭一次。前一种祭礼是母亲或抱或牵着小孩,来到神位前烧香磕头,请求送花娘娘为自己的"花"(即小孩)多洒些露水,使其茂盛如初;后一种祭礼则需要请一位生育力强、子女齐全的妇

---

[1] 宝贵贞.中国少数民族宗教[M].北京:中国民主法制出版社,2015:46.

女从山上采摘鲜花一束，插于花婆神位的香炉内，然后让求嗣妇女跪地烧香，采花妇女从花束上摘下一朵鲜花，丢进求嗣妇女怀中，表示求花遂愿，生育有望。旧时，在广西柳城县古碧乡还立有一座花婆庙，每年农历二月十九花婆诞生日，青年男女前往祭祀，对歌谈情。已婚妇女则前往"求花"，祈求早日生儿育女。①

壮族是华南的土著民族，生计方式以稻作农耕为核心。由于壮族是农业民族，而青蛙在田里捕捉害虫，保护庄稼，所以青蛙被壮族人视为图腾加以供奉，每年农历正月间举行历时一个月的蛙婆节，又名蚂虮节。

十、瑶族的盘王信仰

瑶族主要分布在中国的广西、湖南、云南、广东、贵州和江西等省区。瑶族支系众多，称谓繁杂，根据瑶族的自称、他称和习俗信仰，习惯把瑶族划分为盘瑶、布努瑶、茶山瑶和那溪瑶四大支系。受居住地域限制，多数瑶族至今仍保留着原始的狩猎、捕鱼和农耕文化。

盘王，即盘瓠，是瑶族神话传说中的始祖。传说瑶族祖先盘王建国有功，国王将公主许配给他，才繁衍了世世代代的瑶族，所以，各地瑶族都敬奉崇拜盘瓠。《瑶经》中也说瑶族先民漂洋过海迁徙，因受到盘王神灵的保护平安到达，从此每年要还良愿以答谢盘王之恩。在瑶族民间，各地纪念盘王的"盘王节"时间不一致，有的年年举行，有的三五年才举行一次。时间短的要3天，长的要

---

① 杨树喆."花"为人魂观与壮族民间师公教的花婆圣母崇拜[J].民间文化，2000（C2）：24-26.

7天。通常在冬季农闲时举行。有的数村寨联合举行，有的单家独户举行。[①]纪念盘王的主要内容包括跳长鼓舞，唱盘王歌、历史歌、爱情歌，放花炮等。其中，诵经作法祭祀盘王、跳盘王舞、唱盘王歌是必备的项目。除了盘王节，瑶族人也常在有灾之年或隔若干年就要举行盘王还愿活动，届时师公、道公诵经作法，杀牲祭祀盘王以及神农、伏羲、玉帝、三清、三元、祖师、灶王等诸神。[②]

十一、侗族的"萨"崇拜

侗族生活在中国湘黔桂交界之处，没有形成统一的宗教信仰，民间信仰以原始宗教为主，自然崇拜极为普遍。侗族民谚说："老树护村，老人管寨。"在侗族人看来，山、水、花、草、鸟、兽、风、雨、雷、巨石、太阳、月亮、土地、树、洞穴，甚至对生产生活影响较大的桥梁、井等，都有某种神秘的力量在操纵，从而将它们视为神灵并加以崇拜。

在侗族所信仰的各种神灵中，"萨"最大。"萨"是侗语的音译词，原是侗族对祖母的称谓，她被视为侗族的女英雄、女始祖，具有至高无上的权威。萨又称"萨岁""萨玛""萨灯"等，意即大祖母或始祖母、曾祖母、太祖母、先祖母等，是一个具有普遍意义、集合性质的抽象概念，是侗族对崇拜的女性神灵的代称。侗族认为"萨"是创造人类的始祖神，在侗族的《古歌》里，记录了人类的始祖"萨敏"用孵蛋的方法创造人类的故事。"萨"也是侗族的民

---

① 张泽洪. 瑶族宗教信仰中的盘王崇拜[J]. 广西民族大学学报（哲学社会科学版），2010（6）：10-16.
② 毛公宁. 中国少数民族风俗志[M]. 北京：民族出版社，2006：513.

族英雄,据传说,她带领侗族人抗击土匪的抢掠,后跳崖牺牲,化为石人。侗族为纪念她宁死不屈的英雄精神,将其尊为"萨",并立"萨堂"祭祀。"萨堂"又称为"安殿",即先祖母"萨"住的屋。侗族祭祀"萨"有固定的时间,最隆重的大祭典是每年农历三月三。同时,人们认为"萨"能驱邪攘灾,保境安民。所以,常把她视为使侗族兴旺发达的保护神,大凡生产生活中的大事、琐事都要祈求她的护佑。新建村寨,必先安萨堂。除了至高无上的"萨"以外,侗族还崇拜管天的"萨天巴"、管乡村的"萨乡"、管树林的"萨树"以及偷魂的"萨丙",这些都是女性,可见在侗族的神灵崇拜中,女性神灵占据显赫的地位。①

十二、仡佬族的竹崇拜

仡佬族是贵州的土著民族,人口不多,大多居住在山高路险、交通不便的边远地区。"仡佬"意为"竹"。仡佬族视竹子为他们生命的源头,各地仡佬族人的房前屋后几乎都种着竹子,很多仡佬族人聚居的地方都立有竹王祠,每逢重要节日都要来此祭拜。

据《华阳国志》记载,很久以前,一濮人女子在江边洗衣,从水中漂来的竹筒中救出一小孩儿。女子将其抱回家中抚养,并为小孩儿起名为李竹。李竹长大后以竹为兵器,神武无比,当上了夜郎王,长期保境安民,后人敬为"竹王神"。竹,不仅是民族起源,也是仡佬族生活中不可或缺的一部分,竹笋可食,竹篾可用来编织,竹竿可制作成兵器或修房造屋、做筏渡河等。人们生活处处都离不

---

① 张世珊,杨昌嗣. 侗族信仰文化 [J]. 中央民族学院学报(哲学社会科学版),1990(6): 56-58.

开竹,连生病都是熬苦竹水喝。①

仡佬族聚居的道真仡佬族苗族自治县一带,妇女生育后,要将胎盘在夜深人静时由其丈夫或姐妹置于竹笼里,深埋竹林中,以求竹神护佑孩子健康成长,长命百岁。修房造屋时,要到竹林中砍竹划成篾条,扭成"大缆",在立房子时做拉绳用。在砍竹时要祭祀竹神,立房子在用"大缆"时,也要祭祀竹神。家族祠堂及墓碑上要刻上"拜竹图"。贞丰县皎贯村的仡佬族人家在祭祖时,必于神龛上放置一只竹筒以示祖宗灵位。仡佬语称此竹筒为"母窅"。他们视竹为有灵气之物。每年除夕要砍下一根竹子,在它的每一节割上一道口子,放入一种农作物种子,再逐节灌以清水,等到正月十五将竹剖开观察,看哪类种子发胀得好,当年就多种此种作物,可见仡佬族人对竹的崇敬与信仰程度之深。②

由西南地区少数民族的文化活动可以看出,岁时节日是民族文化最集中、最鲜明的体现。中国少数民族的岁时节俗更是与民间信仰紧密结合在一起,如白族的"三月街"与观音信仰有关,瑶族的"盘王节"是为了纪念瑶族祖先盘王,壮族的花婆节则是为了供祭花婆神。中国作为一个统一的多民族国家,少数民族的信仰也多种多样,既有信仰传统宗教的,如佛教、伊斯兰教和基督教等;也有一些少数民族有原始民间信仰,如动植物崇拜、图腾崇拜和祖先崇拜等。宗教和民间信仰也出现相互交融的情形,很多少数民族地区在保持本民族信仰的同时,也受到中原儒道传统文化和传统宗教的

---

① 余群.仡佬族民间信仰之源再探[J].大理大学学报,2016(5):20-23.
② 周小艺.中华民族全书:中国仡佬族[M].银川:宁夏人民出版社,2012:224.

影响，如道教在瑶族、仫佬族、壮族、土家族、白族、阿昌族、毛南族等少数民族中有广泛的传播，南传佛教对西南少数民族的影响，以及伊斯兰教对西北少数民族信仰的影响。总体而言，根据少数民族的信仰状况，大体可以将其划分为以下几个信仰圈层，即东北萨满文化圈、西北伊斯兰文化圈、青藏高原藏传佛教文化圈、云南西南部少数民族南传佛教文化圈，以及东南和西南少数民族原始宗教文化圈。①

在历史的长河中，中华多民族共生共享、互动交往，描绘出了多元一体、向心凝聚的中华民族民间乡村信仰和岁时节日的多彩图景。在其中，充分展现出以下几方面的文化特征：

其一，中国各少数民族民间信仰的复杂性与多元性。

中国有56个民族，在每个民族内部其信仰也是纷繁复杂的，大多数民族的信仰具有"万物有灵"和"多神崇拜"的特征。这种多样性，首先指包罗万象的崇拜对象，如人们的信仰对象涉及自然天体、自然物、自然力、动植物以及神鬼灵等。其次表现在某一种崇拜对象的多样性上，如蒙古族崇拜的"腾格里"据说就有上百个。最后还体现在崇拜对象的多样神格和多样神性方面。

在少数民族的民间信仰中，情况更为复杂，既有传统宗教的信仰，又存在民间的多神信仰，这些信仰既是历史上各民族文化相互交流交融的产物，也是受中国传统信仰影响的结果，具有复杂性和多元性。

其二，少数民族民间信仰对岁时节俗的影响。

少数民族民间信仰与其岁时节俗有着深刻的联系。以满族为

---

① 李德成.少数民族信仰[M].北京：中央民族大学出版社，1994：2-5.

例，祭祀是萨满信仰的重要活动，同时也是满族岁时节俗的重要内容。具体而言，满族在过春节时，一般会在年三十下午把家谱和祖宗影像悬挂起来，将各类供品摆上。到亲友家拜年，进门也要拜主人家的祖宗影像之位，再给其他长辈拜年。这实际是萨满教的祖先崇拜在春节中的体现。再如，因为老虎是萨满教崇拜的动物神之一，被奉为山神，因此满族的山神爷是一只戴着草帽的老虎的形象。每年的三月十六是山神爷生日，满族乡村的人，尤其是猎户、参户要去山神庙上供、烧香、祭酒、挂红等，这也是萨满教的动物崇拜信仰对满族节日的影响。①

其三，中国少数民族的民间"村落"的多姿多态。

中国少数民族人口虽少，但分布较广，民族自治地方行政区域的面积更是占全国总面积的约64%。各少数民族除主要聚居在内蒙古、新疆、宁夏、广西、西藏、云南、贵州、青海、甘肃、四川、湖南、湖北、吉林、辽宁、黑龙江、海南、台湾等17省、自治区外，还有一部分人口散居在全国各地，呈现出大散居、小聚居、交错杂居的特点。因为少数民族地区地广人稀，且多数位于边疆地区，所以住处资源丰富，有天然牧区和丰富的动植物以及水资源，人们多以采集、狩猎、畜牧、游牧以及农业为生，在其内部也未出现完整的传统汉族村落的形态，而是形成了独具特色的人群聚集方式。以信仰伊斯兰教的各少数民族为例，其居住格局是以清真寺为核心的寺坊结构，其社区本身包含了以宗教文化为中心并融合血缘与地缘特征的要素。以渔猎生产和饲养驯鹿为生的东北地区少数民族鄂温克族，其祖先原住在贝加尔湖以东和黑龙江上游的山林中，没有

---

① 李岩，张春阳.萨满教对满族岁时节俗的影响[J].通化师范学院学报，2008（9）：56-58.

固定的住所，近代因为从事畜牧业生产，鄂温克族才与蒙古族、达斡尔族、鄂伦春族等民族的人交错杂居于大兴安岭西侧缓坡和草原地区，过着放牧的生活，简易搭建的"撮罗子"是他们的传统民居。中华人民共和国成立前后，党和政府动员东北少数民族下山定居，择地建村，才逐渐形成民族乡和村落。再如满族的"八旗"、傣族的"勐""曼"等。因此，在理解少数民族"乡村"时，研究者也需考虑少数民族人民在长期历史发展中形成的独特的人群聚集单位和居住格局，有助于理解其民间信仰。

其四，人类学视野下中国少数民族乡村信仰的实践智慧。

功利性被公认为中国民间信仰的特征，也被看作是形成民间信仰"万物有灵""多神崇拜"的重要原因之一。该观点认为在人与神之间存在需求与满足、祈求与还愿的功利交换，人们用崇拜的各种手段与崇拜对象进行利益上的互换酬答。各种超自然力是人们拜求讨好的对象，不同于一神教信仰表现出的伦理道德崇拜和精神完美追求，人们对民间信仰中的各种鬼神不是用"爱"，而是用香火与供奉换取可以得到的福与利，即"民间信仰始终以最实际的功利要求作为崇拜鬼神的一把尺度，来调节人与众鬼神之间的关系"，人甚至根据自己的功利需求，强行给他们崇拜的神灵增加职司，或者直接增加与需求有关的崇拜对象。①

这种"功利性"已经占据了解释民间信仰的半壁江山，成为人们所"诟病"的民间信仰的显著特征。在少数民族民间信仰中，表面上可以看到人们似乎是基于功能性实用的目的崇拜神祇，但深入实际，民间信仰所呈现的也是人们如何在智识层面处理经验和超验

---

① 乌丙安.中国民间信仰[M].上海：上海人民出版社，1995：4-14.

的问题，也揭示出扎根历史与社会生活的深厚实践智慧的根基。以东北萨满信仰和彝族祖灵信仰为例，人们从感知到痛苦和不幸出发，通过智识归因揭示出人与世界、社会与超自然、生与死之间的关系，并在这一过程中建立了覆盖人类、家畜、生计、生态环境、自然和社会的体系，从而将人们的生存、智识、情感、社会及历史实践融为一体。这是民间信仰中"民"的智慧，也是"信仰"之为人类社会文化实践行为的根本意义所在。充分研究、传承中国乡村民间信仰中富于高度伦理价值意义和实践智慧的优秀传统，是当代弘扬中华优秀传统文化重大历史使命的重要组成部分，具有重要的理论意义和实践意义。

第 三 部 分

中国传统村落
文化抢救与研究
（非物质文化系列·融合出版含视频）

Chinese Traditional Villages
村落

中国乡村传统岁时民俗
与民间信仰的传承、
保护与活化

第十二章
中国乡村传统岁时民俗与民间信仰的传承

第一节 泽被众生：个体与社群的护佑与永续

中国的民间信仰受"万物有灵""万灵有神"观念的影响而产生，且在不同群体间体现出内容丰富、形式多样的特点。在乡村，从个体生命周期的神灵祭拜到宗族社会的祖先崇拜再到华夏子孙的共祖敬拜都较为常见。乡村社会正是通过一系列祭拜活动，以求得人丁兴旺、和谐美满、平安健康。本节从乡村的民间信仰对个体生命周期的护佑延展到对多民族的凝聚作用，讲述民间信仰在个体、宗族社会以及多民族间是如何发挥自身重要作用的。

一、趋吉避凶：个体生命周期神灵护佑

生老病死是人生的自然规律，人人都会经历。本小节主要讲述个体生命中最为重要的三个周期：生育、婚姻、死亡。这三个周期的到来在乡村社会最为引人注目，因为对于村民来说，必经的这几个周期能否顺利，全靠神灵。神灵信仰是他们的精神需求、心灵寄托，它代表着一种超越自然的力量，需要动员所有相关人员，举行一系列仪式，从而将美好愿望、内心诉求寄托于神灵。人们坚信，只要虔诚祭拜就一定会得到护佑。

（一）生育

在乡村社会，当人们面对神秘而不可控的事件时，心中便会产生敬畏与崇拜。对医学不发达的乡村社会来说，生育正是一种神秘而不可控的危险事件。这种危险，一方面表现在母体本身的危险性，另一方面表现在婴儿的成活率极低。因这两类危险的存在，乡村民间关于生育方面的种种信仰与禁忌随之产生。[①]

在中国古代，乡村民间流行拜神求子，且信仰的生育神灵呈现出从种类单一到种类繁多的特点。在先秦时期，村寨中信仰的生育神灵种类极其单一，只有高禖与九子母；到了唐宋时期，生育神灵的种类逐渐增多起来，出现了送子娘娘、碧霞元君、张仙、顺天圣母、妈祖等；而到了明清时期，更多神灵被赋予了主管生育的职能，当中最为有名的当数广东一带民间的送子女神——金花夫人。[②]

每年正月十五当天，安徽凤台县村寨都会举行祭拜"三奶奶"以求子的活动。"三奶奶"被当地人称作"送子奶奶"，每到正月十五大家都会集中到"三奶奶"庙中，进行祭拜仪式。凤台县村民信奉的"三奶奶"并不是指一个神，她是大奶奶、二奶奶、三奶奶的合称，都是当地村民崇拜的生育神。

正月十五当天，祭拜者们很早起来，就开始走庙会。这其中，多数祭拜者都是来求子的，当地人称为"请娃娃"。娃娃都是泥人，分不出性别，制作也并不十分精细，只是有娃娃大概的形状轮廓，并将其包在红色的布里头，来祈子的祭拜者根据自己的实际情况，

[①][②] 石丽璠.我国女性生育相关民间信仰研究[J].黑河学刊，2013（2）：188-189.

图 12-1　金花夫人神像

出钱"请娃娃";待家中女子得子之后,再等到来年的正月十五,带着之前求子的泥娃娃,来到三奶奶庙中归还,归还后的泥娃娃又有了新的称呼,叫"热娃娃",寓意更加灵验。热娃娃由庙中的神灵继续保护,等待祈子的祭拜者将其请回家生子,如此循环。祭拜"三奶奶"的传统习俗流传至今。①

在广西感圩屯村落流传着花婆诞祭祀仪式，村民通过举行祭祀仪式祈求花婆赐子。花婆诞祭祀仪式已经在当地形成了一种具体的操作仪式，一次次的信仰仪式更是加固了花婆在村民心中的地位。

相传花婆生在农历二月十九，每到这个日子，广西壮族民间以村落为主体举行花婆祭祀仪式。仪式十分隆重，仪式主要由不同群体的分工与合作来完成。每年屯里的几个大队轮流负责，仪式一般会持续三天，且过程复杂。在仪式前一天，村民便相约上山，为仪式做各种准备：妇女负责用鲜柚子叶煎煮热汤将花婆塑像清洗干净，男人们则负责修整上山的石阶、在庙门前的下一层台地上垒灶架锅、淘米切菜、准备斋饭、清除路边的杂草、砍刈周边的乱树等，随后神职人员入场开始挂神符、贴符箓、抄表文、立神牌，在庙屋内和屋外同时布法，一系列法事结束之后，主祭人家男主人将花婆神像抱于轿中开始神像巡游，等神像巡游仪式结束后，祭拜仪式才算真正结束。②

（二）婚姻

福、禄、寿、喜、财是中国乡村俗称的五福，而五福之中的"喜"一般指的就是"婚庆"。对痴迷于敬拜"各路神仙"的乡村社会来说，除"喜"之外都有具体的神可供人们祭拜，婚庆所对应

---

① 徐艳.安徽沿淮地区乡村祈子习俗研究[D].合肥：安徽大学，2013：21.
② 张秋伟.广西壮族生育神信仰文化研究——以感圩屯花婆信仰为个案[D].桂林：广西师范学院，2018：13-15.

的"喜"则没有具体的神灵，这主要与"喜"的字形有关，即"喜"从吉，而"吉"为吉利、吉祥。由此，乡村民间将喜神也称作是吉祥神，表达了希望趋吉避凶、追求喜乐、婚姻和谐美满的美好愿望。喜神有着多种面孔，有将月亮作为喜神来祭拜的，也有祭拜和合二仙的，还有祭拜月下老人的。

"月老"是月下老人的简称，是我国神话故事中的婚姻之神。月老的说法最早起源于唐代，在唐人李复言的传奇小说《续玄怪录·定婚店》中记载：杜陵人韦固多次求婚不成，便住在店中，有天晚上看见月下有一老人手拿一个包和天下定婚牍，韦固前去向老人讲述了自己的求婚情况。老人说："你媳妇现在只有3岁，到了17岁才能嫁与你，我包里装有红绳，我将一头系在你脚上，另一头也已系在女孩脚上，长大后即使天涯海角或是仇敌之家也会牵到一起。"之后，老人领着韦固来到菜市场，指着一个卖菜老太婆怀中的3岁丑女说"此君妻也"，韦固见了大怒，指使家奴刺中丑女的眉心。14年后，韦固娶了刺史王泰17岁的女儿，那真是美丽绝伦，且眉间贴一花钿，婚后，女子告诉韦固，自己是刺史养女，父母双亡，乳母依靠卖菜将其养大，在其3岁之时，还被狂徒刺中眉心，留下疤痕的事情。①"千里姻缘一线牵"的俗语正出自这里。自此以后，"月下老人"就成了我国民间敬仰的媒神。

月老信仰在乡村社会仍有延续，其形象已深入人心。从最早的出现于文本中的一位手握红线、慈眉善目的老人，到后来被世人供奉于许多祠庙的月老都保持着这一最初的形象。拜月老的方法因各地风俗不同而有所差异。无论是月神崇拜、和合二仙崇拜，还是月

---

① 秦永洲.中国社会风俗史[M].武汉：武汉大学出版社，2015：278.

老崇拜，都承载了乡村百姓对幸福婚姻、美满家庭、团圆平安的热切渴望。

（三）死亡

在乡村民间信仰中，死亡意味着灵魂将要去往另一个世界。对于笃信"万物有灵""灵魂不死"观念的村民来说，离世并不意味着一生结束，而是新的开始，即从"阳世"转换到了"阴世"。因而，人们非常注重葬礼前前后后的仪式与禁忌，为的就是使死者能够顺利地到达另一个世界，开始新的旅途。丧葬成为人生礼仪中重要的一环。

在初丧阶段，也就是指死者病重到初死这一时间段内，亲属按照一定的程式规则对死者实施一系列举措。不同地区不同民族的初丧习俗虽有不同，但都是在神灵信仰的影响下，通过举行具有地方、民族特色的丧葬仪式，向逝者表达自己的虔诚与对其的敬重。举行葬礼的时候，一些汉族乡村，人死后亲人会立即披麻戴孝，因为人们认为披麻戴孝是一种通过改变装束吓走鬼神，以防他们伤害家人的做法。在壮族村落中，人死后，村民则会用麻绳将一小块生麻皮捆在手腕处，直到麻皮烂掉，以显示孝心的持久。丧葬结束后，家属会在清明节、中元节、下元节、周年等重要节日举行祭祀活动，以此来消除灾害，安抚死者的灵魂，祈求神灵护佑。丧葬实则是生者根据自身信仰对死者采取的一种亲情义务的表达。不同地区、不同民族的丧俗各有差异，这主要是与他们灵魂不死的信仰有着密切联系。

对深受灵魂不死观念影响的乡村社会来说，个体的整个生命周期，包括他从出生、结婚生子到死亡，神灵都是伴其左右。这一生命过程是否能顺利度过，全看个体是否足够虔诚。只要虔诚地祭拜神灵、向神灵诉说、充分表现自己对神灵的敬拜，神灵必会如你所愿，护你周全。也正是这样的观念，使得乡村民间衍生出各种各样的神灵，以及复杂多样的祭拜仪式。

二、宗族同源：宗族社会与宗族信仰

（一）宗族社会的产生和发展

涂尔干提出"人类社会必须要有一个共同的符号，因为只有这样才会增强群体的凝聚力，否则社会就会像一盘散沙一样"①，先民在自然与生存带来的双重压力下，逐渐认识到团体力量的重要性。组成一个团体需要一个核心的信仰，而祖先崇拜成为首选的信仰。由此，宗族社会应运而生。

宗族社会大致经历了孕育、产生、发展和极盛四个阶段。

孕育阶段：在原始社会的氏族时期，我国就已出现氏族社会。氏族社会是最小的社会单位，与宗族社会有所差异。宗族社会介于家庭与国家之间；氏族社会成员无论是在政治还是经济都处于一种平等的地位，而宗族社会中，政治、经济等一些大事的决定权，一般都在地位显赫之人手上；氏族社会内部的生产、消费都是由氏族成员共同来完成的，而宗族社会的主要作用是调节成员间的关系以及组织宗族成员进行祭祀祖先等活动。②

产生阶段：在夏商周时期，为了使王权在宗族内部世代传袭，

---

① 梁漱溟.中国文化要义[M].上海：学林出版社，1987：69-72.
② 朱仲玉.中国人崇拜祖先的传统[M].上海：上海文化出版社，2003：17.

夏的统治者通过武力实行了世袭制。与此同时，夏与商的统治者都将宗室子弟分封到各个地方，建立自己的世袭领地，形成了若干的宗族。到了西周时期，出现了与分封制互为表里的宗法制，周天子既有统治天下的大权，又有主祭的大权。因此，夏商周时期，宗族崇拜的意识非常浓厚。

发展阶段：秦至南北朝时期，宗族享有政治、经济特权，权势大者甚至可以操纵政局。

极盛阶段：隋至清时期，科举制度的实行，使得越来越多普通的地主有机会参政。在这个时期，人们的宗族观念增强，他们通过建立宗祠、修族谱、祭拜祖先等方式来维系自己的宗族。

综上可知，中国的宗族社会产生较早，且随着时间不断地发展，并且多会采取修族谱、建宗祠、祀奉祖先等方式不断巩固自己的宗族。

（二）宗族组织与信仰仪式

据《白虎通义》载："宗者，尊也，为先祖主也，宗人之所尊也。"[①] 由此可知，宗族与祖先崇拜是相辅相成的，它们之间有着十分密切的关系，祖先崇拜能够得以生长也是由宗族社会的长期存在与兴盛作为保障的。不论古今，人们都会通过自己的方式表达对祖先的崇敬。最为常见的祖先祭拜包括祠祭、墓祭，以及家祭。

1. 祠祭：福建乡村祠祭

祠祭是在祠堂祭拜祖先的一种仪式。

福建乡村举行的祠祭仪式讲究较多，也较为隆重。在祭祀前

---

① 朱仲玉.中国人崇拜祖先的传统[M].上海：上海文化出版社，2003：22.

一天，主祭人和执事人要先前往祠堂，将祠堂里外清扫干净，并布置厅堂，摆放好各种祭祀用具。其中执事人包括陪祭、读祝、引赞（即司仪）、执爵、司鼓等，这些人都是从家族男丁中选出来的。因受族里宗法的规定，主祭人选只能来自家族宗子，也就是嫡传长子。当然后来人们心中嫡庶之分逐渐淡化，能力和地位取代了嫡庶的条件。祭拜当日，大家要早早起来装扮自己，换上整洁的衣裳，主祭人更是要盛装打扮。时辰一到，仪式立即开始，鸣鼓而入祠，引赞引导族亲按照性别、辈分分别站好，然后，先由执事者点燃所有香烛，并将所有祭品摆上供案。祭品因地而异，但肉食类的完整的猪、鸡、羊等，以及应时水果、糕点、酒是必不可少的。随后，引赞引主祭人洗手，洗毕，通赞高唱"迎神"（也叫参神）并打开大门，取出神主牌，欢迎神灵的到来，鼓声齐鸣，主祭人上香斟酒，灌茅（即把酒洒于茅沙之上），一跪三拜，平身后在通赞的高唱下开始行古代的三献礼。三献礼包括二十几个步骤，首先通赞唱，行初献礼，击鼓三通，主祭人走到神位前，接过执爵者手中的爵，献于神案，行三叩礼，在场宗亲一起跪拜、平身，读《祝文》（主要是赞颂祖先功德的）；读毕，击鼓三通，行亚献礼，主祭人献爵、敬酒、敬馔，行跪拜礼，平身；击鼓三通，行三献礼，退盏；主祭人再次献爵，行跪拜礼，平身；奏乐侑食，执事者将神牌前的酒斟满，进羹、进饭、进茶；击鼓三通，献爵完毕；最后"饮福受胙"，主祭人站在香案前，跪拜，诵《嘏辞》。①

2. 墓祭：广西壮族"三月三"

中国古代墓祭的行为起源于先秦时期，至唐宋则由国家祭祀

---

① 郭志超，林瑶棋.闽南宗族社会[M].福州：福建人民出版社，2008：177-178.

转变为民间习俗。其重要性在于将同姓人员纳入同一个宗族组织中。①

明清时期的徽州宗族对墓祭十分重视。祭祀仪式分清理茔域、祭拜、分胙等步骤。清理茔域是墓祭的首要任务,在墓祭前宗族组织会先派成员到墓地巡视,检查周边树木是否被人砍伐、偷盗。如果祖茔有倾颓的现象,必须即刻进行修补,然后斩除荆棘,清理茔域;祭拜过程比较隆重,不仅要跪拜、上香、献酒,还要读祝文;为了与祖先神灵共享,祭拜祖先的祭品在祖先的灵魂飨食之后,会在族内进行分配,到场者都可得到实物,不到者不分胙。②

壮族农村地区称墓祭为"拜山"。拜山对于壮族来说是表达他们对祖先灵魂思念之情的方式,有利于凝聚宗族子孙,同时可以展现一个宗族的兴衰荣辱。壮族墓祭的仪式并不复杂,他们将三月三定为拜山日。这一天,各户人家都会带上"三牲"、五色的糯米饭等祭品,跋山涉水来到祖先坟前,为祖先扫墓。男人负责用镰刀、铲子等工具清除墓地周围的杂草和垃圾,给坟培土,并把挂着纸质铜钱串子的竹标立在上面。女人和孩子则负责点蜡烛插香,将祭品按次序摆放在墓前。一切准备工作就绪后,由辈分最长的人带领着其他人给祖先敬酒敬茶,向祖先汇报这一年发生的大事情。接着,众人依照辈分分别向祖先行叩拜礼,同时要默念"各位祖宗请来吃饭喝酒,请保佑子孙后代平安顺利"等主祷词。祭拜结束后,开始焚烧纸质祭品,以示将其"送"给先祖。祭品烧尽后,人们会留下响彻山野的一串鞭炮声,意味着仪式的结束。参与祭祀的人会

---

① 刘巧莉.构建、维系与组织化:明清时期墓祭对华北宗族的影响探析[J].西南大学学报(社会科学版),2018(6):171-178.
② 陈雪明.明清徽州宗族墓祭仪礼[J].宜宾学院学报,2013(11):95-100.

图 12-2
广西壮族"三月三"
疫情期间举办的"网上歌圩"活动
(图片来源：李菲 摄)

一同享用祭品，有些会围坐在墓边而食，有些则会带回家中烹过再食。① "三月三"也演变为壮族最具代表性的传统节庆活动，尤其以"三月三"歌圩的大规模民间对歌集会活动而闻名全国。

---

① 黄晓文. 生计转型与祭祖习俗的变迁——基于一个壮族村落社会生活的田野考察[D]. 南宁：广西民族大学，2020.

3. 家祭：杭州"请阿太"

家祭一般是在墓祭之后，在家中进行祭祀祖宗的习俗。

杭州富阳农村地区对祖先祭祀的俗称是"请阿太"。"阿太"是祖先的意思。富阳农村请阿太仪式比较简单。祭拜之前，先把堂前打扫干净，正中外半间摆方桌，祭祖的桌子要横摆，竖摆一般是用来请菩萨的；朝向大门的一面不摆放凳子，其余三面各要摆上一张长条凳；桌子上摆放一副烛台，中间放香炉，桌子上还要摆放菜肴、糕点、水果，左前角放一壶酒，一般都要放黄酒，然后三边放上六只盅、六双筷，摆放的供品有禁忌：不得出现桃、梨、苋菜等，其谐音有逃、离、喊之意，牛肉一般也不能上桌；准备工作结束之后，就可以倒酒、点烛。当家人点上香，虔诚地拜三下，也有手持点燃的香烛到门外请阿太进屋后才开始祭拜的；在拜的同时，口中还要边说着"今天是清明节，吃得着的阿太都来"；如果住所是出租屋，或是出嫁的女儿仍住在娘家，那么无论是祭祀自家或是夫家先人，都要在点香后先朝大门拜三下，把香插在大门上，先敬过大门菩萨，祖先的灵魂才会被放进来；村民认为香灰落地，就代表着阿太们已进屋来，家中人员会轮流祭拜，小孩也会被大人扶助跪拜，同时说些保佑之类的话。这一仪式结束后，盛上三碗饭，一边放一碗，也有放六碗的，然后斟三回酒后，就可以开始焚烧纸钱了，有的在桌前堆上两堆焚烧，有的是根据请的阿太数来准备堆数，依照辈分大小依次点燃，献给祖先在阴间享用。①

宗族社会便是通过以上几种方式实现宗族的构建、延续与组织化。其中祭祀活动在聚集族人、管理族人以及实现从祖先认同转化

---

① 陈志荣.富阳区非物质文化遗产大观：民俗卷[M].杭州：浙江文艺出版社，2016：107.

为宗族认同的过程中发挥着重要作用。

三、华夏共祖：神祇信仰凝聚与认同

中国自古就是一个多神信仰的民族，多神信仰的特点尤其凸显于乡村地区。从古至今，乡村各民族的活动范围不断扩大，各族信仰间的接触日益频繁，乡村以一种更为开放的态度，将不同于自己民族、自己信仰的其他民族、其他信仰纳入自己信仰之中，使其成为自己信仰的一部分，这正体现了一种多元求同的文化认同思想。

（一）图腾崇拜与创世神信仰

在远古时期，中国乡村各民族保持着自己民族的语言、信仰和

图12-3
故宫建筑装饰浮雕龙纹
（图片来源：李菲 摄）

图 12-4
凉山彝族女性银饰
凤纹头冠
（图片来源：李菲 摄）

习俗。后来，为了各自的生存和利益，各民族间不断发生着大大小小的斗争，斗争间接促进了各族间的相互往来，在不断接触的过程中，各民族逐渐趋于融合，呈现出你中有我、我中有你的多元结构现象。华夏民族的图腾崇拜与创世神信仰充分体现了这种多元结构现象。

1. 图腾崇拜

"'图腾'一词，最初源于北美印第安人鄂吉布瓦氏族的方言'Totem'，意为'他的亲属'。"①原始社会，图腾也是人们祭拜的对象。除了四海传颂的"龙的传人"以及作为至高皇权象征的龙图腾，

---

① 玉时阶.壮族民间宗教文化[M].北京：民族出版社，2004：34-35.

华夏先民的原始图腾崇拜还包括凤鸟图腾、熊图腾、虎图腾、牛图腾、蛇图腾，等等。这里简要介绍虎崇拜和凤凰崇拜。

（1）虎崇拜

虎崇拜是中国乡村社会历史悠久、影响深远的重要崇拜形式。虎崇拜的历史在东汉民俗学家应劭的《风俗通义》中有记载，其可追溯到汉代。在汉代，每逢除夕过年之时，村民就会在门上画一对虎形，用来祛灾。

中国的道教也十分尊崇虎，在道教观念中虎是护法神的存在。在道教信仰中虎被认为是土地爷的坐骑，土地庙中也必定会供奉虎的神像。另外道教信仰的很多形象的坐骑都为虎，比如财神赵公明、张天师、西王母等。

图 12-5
彝族毕摩法器上的神虎、神鸟与神蟒
（图片来源：李菲 摄）

在彝族村落中，毕摩①认为彝族是由虎变的，如果有人去世必须要火葬，只有火葬才能助死者灵魂还原为虎。彝族对虎崇拜还体现在祭祖过程中。彝族在祭拜祖先时，会将一张虎皮披在祖灵神像上。在祭祖仪式上，如有虎皮，毕摩也会将其披在身上；如果没有，一般会用画在布上的虎皮来代替。

珞巴族的虎崇拜是其图腾崇拜的一环。在珞巴族村落，博嘎尔、崩如、苏龙和迦龙等部落都会举行祭虎仪式。珞巴族人在行猎过程中若误伤老虎，误伤者会请巫师来主持祭虎仪式，全氏族的人都会来参加。首先在误伤者家里设置一个虎的灵堂，供奉虎头骨以及用竹编成的虎身，由巫师昼夜祷告，并供奉牛头、猪肉、鸡等酒食。在送灵那天，误伤者要头戴竹编孝帽，将竹条编织的孝绳系在腰际，与家人列队守灵致哀。随后，误伤者将虎头骨和竹编的虎身背在身上前行，一边挥舞着手中的刀，一边呐喊着前进，直至将虎的灵魂送到设在村外的特定地点，以此表示将虎送还于大自然，仪式才算结束，一般持续3—9天。仪式还要宰杀牲畜，所猎的虎肉，部落全体女性和误伤者家中的男性不可食用。②

（2）凤凰崇拜

凤凰崇拜是对鸟崇拜的继承和丰富，是由各民族根据各自的图腾不断幻想和加工而来。王维堤在《龙凤文化》一书中指出："凤是传说中的神灵，'凤'的原始形象当然就是鸟，是鸟的神化、美化、理念化。"③

如今，在畲族乡村，传统观念中的凤凰崇拜就表现于日常生

---

① 彝族传统宗教中的祭司。
② 王玉平.珞巴族[M].北京：民族出版社，1997：84.
③ 王维堤.龙凤文化[M].上海：上海古籍出版社，2000：69-70.

图 12-6 畲族女性服饰"凤凰霓裳"
（图片来源：李菲 摄）

活。如畲族女性的发饰装扮"凤凰髻"、服饰装扮"凤凰装"等。① "凤凰装"也是畲族审美意识、民族信仰的集中体现。住在潮州凤凰山山区的畲族女性的装束就像一只美丽动人的

---

① 李凌霞，曹大明.畲族的凤凰崇拜及其演化轨迹[J].三峡论坛（三峡文学·理论版），2013（3）：46-49.

凤凰，用红头绳扎成的发辫在脑后盘成凤髻状，衣领、衣袖、衣边都绣起美丽的花纹，象征凤衣和凤凰的翅膀。半腰上束着一条腰带，腰带向后扎，两端向下飘垂，末端也有花纹和丝穗，这象征着凤凰的尾巴。并且人们可以从妇女们的装扮中区别她们年岁的大小。一般有小凤、大凤、老凤之区别，小凤是指未成年和未婚的女性，她们的凤髻又小又圆，凤衣和束带上的花纹也不是很宽；大凤是指结了婚的妇女，她们的头髻很高，凤衣上的花纹绣得又宽又多；老凤便是指老年的妇女了，她们的头髻扎得很低很小，凤衣和腰带一般也都会选择颜色淡而稀少的。[①]因此，"畲族的凤凰装承载了他们的民族精神，达到了从深处理解到外在表象铭记本民族文化根源和始祖崇拜的意愿"[②]。

2. 创世神信仰

随着人们控制自然的职责和权力的扩大，操作自然物、超自然物的权力和职责也进一步扩大，使得自然崇拜对象逐渐演变为拥有更高神性、更大权能、更加人化形象、更有力量的自然神。中国远古时期，乡村社会信奉神灵较多，家喻户晓、常被提及且人们虔诚崇敬的主要是创世神女娲与伏羲。

（1）女娲

相传，女娲每天能变出七十样东西，因而人们把女娲当作是万物的创造者，是创世神。山西黎城县西顶山女娲祭拜仪式十分隆重。西顶山的百姓每年农历三月十五都会为女娲娘娘举行生日庆祝的仪式，在三月十五到来之前，百姓会自发来到娲皇庙，将其打扫干净，

---

① 刘志文.广东民俗大观[M].广州：广东旅游出版社，1993：18.
② 方泽明.传承与涵化——近代以来闽浙粤赣畲族服饰研究[D].福州：福建师范大学，2016.

同时准备好做饭的食材、餐具，庙会上的商市也已早早摆好。等到了三月十五这天，百姓会早早来到女娲庙里，帮着管事者做些准备工作，男性清理庙院，整理祭拜活动会使用到的乐器和工具；女性帮忙准备做饭食材。大约到八点信众在院中排成两列，开始祭拜活动，神职人员带领大家站在神像前，两名彩女将准备好的供品放在祭坛上，主要包括水果、饼干、面类食品，等到中午十二点左右正式开始祭拜活动。①

时辰一到，鸣炮人员准时放炮，三声炮响后民众站在值日官后面，所有人员有序烧香，准备接下来的活动；"逼柳棍"手持柳棍走在祭拜队伍最前面，起开道作用，一边吆喝一边前进。其后是礼仪官，由德高望重、通阴阳、能与女娲对话的男性担当，再后面是信众。大家一起走到神像前，主持人宣读流程，大家一起行三跪九叩大礼。行礼结束后，各村的"架""神马""神轿""高台""帷""高跷""旗""兵器"等面朝庙门一字排开，以示敬意。随后是节目表演，节目结束后，值日官带领大家步入大殿，手捧圣旨状的黄帛向女娲祈愿；接下来是献祭品，献完祭品，敬香，行三跪九叩礼。完成这一系列复杂而神圣的仪式，祭拜活动才算真正结束。②

在河南省西华县聂堆镇还有个女娲城，由三个村子组成一个寨，寨中有一个女娲坟，陵后建有女娲庙。每年的农历十二月十七到二十三日和正月十二到二十日，寨中都有祭拜仪式。来祭拜的大多都是中老年妇女，她们在坟前摆上供品，许愿、还愿，还有人讲经、唱经、跑经（即跳神舞）。还有香火会带来的笙鼓队，有的还

---

①② 张叶露.山西黎城县的女娲信仰研究[D].哈尔滨：黑龙江省社会科学院，2019.

图 12-7
女娲雕像

会带用黄表纸裹的"金砖"作为敬献礼物。①

人们对于女娲神力的崇信,使得女娲在乡村信仰中一直占据着尊崇的地位。女娲作为中国社会最为重要的远古神祇之一,至今不断被人言说着,关于她的神话传说更是达到家喻户晓的程度。②

（2）伏羲

伏羲别名青帝、伏戏、牺皇、皇羲等,与女娲一样都是福佑社稷的正神,是华夏民族的人文始祖,被尊为"三皇"之首。伏羲是引导人们结束原始蒙昧混沌的生活方式,走向文明的始祖,深得民心。造工具、佃渔、造书契、正姓氏都是他对人类的贡献。

---

① 齐心.中国庙会[M].沈阳:辽宁人民出版社,2014:65.
② 马计斌,常玉荣,何石妹.女娲民间信仰的世俗化演变及其文化意义[J].河北工程大学学报(社会科学版),2010(4):1-2.

后人为了祭祀他而专门修建伏羲庙。知名度高、规模宏大的两座庙宇，一座是位于河南周口淮阳区的太昊陵，另一座是位于甘肃天水市的伏羲庙，这两座庙宇都被列为国家著名旅游景点。淮阳区的太昊陵在每年农历二月二至三月三举办庙会，举行朝拜、祭祖活动，当地还有一些人是在农历二月二十五举行祭祀活动。天水的伏羲庙于每年的农历五月十三日举办"天水伏羲文化节"，伏羲文化节主要举行

图 12-8　伏羲文化节

祭祀、朝拜仪式以及祭祖活动。

在一些乡村地区，村民会举行一些具有地方信仰特色的特别活动仪式，来表达对伏羲的崇拜之情。比如，在淮阳区四通镇的人祖庙村，每年农历的二月二当天，会首们会组织信众前往太昊陵进行祭祀活动，称为"赶会"。一般分四个阶段进行，首先是统计人数、收取钱粮、确定时间地点等筹备阶段；其次是所有祭拜人员前往太昊陵的出发阶段；然后是敬香仪式；最后是各类民俗节目表演阶段。

"赶会"之所以选在农历二月二，主要有两点原因，一是在传统观念里，二月二龙抬头，是入春的时节，人们会在这天祈求龙消灾赐福；二是在当地二月二为敬拜龙神伏羲的日子。[①] 无论采取何种方式祭祀，都是在抒发对始祖的怀念、敬重，表达对始祖的认同。

（二）华夏祖先

随着历史推移，各民族逐渐融合，神灵信仰也相互吸收与兼并，呈现一族多神信仰的现象。这里选取几位共祖来介绍中国乡村社会的神灵信仰。

1. 中华民族始祖

（1）华胥

华胥，别名华胥氏。民间认为华胥是伏羲与女娲之母，因此，将华胥奉为中华民族的"始祖母"。"华胥生于燧人氏末，中国口述史开端的母系氏族初期，距今约万年。其发祥地，即'华胥国'以今陕西蓝田县华胥镇为中心，包括半坡遗址、姜寨遗址与白鹿原遗

[①] 李聪颖. 淮阳乡村人祖信仰的调查与研究——以淮阳四通镇为中心[D]. 开封：河南大学，2019.

址在内的周边地区。"①

国家为了给华夏儿女搭建敬奉始祖的圣地,在陕西省蓝田县华胥镇孟岩村建华胥陵,在每年农历的二月初二,海内外各地的华夏儿女会聚集于此举行隆重的华胥氏祭祀大典。祭祖仪式不只具有民众祈福、求得神灵护佑的作用,还有凝聚华人力量,实现国家认同、文化认同的作用。

（2）黄帝

黄帝轩辕被视为华夏民族之祖,别名天子、圣上、皇上、万岁等。黄帝在人们心中不仅是血缘上的始祖,更是文化、政治的领导者,受到民众的推崇和敬仰。他对人类的贡献很多,不仅统一了中原,还带领着他的臣子们创医药、制历法、推算术、占日月、卜星宿节气、造文字等。

祭祀黄帝的仪式十分隆重,规模宏大。建在陕西省黄陵县的黄帝陵,被列为"古墓葬第一号",为海内外中华儿女祭拜先祖提供了圣地。华夏民族在每年清明节都会举行隆重的公祭黄帝活动,借助祭祀仪式传承与弘扬中华文化,实现中华民族对国家的认同、对文化与文明的传承。

虽然随着社会的进步、文化水平的提高,神灵信仰在生活于城市中的民众心里逐渐淡化,但是在中国的乡村社会依然盛行。比如,浙江省缙云县仙都附近的几个村庄,每到清明日都会在黄帝祠宇举办祭拜轩辕氏活动。民众会以村庄为单位,带齐祭祀用具和用品,从四面八方会聚于此进行祭拜。祭拜活动包括敬高香、献礼品、敬

---

① 辛玉璞."中华祖先"问题刍议——从中华民族的凝聚力谈起[J].陕西教育学院学报,2004（3）:104-106.

图 12-9 黄帝陵祭祀

酒等九项内容。①

（3）炎帝

炎帝，谥号神农氏、连山氏、列山氏，向来被中华民族奉为始祖。从古以来，炎帝多次受到统治者的祭拜，汉人将其奉为先祖，羌

---

① 王巨山，张彩霞.浙江缙云清明节调查报告[J].非物质文化遗产研究集刊，2008：235-251.

人自诩炎帝后代，清代帝王也曾对他大加祭祀。各地区的祭祖活动均具有地方特色。比如，山西高平地区村寨祭拜炎帝的时间各有差异：庄里村庙会是在每年的农历四月初八和六月初一；永禄村的庙会是六月十七、九月十七；羊头山环山村民在每年农历七月三十、八月初一举行祭祀炎帝活动。炎帝在民间有"五谷老爷"之称，人们认为秋收时分炎帝都会在地里，所以会在窗户纸上戳一个小洞，以便炎帝回家。而等到粮食都丰收了，村里的家家户户会在阴历十月初十这天用糕点、面花、羊等祭祀炎帝，然后将窗户糊严。①

在山西东南部高平市长畛村，更有暴晒炎帝神农氏的习俗。神农氏在当地被奉为农业神，一切农业相关事务都归炎帝掌管，村民每年都会有固定的习俗来向炎帝祈求风调雨顺。但长畛村却不同于其他村落，相传长畛村是炎帝岳母所在地，所以该村村民有特权采用截然不同的态度祈求轻风细雨：遇到干旱时节，长畛村村民会抬上炎帝神农氏在村周围巡游，如果还求不得雨来，就把炎帝像放在院中暴晒，以这种方式让炎帝体会烈日炎炎的滋味，以便他早日降下甘露，这种做法在长畛村村民看来是理所当然的。②

2. 少数民族祖先

在人口流动与迁徙中，中国各少数民族逐渐形成"大杂居，小聚居"的居住特点。这有利于促成各民族的融合，其中一些交往密切的民族产生了同源共祖的认同心理。但这些民族在承认共有祖先的同时，也保持着自己独有的神灵信仰。

---

① 林玲.炎帝神话传说与信仰研究[D].太原：山西大学，2019.
② 高婧.山西东南部地区炎帝传说与文化初探[D].上海：上海师范大学，2006.

（1）共有祖先

在人类历史早期，中国大部分民族基本都是靠狩猎、捕捞、采集为生。对他们而言，天是最为伟大的存在。这要从水开始说起，人们认为水是万物的生命之源，而水由降雨而生，雨又来自天空，因而，天被他们当作最高神加以崇拜。

中国东北地区的少数民族，如满族、蒙古族、朝鲜族也都传承了狩猎采集文化的天神崇拜。在满族神话中始祖被视为是天赐之子。相传，有一天三仙女在池中沐浴，突有神鹊衔来朱果放在她的衣服上，三仙女将其含在口中，却不小心吞了进去，于是有了身孕，产了一体貌奇异的男子，取名为"布库里雍顺"，满族人将他认作始祖。满族人认为布库里雍顺的诞生是受到了太阳光的恩赐，太阳是天上之物，始祖是天恩赐的，所以他们也是天的子孙。蒙古族神话中对始祖诞生的描述和满族十分相似，他们的始祖同样也是上天赐予他们的。朝鲜族始祖是从上天而降的一紫卵中诞生的，是来自上天的恩赐，也同样受到了太阳的照耀。①

虽然在始祖诞生问题上，三个民族的神话略有差异，但是从整体上来看，三个民族的神话都跟天上之物——太阳，有密切的联系。因此，三个民族的神话流露出他们共有的天神崇拜信仰。不同民族的天神崇拜也逐渐衍生出了不同的民族民间艺术，如朝鲜族农乐舞等。

朝鲜族农乐舞

（2）各民族的祖先

各民族在融合过程中，除了共同敬奉同一神灵为始祖，也有属于该民族独有的祖先，每逢重要时节都会举办敬祖仪式。

---

① 赵允卿.东北民族天神崇拜研究[D].北京：中央民族大学，2005.

比如，我国苗族就是对自己祖先极为崇拜的民族，不仅日常生活处处可见敬祭祖先的行为，而且还会定期组织同一家族的若干村寨人进行祭祖盛典。在苗族村寨，蚩尤一直被当作始祖祭祀。祭祀蚩尤也是最为严肃和隆重的祭祖活动。一般苗老司要在祭祀仪式上作法事，奉请始祖蚩尤来到堂屋，坐在祭祖的位置上，然后请穿着苗服的三至五人坐在旁边陪伴。祭蚩尤要用祭主自家养的花猪，一

图 12-10
蚩尤像

般要选择一对大小花猪，由祭主兄弟将其用棍棒打死，然后用开水烫，去毛破肚，取出内脏，将最好的五花肉作为祭品；再拿出最好的陈年老酒，敬请蚩尤享用。祭祀也有很多禁忌。如在祭祀过程中，严禁小孩打闹、禁说不吉利的话等。

每一个民族都有属于自己的信仰，无关形态，都对该民族的形成、发展、凝聚有着一定的影响。这些祭祀习俗之所以能流传至今，绝不是外力强加于苗族的，而是苗族在祖先认同过程中形成的持久内聚力在生活习俗上的反映。

乡村民间信仰与个体的生命周期、宗族社会的产生以及民族凝聚与认同有着密切的联系。对于个体来说，乡村信仰与神祇是见证与护佑其生命重要阶段的无形力量，同时是我们了解先人对待生命、对待生活的方式与态度的动态展演。对于宗族社会来说，民间信仰与神祇是其得以产生、发展、壮大的推动力，同时也是了解先人从零散的小族群走向多元一体格局下多民族凝聚的窗口。对于国家来说，民间信仰与神祇是凝聚各民族、稳定国家安全、促进国家发展的重要力量，同时也是了解国家动态演变过程的珍贵资料。

第二节　有求必应：乡村信仰与日常生活的实践理性

乡村是俯身大地的生活，实用与实际是衡量一项活动有用的标准。因而在乡村民俗生活中，信仰源于生活的需要，以生活需求为导向的信仰是乡村民俗最大的特点。万物有灵观孕育了人们对自然与祖先的崇拜，各类民俗活动也应运而生。本节从乡村信仰日常生活的实践理性入手，通过对乡村具体生活情境中的民俗介绍，揭示乡村信仰的实践理性维度。

乡村民俗的重要特征是为民众的日常生活需求服务。关于信仰，乡村民众更多地是为了满足自己的生活利益需求。因此，了解信仰对象并不是乡村信仰的主要目的，而诉说自己的请求或者通过遵循民间习俗以获得赐福保佑才是乡村信仰的主要内容。在乡间，风俗信仰得以传承，不在于教育机制下的你教我学，而来自普通百姓日常生活的"耳濡目染"。在乡村日常生活中方方面面都涉及民俗活动，存在很多信仰风俗和禁忌风俗，大多折射出"有求必应"的特征，可以说"为求而求"是乡村生活中民俗信仰发生的缘由。

一、处处有神灵：乡村信仰的日常生活面向

日常点点滴滴是生活最主要也是最重要的组成部分，而关于日常生活衣食住行方方面面的民俗习惯构成了乡村信仰的主要部分。从守护一方村落的神到家户门前的门神，从厨房里带来烟火的灶神到日常习俗中的规定与禁忌，乡村中无数种生活需求面向都展现出乡村民俗活动的实践理性。

（一）无处不在的神祇

1. 镇家安宅：门神与井神

门神与井神都是中国传统观念中的家居小神，神格都不高，但是与人们的日常生活密切相关，守护着日常生活的安稳，保佑着平淡日子的顺遂。

门是家庭安全的第一道防线，长久以来在传统观念中人们认为它能守护家庭安稳。"总把新桃换旧符"，过年时贴门神是中国自古

以来的年俗传统。但这一习俗早先源于百姓认为门本身就有神性，需要供奉，后来门神才演变为张贴或者画在门上的神灵形象。

门可以抵挡外界入侵的功能慢慢形象化于门神画像上。《山海经》中记载的神荼和郁垒是影响最深远的门神，他们在神话故事中多以威猛的形象出现，体现了百姓给予门神的期望就是能驱邪避灾。后因《西游记》《说唐演义全传》等通俗小说盛行，秦琼、尉迟敬德等名将深受百姓认可，被奉为门神。也有地方以当地民间英雄为门神，但总体来看，门神都高大威猛、英勇非凡，是传统的英雄形象。

井神信仰由来已久，源于水崇拜。井与百姓的日常生活不可分割，井甚至是村落的象征，成语"背井离乡"就形象说明了井的这一意味。汉代五祀将井神列入其中，并在冬季岁末因为感谢这一年

图 12-11
江南水乡乌镇
民居中的井
（图片来源：李菲 摄）

水源充足而祭祀井神。井神主管生活饮用水，直接与人们生活息息相关，对于乡村生活有极其重要的作用。祭祀井神是为了报答其赐予井水的恩德。井神最初可能是男性形象，但因为井神保佑范围属于居家事务，在世人心目中被女性形象代替。"吹箫女子"是一种流传较广的说法。但在不同地区井神的形象还是有所出入，潮汕乡野之间认为井神是夫妻神，井是井公与井婆的共生之地。苏州部分村落则认为井神是一个名为"井泉童子"的小孩子。[①]

2. 吃与食的保佑：灶神

民以食为天，饱腹给人满足感，吃食的保证奠定了生活的安稳。食物诞生之地——灶台，自古以来都是百姓认为有神灵赐福的地方，灶神也是中华民族普遍信仰的神灵。

灶神有很多别称，乡村的文雅说法称其为灶君，也有部分村落套用平民对官吏的称呼，将其称为灶王爷、灶界老爷等，也有地方结合历史传说，称其为东厨司命等。关于灶神的来历主要有两种说法。一种源于对火的崇敬。火的出现促进了人类文明进步，带来温暖与熟食，是人得以生存的重要保障，故而自古人类就崇敬火，而灶能产生火并带来丰盛的食物，因此，灶神信仰是火崇敬的进一步体现。[②]因此有说法将炎帝、祝融和黄帝视为灶神。《淮南子·氾论训》中写道："炎帝作火，死而为灶。"祝融在神话传说中一直被视为火神，灶台用来烧火做饭自然与火脱离不了关系，将祝融视为灶神也就顺理成章了。[③]另一种关于灶神的说法是将灶神认为是最早给人们做饭的老妇人。在道教经书《灶王经》中，灶神被视为一位

---

① 赵杏根.中国百神全书——民间神灵源流[M].海口：南海出版公司，1993：246.
② 杨福泉.灶与灶神[M].北京：学苑出版社，1994：22.
③ 杨福泉.灶与灶神[M].北京：学苑出版社，1994：37.

老妇，称"种火老母"，并描述了一个灶神世界。①自唐代开始，灶神被称为灶王爷，农历八月初三是其诞辰。

民间关于灶神的祭祀非常多，灶神过去一年都是以神像形式贴在墙上或者用灶王龛供在厨房，岁末先用鸡鸭鱼肉、糖果等供品祭祀，灶神要向玉帝汇报人间一年的事情。然后烧旧神像，谓之"送灶"。来年开春又贴上新神像，在灶龛旁贴上"上天言好事，下界保平安"对联。再奉上一杯新茶，保佑新的一年家里香火旺盛，称为"接灶"。由北京市人民政府新闻办公室出版的《北京指南》中详细描绘了北京乡村祭灶的风俗景象，称腊月二十三是北京祭祀灶神的日子。北京乡村百姓多用糖饼糖瓜供奉，同时也会准备草料以招待灶神坐骑，祭祀时炉火旺盛，场面非常盛大热闹。②

3. 外出办事：行神

民间习俗不仅有宏大的信仰对象，也有掌管日常事务的"小神"。"五祀"就是在乡村人们日常祭拜的家居小神，掌管出行事宜的行神就是其中之一。"行神"又称道路神，从古至今，人们出门前都要先祭道路神以保出行顺利。

以家为核心，路是连接四面八方的通道，东南西北中均有道路，各有神灵，因此道路神也被称为"五路神"。山东是古代齐国地界，祭祀路神的传统自古有之，但凡有乡民外出，常祭祀行神以求祝福。江浙地区乡村将路头菩萨视为财神，并有地方古话教导乡民不要得罪了"路头"。正月初五是中华传统的迎财神日子，在苏州乡村，便化为了"接路头"的习俗。苏州乡民认为将路头迎回家，

---

① 杨福泉.灶与灶神[M].北京：学苑出版社，1994：76.
② 北京市人民政府新闻办公室.北京指南[M].北京：五洲传播出版社，2010.

图 12-12
山西介休张壁村巷弄中的"泰山石敢当"
（图片来源：李菲 摄）

好好招待，来年便会财源滚滚。

此外，在乡村和古镇巷弄中常常可见"石敢当"，是旧时人们立于宅门外或街口巷冲的小石碑。碑上镶刻"石敢当"三字，全称"泰山石敢当"，民间也多称为"石将军"。这是民间驱邪禳解、守护社区空间平安的方法之一，也是古代乡民对灵石崇拜的一种遗俗。

（二）日常习俗中的信仰

日常生活的民俗还包括习俗与禁忌。乡村生活通过习俗的传承继承传统，通过对禁忌的遵守确定边界。生活习俗与生活禁忌的确立在信仰维度为乡民们树立了一道心理安全线。

1. 饮食习俗

（1）立春食俗

一年之计在于春，各地都有自己独特的迎接春天的风俗习惯。立春"咬春"是指在立春这天要吃一些春天的蔬菜，既是迎接春天又是预防疾病。吃春盘是从清代开始就已经流行于全国的习俗，但春盘在不同地方有着不同内容。"春菜"是开春菜，不同的蔬菜有着不同的寓意，"大蒜"意味着会算术，"芹菜"表示吃了变勤快，"菜心"吃了会高升。北方多地做春饼，制作薄面饼裹着蔬菜食用；南方多食荠菜、笋等春季时令食物。沈阳地区农村称之为"打春"，由"咬春""鞭春"两部分构成，"咬春"是指吃一种名为"心里美"的紫色萝卜，乡间传言吃了可以去春困。"鞭春"是各家各户在立春用芦苇和竹子扎个大纸牛，用柳条裹上纸作"春条"抽打，一边打一边唱打春歌：

春牛舞

> 春交六九头，手举春条打春牛，打得春牛下田去，打得昏王不露头。①

中国地大物博，物产资源丰富。在江苏水乡农村，还有吃"塘草泥"的独特风俗。"塘草泥"是过年剩下的年糕与野菜、面条一

---

① 汪玢玲，张志立. 中国民俗文化大观[M]. 长春：吉林人民出版社，1999：9.

起煮成的小食,当地村民认为"塘草泥"代表了肥料,吃了,自己种的庄稼会茁壮成长。"塘草泥"除了自己食用,还需要供奉给灶神,第一碗供在灶台,第二碗供奉祖先,然后才是全家食用。①

(2)寒食节食俗

寒食节稍早于清明节,主要是以禁火食冷食为主要习俗。寒食节禁火习俗与春秋时期的介子推有关。但根据前人考证,禁火习俗要早于介子推的出现。禁火的习俗源于对自然的原始崇拜。《中国风俗之谜》一书认为寒食"起于崇拜大火星"②。当时乡民认为禁火吃冷食可以让水神代表的"苍龙"星象成功升空带来降雨。山西乡村有寒食节吃冷食"蛇盘兔"的习俗。其制作方法是用面粉捏出蛇盘在兔子身上的形象。"蛇盘兔"的造型设计与介子推的故事有关,山西乡村有俗语"蛇盘兔,永相护"。蛇是介子推,兔是介母,蛇盘绕在兔子周围是为了保护兔子,象征着孝顺忠诚的传统美德。同时"蛇盘兔"造型也暗含了蛇图腾生育后代、子孙旺盛的意味。因此在山西乡村生活中,"蛇盘兔"也是乡村中吉祥如意的象征,寓意红红火火、子孙后代兴旺。

(3)腊八节食俗

腊八喝腊八粥也是家喻户晓的习俗,腊月初八称为腊八节,这天喝一碗热腾腾的腊八粥,然后就要开始进行过年准备。传统腊八粥食材包括大米、小米、薏仁、红枣、莲子、花生、桂圆和各种豆类等,但由于地域不同、贫富不等,粥中所放的东西也有所不同。腊八粥习俗源于古代的腊祭,后受到佛教影响。相传佛祖释迦牟尼

---

① 汪玢玲,张志立.中国民俗文化大观[M].长春:吉林人民出版社,1999:29.
② 完颜绍元.中国风俗之谜[M].上海:上海辞书出版社,2002.

是因为在体虚晕厥之际喝了一碗牧羊女赠的粥才得以悟道成佛,农历十二月初八是佛祖释迦牟尼成道之日,为纪念佛祖成道就有了在腊八这天喝腊八粥的习俗,因此在民间也将腊八粥称为佛粥。在陕北绥德农村,百姓认为腊八节和冬至一样重要,"腊八"意味着一年的末尾,顺利兴旺的需要庆贺,不顺不旺的盼望来年转运。因此在腊八节吃上一顿材料丰富的腊八饭是每一个陕北家庭的传统。严冬北风瑟瑟,在暖洋洋的土窑中一家团团围坐,喝上一碗腊八粥,既是对当年的告别,也是平淡日常生活中的一种享受。①

自古中国就有杀猪过年的习俗,而西南地区还有吃杀猪饭的习俗。杀猪饭源于农耕文化的继承,在辛苦劳累一年后,杀年猪是对一家人辛勤劳动的奖励,杀猪带来的猪肉、猪下水等是最受欢迎的年货。挑选一个好日子,宰杀精心养育一年的年猪,以此开始过年的热闹。因此,杀猪饭是家人的团聚、邻里的聚会,是告别烦琐农忙后的红红火火过年的开始。

2. 穿着习俗

(1) 戴帽

衣服的整洁整齐影响着一个人的精气神,成语"衣冠不整"多用来形容人穿戴不够整齐,是一个贬义词语。交领右衽是汉服最重要的穿法,这源于道教阴阳学说,太阳东升西降因此东阳西阴,对应到方位图中转为左阳右阴,因此传统观念认为左襟压右襟是阳气大过阴气,这是生者穿衣的正确方法。而反戴帽子也被认为是不吉利,因为传统观念里反戴帽子是死者的戴法,生者忌讳将帽子反戴,以此避灾。

---

① 汪玢玲,张志立.中国民俗文化大观[M].长春:吉林人民出版社,1999:101.

（2）服饰颜色

服饰的颜色也是民间穿着颇为讲究的方面，不同的颜色有着自己使用的独特场合。其中，黑白色的运用尤为讲究，白色意味着不祥，"白色于凶事为吉，于吉事为凶"，因此白衣成为送终的标志。纯黑也是民间的禁忌颜色，纯黑意味不祥，如死者着纯黑来生会转世成驴，因此平时穿黑色需要和其他颜色搭配。古代教坊司伶人常服为绿色，在乡村世界中乡民认为绿色是低贱者衣着之色，因此也有"绿帽子"的颜色禁忌。[①]

（3）长命锁

长命锁被视作护身符，多为金银制成的古锁样式，刻有长命百岁、富贵吉祥的祝福话语，配有麒麟送子、蝙蝠、锦鲤金鱼等吉祥图案。传统观念认为，长命锁可以锁住孩童生命，帮助其驱邪避灾。因此在新生儿百天或者周岁时，长辈赠送长命锁，表达的是长辈对于晚辈长命百岁的祝福，长命锁也由此得名。

（4）虎头鞋

汉代《风俗通义·祀典》记载道："虎者阳物，百兽之长也，能执搏挫锐，噬食鬼魅。"[②]虎虽然凶猛可怕，但在民俗文化中，虎形象有着驱邪与祈福的意义。同时身为百兽之王的老虎具有极强的生命力，虎头鞋蕴含着对于强健生命力的祝福，将富有生命意象的老虎头像放于鞋上，体现了乡村世界中乡民对于孩子能够拥有老虎一样强韧生命力的期待。因为孩童被视为一个弱势群体，乡亲喜欢给刚学会走路的孩童绣虎头鞋，在童鞋鞋前和鞋帮上绣上虎头图案，

[①] 万建中.中国民间禁忌风俗[M].北京：中国电影出版社，2005：51-56.
[②] 汪玢玲，张志立.中国民俗文化大观[M].长春：吉林人民出版社，1999：288.

图 12-13 虎头鞋

则是希望通过穿虎头鞋将虎的气势赋予孩子,花花绿绿的纹理则寄托了长辈对孩童健康平安的美好愿望与真诚祝福。河北省沙河市柴关乡王硇村的乡民依然坚持手工缝制虎头鞋,将虎头鞋视作吉祥之物,在孩子满月时作为礼物送给孩子。这些习俗都表达了大人给予孩子茁壮成长的期望,借用虎的图案或者意象来驱邪避灾,希望孩子健康成长。

3. 生活禁忌

(1) 碗筷

中国人餐食用具多为碗筷,关于碗筷的使用禁忌也是日常生活中长辈频频叮嘱的生活禁忌。空碗忌讳用筷子敲,因为旧时乞丐乞讨就是敲击空碗。盛好饭后不可将筷子插在米饭上,因为这是祭祀逝者或鬼神的方式。中国的筷子文化博大精深,小小筷子体现深厚教养。比如吃饭时不可咬筷咂舌,因为这是缺少家教的表现。也不可以用筷子指人,以及用筷子旁若无人地来回扒拉食物,这些都是不礼貌的行为。①

(2)语言

语言禁忌也是乡村生活中必不可少的一部分。关于凶祸的词语日常基本不用,涉及死亡、丧葬等有关事宜也多用其他模糊词代替,死亡用"去世""去了""见阎王爷""逝世""归西"等代替。②中国人内敛含蓄,对于私密事情也用其他意思相近的词语代替。比如,女性生理期在乡村就有很多别称,"好事""好朋友""倒霉事"或者"那个"。语言禁忌的使用有利于维护日常交往礼仪,保持安全的社交距离。

(3)节庆

春节是中国人最为重视的节日,关于春节也有很多忌讳。大年初一忌动刀杀生,因为刀与血象征祸事发生,禁止可以避凶。过年期间忌打碎一切易碎物品,传统观念认为打碎物品会带来不吉利,如果打碎了需要马上说"碎碎平安",即岁岁平安。忌借钱,俗话说:"初一借了别人的钱,一年四季靠外援;初一借给别人钱,财产外流一整年。"这句谚语揭示了过年借钱的禁忌原因。

(4)建筑

以家为本,是中国人一贯的传统认知,成家建屋更是乡村百姓生活中的重头戏。乡村百姓信奉安家安得好才能家运昌盛、家业兴隆,子孙满堂。从安家选址开始,传统乡村习俗中就有很多地方需

---

① 万建中.中国民间禁忌风俗[M].北京:中国电影出版社,2005:49.
② 万建中.中国民间禁忌风俗[M].北京:中国电影出版社,2005:37.

要注意。选址要顺势，乡村建房以坐北朝南为最优坐向，因此在乡村生活中有俗语总结房屋选址宜坐北朝南，称"后（北）高前（南）低，主多牛马"①。除选址有禁忌之外，搬迁也很有讲究，乡村建设盖屋必择吉日，忌讳冲太岁。河南林州市乡村还有"春不宜建东门，夏不宜建南门，秋不宜建西门，冬不宜建北门"的习俗。

关于生活的禁忌习俗还有很多，此处不一一列举。日常生活的信仰不仅仅由祭祀神灵或者遵守习俗构成，禁忌文化同样是乡村信仰在日常生活的重要面向，禁忌确定了生活禁区的边界，保护了村民间社交的安全与礼仪，是乡村生活成规矩成体系的重要组成部分。

二、事事可求神：乡村信仰的实践理性

乡村民俗除了体现在日常信仰方面，还体现在乡村生活的具体事务之中。乡村世界中民俗活动往往都有具体的目的，没有无缘无故的风俗，但凡有信仰行为定是有所求，无论大事小事。可见，乡村民俗活动必然出于对现实生活的具体利益追求。

（一）升学求学

传统乡村生活中崇尚成功人士，乡民也希望自己的子孙后代能成为传统观念中的成功人士。在乡民看来，他们既有功名头衔，也受过儒家正统教育，是世俗所谓成功者和"人生发展方向的示范"。传统观念中对于功名利禄的追求，其实也是永恒不变的"上进"追

---

① 汪玢玲，张志立.中国民俗文化大观[M].长春：吉林人民出版社，1999：1360.

求，这样的官本位传统思想延续至现代，古有科举入仕，今有高考题名，因此，升学求学一直是中国百姓心中所求之事。"惟有读书高"的观念也一直存在于乡村世界中，对于乡村世界的乡民来说，他们认为功名不仅是自己能够进入官僚阶级的最快方式，也是自己学有所成后回馈家乡的方式。因此从实践理性的角度出发，崇拜主管升学的神灵如梓潼神、至圣文宣王孔子等是乡村生活的现实选择。

（1）文昌星

文昌原本是星名，古代星相学家认为文昌星是主富贵的吉星，名字也有文运昌盛的意思。后来道教体系扩张，文昌成为其中专职功名利禄的神灵。隋代以来科举考试成为仕官选拔的主要手段，文昌主文运的功能受到知识分子的大力追捧，在这个背景下，文昌星的职能转变为专司功名利禄。

（2）梓潼神

梓潼神本是四川张亚子，张亚子死于晋代战事，当地百姓将其视为地方保护神祠之。但传言宋代有学子在梓潼庙梦见来年状元赋，梓潼神开始与功名利禄有了关系。元代仁宗皇帝封梓潼神为"辅元开化文昌司禄宏仁帝君"，简称"文昌帝君"。此后，文昌帝君和梓潼神都逐渐成为指代功名利禄的乡村信仰人物。[①]如今多地建有文昌阁，以祭拜文昌帝君为主，学子考试求好成绩往往会前往祭拜，在取得满意成绩后还会再次祭拜还愿。

除文昌帝君和梓潼神外，至圣文宣王孔子也是祈祷升学求学顺利的主要对象。古代的科举考试让每一位文人都对儒家充满敬畏，

---

① 马书田. 中国民间诸神[M]. 北京：团结出版社，1997：157.

图 12-14 万世师表孔子
（图片来源：李菲 摄）

认为自己是孔门学子。不管是入仕还是致仕，都始终尊崇孔子，以表明自己不忘最初坚持的君子之道的本心。延续到现代，升学前祭拜孔庙也是常规祈求好成绩的乡村信仰实践行为。除曲阜孔庙外，全国多地都有孔庙，每当中考、高考前夕，孔庙香火旺盛，代表了百姓对于孔子的信任以及对功名利禄的不懈追求。

(二)去疾寻医

生老病死乃人生大事，百姓在日常乡村生活中无时无刻不在关心他们最切身的利益。面对来势汹汹的疾病，古代百姓选择向各路神仙求救，恳请神灵祈福禳灾，祛病降吉。

药王成为乡村百姓在医药领域的保护神，人们供奉药王以祈求自己与亲朋好友的身体健康。药王信仰在民间信仰体系中非常复杂，从上古神灵到历史人物都有担任这一职务的。"三皇"伏羲、神农和黄帝被称为华夏医药之祖，都冠以"药皇"之名。神农尝遍百草，奠定了中医草药基础，开创了中医学文化。伏羲创立八卦阵，太极、阴阳、五行和八卦是中医药学延续发展的重要理论与核心要义。黄帝据说完成了中华文明史上第一部医学著作《黄帝内经》，因此他被称为中医始祖。"三皇"在医学上的贡献使其在乡村信仰系统中都被称为药王。

佛教中药王菩萨是佛陀的左右胁侍，是阿弥陀佛二十五菩萨之一。药王菩萨施予百姓良药，帮助百姓摆脱痛苦。道教将三韦（韦慈藏、韦善俊、韦古道）视为药王，三人皆为唐代道士。

历史上的名医也有被视为药王的，如扁鹊、华佗、张仲景、孙思邈等。在乡村世界，最受乡民认可的是孙思邈。孙思邈留下了总结无数医学经验的《千金方》，同时在民间也流传许多孙思邈治病救人的故事，因此乡民将其奉为药神。扁鹊、华佗、张仲景等中国十大名医也被奉为药神，一方面体现了百姓对于身体健康的渴求；另一方面也展现了对于医药圣贤的敬仰。此外，乡村社会普遍信奉的一些小神祇，如"痘母娘娘""眼光娘娘"等，也是针对旧时一些特定疾病的发生和治疗应运而生的。

图 12-15
山西介休张壁村中
供奉的痘母娘娘
（图片来源：李菲 摄）

（三）生育生子

多子多孙是中国自古以来的传统观念，多子也常与多福有所关联。在古代社会，多子也意味着家族的壮大与血脉的延续。在民间信仰中形成了庞杂的求子信仰体系，乡村信仰中诸多人物都有求子功能，因此形成了一个掌管生育的信仰群体。这其中，既有来自白山黑水的"佛托妈妈"，也有来自泰山的"碧霞元君"和"三霄娘娘"，还有来自印度但落地中国后被改造的"送子观音"。

（1）送子观音

最早，送子娘娘仅仅是专职送人子嗣的女神。但在乡村民间信仰中，实践理性的生活需求让送子神灵成为具有处理多种事务功能的信仰人物。

在乡间提到求子需求，送子观音是首先被想起的人物。而乡村崇尚观音有送子功能的

图 12-16 四川乐山五通桥区乡村庙宇中的观音壁画
（图片来源：李菲 摄）

现实认知，帮助了观音信仰在中国的接受与传播。在传统信仰中，观世音菩萨是救苦救难、满足诉求的神灵，并且观音在印度佛教中是男性形象。随着观音信仰被引入中国，在中国落地生根的同时，其完成了世俗化、中国化的转变。观音慈悲为怀、普度众生，中国百姓对子嗣非常重视，结合百姓的主要祈求目的，观音的送子功能被突显了出来，送子观音完全是中国百姓根据自身诉求进行自主选择和创造出来的具有特定神职的神灵。基于送子观音的送子神力，观音形象也从男性转变为女性，成为一位端庄雍容、慈眉善目的妇人形象。

（2）碧霞元君

碧霞元君作为中国传统的女神，也具有送子的功能。在中国北方乡村信仰世界有着极强的存在感。关于碧霞元君的来历主要有两种说法：一种说法认为碧霞元君起源于道教；另一种说法认为碧霞元君是东岳泰山的女儿，因此又称"泰山娘娘"。碧霞元君是多功能的高神格信仰神灵，有送子、招财、保佑出行顺利等功能。同时，"泰"卦在《易经》表示一种顺利通达的状态，即"天地交而万物通"，因此，人们将妇女顺利生产得子的功能附会给碧霞元君。明清时期，山东乡村建有多座碧霞元君庙宇，因为都在泰山信仰辐射范围内，因此还保留着朝山进香的习俗。村落组织泰山香社，乡民们携带香火和果品等登泰山祭祀祈福。古语"三月十五泰山顶，老奶奶换衣裳"描述的就是乡民登泰山祭祀的热闹场面。

（3）妈祖

妈祖是中国沿海地区的女神，其信仰范围从南方的福建乡村到北方山东、天津的乡村，并且辐射到海外，称"有华人处，就有妈祖"。除了保佑出行平安外，妈祖天后宫也被称为娘娘宫，有求子的神职功能。例如天津村落的天后宫中主神是天后圣母，左右两侧分列着眼光娘娘、子孙娘娘、耳光娘娘、斑疹娘娘、千子娘娘、引母娘娘和乳母娘娘七位化身娘娘，造型都与孩童有关，突显了天后的送子功能。又如福建湄洲岛乡村中保留有给妈祖换花求子的习俗，已婚妇女帮妈祖打扮换花，这是在向妈祖祈求，希望妈祖赐予自己一个聪明美丽的孩子。同时妈祖信仰也是当地连接不同姓氏和族群的纽带，形成了以妈祖为中心的"祭祀圈"。各乡村的妈祖庙以及宫庙举办的仪式庆典强化了群体对于传统文化的认同与情感，同时也将对妈祖的崇敬融入日常生活中，例如对待街坊邻居要亲切友善。可见，妈祖信仰有增强凝聚力的文化整合功能。

（4）金花夫人

除全国性的送子娘娘外，还有一些地方性的送子娘娘在地方备受欢迎。广州金花夫人就是其中之一。广州民间普遍供奉的生育神是金花夫人，专设有金花庙，广州的金花节就是以此得名的。金花夫人原是当地小女孩，姓金名花，十多岁时便是女巫，死后便成了主管送子的金花夫人。台湾地区的送子娘娘称为"注生娘娘"，注生指的就是掌管生育之事。注生娘娘是福建主管生育之神顺天圣母临水夫人传至台湾的化身。

（5）弥勒佛

送子神灵除了有女性神灵外也有男性神灵。因为生育之事是男女双方共同合作下完成的，所以出现男性送子神也符合情理。送子弥勒是少有的男性送子神，弥勒常被称为"笑佛"，因它喜眉乐目，笑口常开，所以也是民众最喜欢的神灵之一。民间百姓认为摸弥勒可以消灾灭病，保佑平安，祭拜送子弥勒可以求子得子。值得注意的是，一般送子弥勒不是供奉在大殿之中，而是供奉在百姓家中。

（6）张仙

张仙是比较特殊的送子神灵。张仙原身是五代后蜀皇帝孟昶，因传说他创制了南音，而被敬奉为福建南音的"郎君神"。他是另一位送子神灵花蕊夫人的爱夫。因为张仙有弹弓可以驱打凶神天狗，保佑妇女生儿育女，因此将张仙也归为送子神灵。后来，因为张仙与花蕊夫人的关系，后人便把张仙的男像改为花蕊夫人模样的送子

图 12-17
福建泉州南音的郎君祭
（图片来源：李菲 摄）

娘娘，因此张仙爷变成了张仙娘娘。①

（四）富贵生财

乡村小老百姓过日子，求的就是农作风调雨顺，钱包鼓鼓囊囊。祭拜财神保佑自己发财是每个普通人的心愿。

春节是乡村生活中最重要的节日，除夕夜需要迎财神，初二需要祭财神，初五则有"接财神"的风俗。在一年最重要的节日期间迎接祭祀财神，可以看出百姓对于生财的祈求与对财神的尊敬。

（1）文武财神

财神分为文财神和武财神。生财有道的陶朱公范蠡是文财神，范蠡是春秋时期楚国人，历史故事中称范蠡从商十分成功，最终富甲一方，因此被百姓奉为文财神。此外，比干也是文财神，道教福禄寿中的禄神就是比干。②武财神一般是关公和赵公明。关羽忠义勇武，不为钱财所动摇，被商人视作财富的守护神，因此将其奉为武财神。赵公明是道教神灵，因掌管招宝、纳珍、招财、利市四位与财富有关的小神被封为财神。赵公明在民间香火很旺，许多百姓供奉他以祈求获得财富。从古至今，扬州以商业繁荣闻名，每年正月初五扬州乡野间都需要"吃财神酒"。从初四夜间就开始祭酒守夜，午夜十二点一到，焚香礼拜，点燃鞭炮，焚烧纸钱，称"烧利市、接财神"，以此祝福新年"开年红"，生意兴隆。③

（2）道士刘海

还有一位兼职财神道士刘海。刘海被封为财神，源于他的道号

---

① 马书田.中国民间诸神[M].北京：团结出版社，1997：95.
② 马书田.中国民间诸神[M].北京：团结出版社，1997：201.
③ 汪玢玲，张志立.中国民俗文化大观[M].长春：吉林人民出版社，1999：73.

"海蟾子"。传说认为刘海肩上的金蟾是钱财的象征，因此被封为财神。

（3）田财菩萨

在江南农村，人们会在每年正月十五请田财菩萨，当地百姓称其为"烧田财"。乡村百姓将一根绑有稻草的木头插在当年没有耕作的农田之中，称之为田财树。正月十五当天将村庙里供奉的"神仙老爷"向着田财树，并供奉丰盛的瓜果、菜蔬和祭品。夜晚来临时，当地"神射手"把月炮[①]射向田财树。田财树点燃后，全村欢呼祝贺，以此祈祷来年收成大好。而夜间田财树星火点点，田间儿童嬉戏，远处村民聚集喧嚣，呈现了正月热闹的江南乡村之景。[②]

三、行行奉祖神：乡村世界与城市生活的相辅相成

乡村世界中不仅仅有农耕生活，还有与农业有关的副业辅业。农耕生活是乡村世界的主要部分，但是乡村世界的完整还需要副业辅业的加入。各行各业都有自己的祖师爷或者庇护自己行业的人物，乡村百姓的谋生行业也不例外，乡民始终相信自己行业的行业神可以护佑自己事业顺利。

（一）行业祖师佑传人

"百工技艺，各祠一神为祖"，各行各业都有自己的行业神。万物有灵的观念对人们影响很大，催生了行业神。祭神如神在，所有

---

① 内装火药，类似鞭炮的爆炸物品，点燃后会向前飞去。
② 汪玢玲，张志立. 中国民俗文化大观[M]. 长春：吉林人民出版社，1999：28.

百姓都期望自己行业有神灵来守护本行业利益，行业神应运而生。《中国行业神崇拜》中对行业神的由来做出了具体解释，认为行业神是为保护各行各业利益和要求而产生的现实诉求。①

行业神的诞生源于百姓对守护自己行业利益的现实需求，行业神有些是本行业的祖师爷，例如鲁班是木匠相关行业的祖师爷。而有些是百姓人为塑造的神灵，即将符合自己行业的人物奉为自己行业的保护神，例如教育行业将孔子视为行业神。中国乡村自古的信仰心理就是求神保护和祈福禳灾，行业神信仰体系的形成正是此类心理投射的产物，也就是百姓认为行业神是自己行业的庇护者，相信自己取得的事业成功离不开行业神的保佑。

"三百六十行，无祖不立"，每行每业都有自己供奉的行业神。行业神具有庞杂性、随意性、含混性的特点，许多行业对于自己行业神究竟是谁说法不一，为何供奉也说法不一。但行业神本身也体现了乡村民间信仰的实践理性维度，因为行业神源于对行业的守护。为此原因，无论何路神仙何方人物，只要符合行业特点且可以满足从业者需求，都可以网罗来作为本行业的庇护者。同时，行业神源自生活的实践需要和利益追求这一点，充分体现了民间信仰的实用性特点。

行业神数目庞大，并且随着社会需要不断产生新的行业神，在此无法一一穷尽，这里主要选取和乡村世界密切关联的行业进行介绍。

---

① 李乔.中国行业神崇拜[M].北京：中国华侨出版社，1990：1.

（二）农耕之外：乡村世界的谋生行业

自然经济是乡村世界的经济模式，但乡村社会并非仅仅只有农耕经济，村民生活除了靠农业劳作，还有各式各样的谋生手段，这些谋生行业补充了自然经济的单一性，也加强了乡村世界与市镇的关联。

1. 木瓦石匠：鲁班

鲁班是中国自古以来影响最广的行业神之一。鲁班信仰历时长久、深入人心。鲁班是春秋时期鲁国人，公输氏，名班，常称为鲁班，被塑造成一位具有传奇色彩的能工巧匠。后世尊称其为鲁班仙师、鲁班爷、巧圣先师等。木匠行业使用的手工工具如钻、刨子、墨斗等都是鲁班发明的，因此鲁班是许多行业的祖师爷。①

各地多建有鲁班庙、鲁仙宫等祭祀鲁班场地，定期举行供奉鲁班的活动，并建立木瓦石匠行业组织鲁班会。鲁班会历史悠久，规矩分明。如要拜师学艺需要学徒家长向师傅写"投师纸"，并言明"失脚落河"（从脚手架上摔落）、"失手打死"（师傅不慎打死徒弟）都与师傅无关。满师后，举办宴席酬谢师傅，师傅当场发还"投师纸"，并介绍徒弟进入鲁班会等。鲁班会制度严谨，延续尊师重教传统，从拜师到学艺过程都有清清楚楚的行规，这从根本上规范了木瓦石匠等手工艺行业的秩序。

木瓦石匠通常会在鲁班生日举行集会祭祀鲁班，同时这也是一个行业交流会。江苏溧阳建有鲁仙宫，每年农历九月十二日，泥木工人会聚集于此举行祭祀鲁班活动。九月十八日是木工祭祀日，祭祀人员每人交六角钱并带上香烛，向祖师爷叩拜，然后聚餐看戏。

---

① 李乔.中国行业神崇拜[M].北京：中国华侨出版社，1990：83.

图 12-18　四川彭州丹景山的鲁班庙
（图片来源：李菲 摄）

　　木瓦石匠不仅将鲁班视为自己行业的祖师爷，还认为鲁班是自己的守护神。浙江浦江县的木瓦石匠认为鲁班可以保佑自己的工程进展顺利，也保护着自己的安全。铁棍、斧头和墨斗等鲁班发明并传承下来的工具，也具有辟邪功能。因此木瓦石匠晚上外出做工时，石匠要带铁棍，瓦匠要带瓦刀，木匠要带斧头和墨斗，他们认为这是护身符。

2.服务业

服务行业本身不起眼,但市镇生活离不开服务行业的存在,它因服务业的存在更加便利便捷。服务业的从业者多是乡村社会的乡民,乡民离开家来到市镇工作,是为获得一份更好的生计,而对自己行业神的尊敬与祭祀,就是他们相信自己可以获得美好生活的最大心安。

(1)梳篦业:赫连、皇甫

服务于女子的梳妆行业历来深受女性的追捧,技术一流的梳妆娘在婚礼筹备中非常抢手。小小梳妆娘虽然不起眼,但是可以创造出美妙绝伦的造型。这是乡村妇人用自己的一双巧手在市镇生活中创造出的美丽与价值。梳篦业奉赫连、皇甫为祖师爷。赫连是蚩尤部落的一个巧手匠人,因当时黄帝与蚩尤打仗,在帮披头散发的部落同伴制作梳头工具"五指梳"时不幸被黄帝俘虏。后赫连做出木梳献给黄帝妻子嫘祖,嫘祖梳后头发顺滑漂亮,因此替赫连向黄帝求情,但是为时已晚。后看守赫连的士兵皇甫继承和发展了赫连的手艺。因此梳篦业将赫连、皇甫视为行业神。木梳、篦箕都是主要的梳头用具,江苏常州多经营梳篦,是有名的梳篦之乡,古有"梳篦世家延陵地"的说法。

(2)屠宰业:樊哙、张飞

一日三餐除却五谷,小菜与肉类也必不可少。饮食习惯决定了屠宰行业的必需性。除了农耕外,畜牧屠宰业也是乡村百姓经常选择的谋生行业。屠宰业将樊哙、张飞等视为行业神。张飞是屠宰业最常见的行业神,源于《三国演义》中张飞的屠户出身。四川自贡屠宰业建有一座祖师爷庙,称为桓侯宫,又名张飞庙,每年八月二十三日举办张飞会。但也有地区因樊哙的屠狗出身将其奉为屠宰

图 12-19 桓侯宫

行业神。《史记》中对樊哙身份也有明确记载,点明他"以屠狗为事"。

(3)交通业:马王

乡村世界中百姓使用马匹、骡子、驴等牲畜来辅助耕作,车夫用马匹、骡子驾车载人拉货,而掌管一切家畜的马王是乡村信仰中交通行业的行业神。

马王又称马神、马祖,乡村世界中马王庙很多。乡民认为马王可以庇护马骡驴,家畜生病可以向马王求助治病，家畜健康时则祈求马王保佑家畜平安。据统计，民国时期河北定县四百五十三个村子就有二十余座马王庙。各地祭祀马王时间都定在六月二十三日，认为这天是马王诞辰，将这天视为马王节。四川内江的驮运帮每年六月二十三日会举办马王会。乡民们认为每年虔诚地祭祀马王，可以保证家畜健康和行业兴隆。

3. 曲艺杂技

以曲艺杂技为谋生之本也是乡村世界的生活方式之一。曲艺杂技行业神众多，乡民供奉行业神一方面希望能学到一技之长，另一方面希望行业神庇护自己可以靠技艺养活自身。

戏曲舞台不仅有神灵鬼怪的戏剧，后台也有自己供奉的行业"祖师爷"。曲艺杂技行业的祖师爷头戴王帽，五绺长须，身穿大红蟒袍，足蹬高底朝靴，端坐在一把太师椅上。演出之前，班主带领所有从业人员向祖师爷磕头，焚香祷告，求祖师爷保佑演出顺利。不管入行多少年，戏曲行规都要求每一个从业者尊敬祖师。学徒刚刚入戏曲行业需要向祖师行礼，多年老戏骨若是台上出了纰漏，下台也需要在祖师神像前挨罚认错。因此，人们称戏曲行业唱得好、扮相好的演员为"祖师爷赏饭吃"的人。①

（1）清源师

清源师（二郎神）是戏曲行业供奉的祖师爷。汤显祖《宜黄县戏神清源师庙记》中将戏曲行业视为戏教，因二郎神"演古先神圣八能千唱之节"，给人间留下了戏曲这一行业，为了感谢清源祖师二郎神创立戏曲行业，将其封为祖师爷并寻求庇护。但到清初后二

---

① 汪玢玲，张志立.中国民俗文化大观[M].长春：吉林人民出版社，1999：1217.

郎神作为戏曲行业祖师爷开始走向没落，转而供奉老郎神为祖师爷的观念兴起。苏州、扬州、西安、昆明、汉口多地建有老郎宫或者老郎庙以供奉老郎神。此外，戏台后台也设有老郎神牌位，以便演员上台前祭拜。老郎神诞日、节日期间也需要供奉老郎神。《宁波昆剧老艺人回忆录》就记载了老艺人的曲艺从业经历，回忆称逢年过节都需要供奉祖师爷，正月十三还要举办灯节纪念祖师爷。①

（2）咽喉神

山西戏曲种类颇多，咽喉神是当地著名的戏曲行业神。对于戏曲从业者来说，嗓子是养家糊口的重要工具，吐音发声的咽喉是自己的本钱，因此将咽喉神奉为自己的行业神。山西多地建有咽喉庙，传说农历十二月初八是咽喉神生辰，当地百姓前往祭拜以求安康，戏曲从业者供奉以保佑自己咽喉健康，能将戏唱好唱顺获得观众喜爱。

乡村世界的生活绝不是仅限于一亩田地的农耕，其多样的谋生手段连接了乡村与市镇的互动。因此，乡村与市镇都不是独立存在的。正是因为乡村世界谋生手段的多样性才保证了整个社会的运行。

乡村世界的谋生手段丰富多彩，从运人载货到贩卖小商品，从靠双手屠宰到靠嗓子歌唱。乡村百姓的生命力是旺盛的，他们用自己在各行各业的劳动养家糊口，创造价值。乡村百姓是社会运行中的一颗颗钉子，虽然不起眼，但是维持着社会的正常运转。乡民是纽带，通过商业、交通等方式沟通了乡村与城市的交流；乡民是螺丝，用实实在在的劳动促进了乡村与城市的进步；乡民是饰品，用

---

① 李乔.中国行业神崇拜[M].北京：中国华侨出版社，1990：389.

尽心的服务装饰了乡村与城市的生活。乡村与城市的生活是紧密相连的，行业间的互动往来促成了乡村与城市的交融，也推动了乡村与城市朝着越来越丰富多彩的方向发展。

四、求神与造神：乡村传统与民间信仰的互动生成

（一）求神：多元信仰融合

乡村信仰带有强烈的现实意味，民俗产生的目的在于对现实有所诉求，乡村信仰谱系也受此影响，神灵神格神职不是关注重点，灵验是乡民唯一的关注点。因此，乡村民俗信仰体系混杂，"有求必应"的功利导向是乡村信仰的主要特点。

1. 混融的乡村民俗信仰体系

乡村信仰体系中的神灵群体庞大，包括地方神灵和全国普遍性神灵，而且儒释道神灵都被乡村信仰体系所包含，是乡村民间信仰的集大成者。

儒道文化源于中国传统文化，儒家经典是数千年的主流文化。儒家经典中记载的上古时代神灵也是民间信仰的传统神灵，如黄帝、伏羲、神农等。此类神灵信仰范围广、影响力大，是乡村信仰体系中的高神格神灵。同时，随着儒家文化影响的扩大，孔子、孟子等从历史人物化身为儒家神灵，被纳入儒家神谱中。道教神谱体系自立教以来一直不断扩大，它从民间地方信仰中吸收地方神灵纳入神谱，由此形成了庞大的神谱体系。除传统道教神灵始祖老子、元始天尊、西王母等外，土地神、灶神、财神等原先流传于民间的神灵，也被陆续写入道教谱系中。佛教作为外来信仰，在中国落地后很快进行世俗化、本地化改造，被乡村百姓广泛接受，成为乡村信仰的

重要组成部分。送子观音、弥勒佛等就是佛教文化与中国民间文化相互交融的产物。而中国乡村社会自古流传的万物有灵观念更是将一草一木一山一水都视为民间神灵，所以民间信仰谱系中神灵数量庞大。

中国乡村信仰以功利为导向，神灵无所谓出身，灵验就行。久而久之，神灵之间界限逐渐模糊，儒释道信仰与民间信仰在不知不觉中融合成具有中国特色的乡村民间信仰，形成神灵群体庞大、以现实目的为导向的乡村信仰体系。

如上文所说，乡村信仰以现实生活的具体功利为目的，祭祀祈祷的神灵对象并不重要，只求祈祷后愿望可以实现。基于此，一神多求与多神一求的现象在乡村十分常见。

一神多求主要集中在功能十分全面的神灵或者地方保护神。碧霞元君以泰山为主道场。只要生活上有需求，人们便不辞辛苦登上泰山向其祈祷，许愿还愿。因此，碧霞元君香火不断。妈祖信仰是中国沿海地区的海神信仰，最初是航海前向其祈祷，祈求顺风安全，后来妈祖演变为集无私、善良、亲切、慈爱、英勇等传统美德于一身的著名女神，其功能也不断扩充。无论是外出务工，还是祈求平安健康，人们认为妈祖都能给予她的信徒帮助。由此，妈祖信仰泛化成沿海地区的普遍信仰。

多神一求在日常有事相求时经常出现。生子、发财、生病等重要事项是乡村生活中的大事。在面对这些事情的时候，为了确保得到神灵的庇护，人们总是下意识向多位神灵祈祷，认为祈祷神灵越多，得到神灵庇护的可能性越大。以诉求为导向的崇拜导致多神一求的现象是乡村信仰的常态。

2. 功利导向的信仰态度

以功利为导向的供奉有别于有专一对象的宗教信仰，这也是乡村民间信仰与传统宗教信仰的不同之处。在乡村信仰中，信仰不是源自崇高的"爱"或者是精神追求，而是来自生活的现实需求，乡民看重的是用香火与供品换取可以感受得到的福和可以摸得到的利。

虽然是以直接现实需求为目的的信仰，但是尊敬态度依然是乡村信仰的主流态度。供奉饭食、瓜果、糖果等就是人们对于神灵尊敬的表现。传统祭祀仪式或者祭祀场合中要求严格，不可走动喧哗、不可次序紊乱、不可咳嗽吐痰，并以叩拜磕头为祭拜行为，都是人们对神灵尊敬态度下的行为导向。

乡民对于神灵的态度除了尊敬以外还有敬畏，主要集中在"畏"上。乡村民间信仰中，虽然乡民是出于现实目的向神灵祈祷，但是神灵的威慑力依然存在，所以对神灵始终存在畏惧心理。入庙不可高声喧哗，庙堂内将神像置于高处，祭祀多以仰视视角看神灵等都体现了乡民内心认为神灵地位高于自己，可以主宰自己的命运，需要小心谨慎，恭敬对待。

出于现实功利目的的祭祀，如果结果不如意人们就将情绪转嫁于神灵；反之，对实现自己心愿的神灵则是加倍优待。例如求子是百姓生活中的大事，出于对子孙多多的愿望，求子一直是乡村民间信仰的常见心愿。黄袍在乡村世界犹如锦旗，是很高规格的赞美与尊敬，乡村求子成功后，有为神像加披黄袍的还愿仪式。心有所求供奉神灵时，祈祷者许心愿如若得愿就吃素的例子也不少，这些都是好结果带来的对神灵的正向态度。但如果结果不好，对神灵态度也会截然不同。例如在华北乡村，乡民祭祀祈雨，如果久旱无雨，就会曝晒龙

祈雨

王,甚至鞭打龙王、砸龙王像,以此发泄自己心愿没有满足的愤怒。

(二)造神:地方神灵兴起

根据自己需要人为形成一些风俗习惯也是乡村民俗的重要特征,此类活动中的信仰对象神格都不高,但是源于乡村世界日常生活,故与乡民生活紧密相连。

1. 乡村信仰的动态生成与演化

万物有灵的观念远古就有并一直延续到今日。在乡村民间信仰中,山川万物被赋予灵魂,是有灵性的存在,因此将山川万物划入神灵范围也就顺理成章。每一个村落都希望自己村落有自己的保护神,与村落紧紧联系共生共长的山川万物就是最好的地方保护神。福建的鳝溪是当地著名的祈雨胜地,宋代文人曾巩写过一篇《福州鳝溪祷雨文》,专门记录鳝溪祈雨仪式的详细过程。飞山是一座地处湖南靖州地域的深山,因"忽一峰飞至"而得名,因周围地势平坦,飞山被衬托得格外高大,因此被当地人看作是一座神山。西藏地区的山神崇拜氛围也极为浓厚,因为高原海拔高、地形险峻、雪山不易通行,让人心生敬畏,因此这些雪山多在藏传佛教和苯教信仰中被奉为年神和神山。除了包括喜马拉雅神山在内的著名的雪域四大神山,各藏族村寨也将寨子附近的山奉为神山。这些当地小神山专司护佑一村一寨,与当地藏族群众的日常生活有着密切联系。

地方神灵除了自然万物外,也有从历史文化中产生的。历史人物转变为神灵的例子不在少数,孔子就是其中最有名的神灵。除知名历史人物外,许多当地历史人物也在逝世之后转为当地守护神。岭南伏波将军马援在两广乡村信仰中接受度很高,史书记载东汉时期马援在战乱中重建当地秩序。因此死后人们建立伏波庙纪念马援

图 12-20 川西藏族村寨祭祀山神的塔子
（图片来源：李菲 摄）

将军。如今岭南地区仍然建有许多伏波庙供奉马援，并形成伏波信仰圈。

2. 神格、神威与香火

许多地方都有自己的地方神灵，如广东地区信仰伏波神，霍山、仰山等山川是当地的地方神，等等。此类神灵都有一个特点，就是神灵神格都不够高但是深受地方百姓的爱戴，香火极为旺盛。

神格的高低与香火的旺盛没有直接的正向关系。神格较高的神灵往往都具有极高的神威，在乡村信仰体系中几乎是万能神的存在，但与现实乡村世界收获的香火却形成鲜明的反比关系。传统观念中黄帝、伏羲、西王母等神灵位于神格最高一级，此类神格较高的神灵多存在于神话故事与民间传说中，而不是在乡村日常信仰实践的香火供奉中。在日常乡村世界中，神格较高的神灵并不经常被提及，乡村的寺庙中也少有供奉这些神灵，反而信仰范围仅辐射部分区域的地方神是乡村中香火最旺盛的神灵，乡村百姓普遍默认地方神更灵验。

神灵神格不高却获得了极其旺盛的香火，地方神、家居小神尤为明显，这与乡村信仰的日常利益导向不可分割。这一逻辑与"远亲不如近邻"类似，神格高的神灵不如身边与自己生活紧密相关的地方神与小神来得密切。神格高的神灵神威也高，日常小事不需要麻烦他们，只需要找身边易找的小神就可以获得庇护。这就会在有些情况下导致地方小神颇为"吃香"，而神格高的神灵反而较少获得乡村百姓的日常香火，从而造成高神格少香火的局面。香火的旺盛也促进了传统制香技艺的发展，各地多有制作，但技艺各有不同。

藏香

3. 信仰圈层与地方社会互动

"祭祀圈"是基于台湾田野实践中对于台湾汉人社会的乡土研究提出的一种范式。① 关于这一范式有很多学者有所讨论。

"祭祀圈"概念源于日本学者冈田谦，他通过对台湾的田野考

---

① 孙振玉.台湾民族学的祭祀圈与信仰圈研究[J].中南民族大学学报（人文社会科学版），2002（5）：32-36.

察认为当地婚姻往来与汉人祭祀信仰有关联，他将祭祀圈界定为"共同奉祀一个主神的民众所居住之地域"①。之后，20世纪70年代台湾地区运用祭祀圈理论对汉人祭祀圈开始进行研究，学者施振民认为祭祀圈是"以主神为经而宗教活动为纬建立在地域组织上的模式"。随后，许嘉明也提出"祭祀圈是以一个主祭神为中心，信徒共同举行祭祀的所属的地域单位"。林美容沿袭许嘉明观点，融会施振民超村落祭祀圈模型，扩充了祭祀圈理论。林美容将祭祀圈作为社会组织看待，重新定义祭祀圈，强调其独特性表现在祭祀多神、成员资格为义务性与强迫性、地方性、节日性等层面。她指出从区域性祭典组织中可以看到族群联盟，认为信仰圈的空间形态要从聚落发展史或者村落关系历史中挖掘才能清楚，信仰圈也体现着乡村世界的生活与文化空间。②

大陆地区关于区域民间信仰的研究多集中在以碧霞元君为核心的华北地区、以吴越文化为代表的江南地区和以妈祖为核心的东南沿海地区等。20世纪90年代中后期，随着地方文化意识的增强，区域民间信仰研究逐渐扩散到了全国各地，各地各民族逐渐拥有了自己的民族志。20世纪初期，顾颉刚、容庚等人关于妙峰山香会的研究被誉为中国民俗学、人类学田野调查的先驱。顾颉刚《妙峰山的香会》、容庚《碧霞元君庙考》、容肇祖《妙峰山进香者的心理》等调查报告对碧霞元君、进香习俗、香会及香客心理状态等方面都有涉及。这次研究虽然有很多不足，如没有访谈、调查等研究方法，没有方法论总结，民粹主义色彩浓重。但是这次妙峰山调查是中国

---

①② 周大鸣.祭祀圈理论与思考——关于中国乡村研究范式的讨论[J].青海民族研究，2013（4）：3-10.

学者第一次走入民间生活对乡村区域信仰文化进行研究，因此，也被称为"中国民俗学的一面旗帜"。改革开放后，源于国家对于地方文化的复兴，妙峰山研究又重新引起学界关注。1995 年，"首届中国民俗论坛"学术讨论会以妙峰山研究为出发点思考中国民俗学发展。之后，吴效群[1]等人的研究弥补了前人对于妙峰山和碧霞元君的研究的不足，形成了较有规模的中国区域信仰文化研究。

随着区域信仰文化研究逐渐丰富，对于祭祀圈的概念学界也有了更多元的讨论。近期有学者基于本土田野调查案例尝试对祭祀圈理论进行进一步的拓展和补充。如学者李菲在研究介休张壁村祭星仪式时提出多神而"共形"的祭祀模式。以张壁村祭星仪式为例，张壁与其周围村落以祭星仪式作为共同的信仰表现仪式，祭星本身划定了时间范畴。祭星仪式通过祭神活动对家户神、村落神、区域神等神灵进行了梳理与整合，也通过祭星仪式将周围不同地理空间的村落连接起来，形成一个相对稳态的空间区域全体，因此"共形"的祭星仪式从时间空间上将周围村落整合成一个区域整体，也通过对家户神、村落神、区域神的梳理排序将其整合成一个体系，形成区域祭祀圈。多神而"共形"的祭祀模式实践了将祭祀圈视为一个社会组织看待的可行性，是对祭祀圈范式的进一步补充。[2]

（三）乡村与城市的综合互动：城乡民间信仰互动与交融

乡村不是单一世界，乡村与城市自古都是不可分割的两个空间。城市日常果蔬来自乡村，乡村电子农具来源于城市，乡村与城

---

[1] 吴效群.北京妙峰山碧霞元君信仰研究史[J].民俗研究，2002（3）：42-51.
[2] 李菲，唐蒋云露.黄土社会的多元互动与区域整合——介休张壁村的祭星仪式考察[J].民族艺术，2015（3）：113-119.

市本身就在互相影响。生活具象如此，信仰文化也不例外。当代的民间信仰在乡村与城市的互动中不断壮大。

原始社会并没有乡村与城市之分，随着社会阶级的确立发展与城市的出现，乡村与城市的概念才逐步形成。一些源自祖先的共同信仰自然被城市与乡村共同继承。家是每个人的安全避风港，无论城乡，对家屋的尊敬都是在表达对于祖先的追思与尊敬。祭祀祖先的场所有称"祠堂"的，有称"家屋"的，有称"家庙"的，浙东地区有称"神堂"的，不同地区虽然名称不同，但此类场所功能都是祭祀祖先。无论乡村村民还是城市市民，都认为祖先祭祀是孝道的表现，是传统儒家伦理观念的继承。家族各成员通过祭祀祖先聚在一起，因此，祭祀祖先也是加强家族凝聚力的重要途径之一。同时，祖先祭祀让家族成员明白彼此之间血脉相连，让家族成员不管是在乡村还是城市都能守望相助。

而城市的发展最初都是从乡村开始。随着现代化进程加快，越来越多的乡村发展为城市，从前的乡村如今的城市，信仰文化也跟随着村落发展从乡村被带到了城市。如赵世瑜论述城隍和土地都是城市和乡村的地方保护神。城隍神的前身水墉是农田中的水渠，水渠在乡村中是村民为了保护自己村落而设置的防护措施，其与护卫城市和市民的城墙、护城河功能一致，因此村落的保护神也自然过渡成城市的保护神。①

从社会发展进程上来说，城市晚于乡村出现。但因为现代社会发展，城市飞速发展的进程也带来了一些信仰的改变，又反过来影响乡村的信仰。如有学者指出商人组织的现代化变革改变了传统社

---

① 赵世瑜.庙会与明清以来的城乡关系[J].清史研究，1997（4）：12-21.

会的行会组织。①当代乡村信仰中对祖师爷的追崇其实是希望从业者能够牢记行业初心并且互帮互助,同时也能纪念创始本行业、带领行内人走出困境的先人。由此来看,现代社会行业神崇拜的存在更像是提醒行业人慎终追远,是对古老传统的敬意。

乡村民俗最本质的祈求是希望神灵祈福禳灾,祛病降吉,因此"有求必应"成为乡村信仰的主题。同时这也恰恰反映了乡村民俗信仰与日常生活的实践理性——乡民的需求是以功利为导向。在日常生活中,乡民通过自身劳动与努力可以获得回报,辛勤劳作是在赚取自己的奖赏。但一旦所求超出自己的努力,乡民便将一切希望寄托于风俗活动,烧香磕头祭祀供奉,不管是何路神仙,能保佑自己及家人的神灵就值得供奉。乡村世界的生活逻辑认为只要对待神灵心诚,"心诚则灵",自己就会获得"有求必应"的回报。信仰对象并不是一个固定的人物,在乡村世界中无处不在,土地山川是守护神,门、户、床、井、灶等家居日常什物也是。生活的每一个维度与面向都有乡村民俗信仰,每一个民俗信仰都是基于自己生活中实实在在的利益需求,灵验是信仰的唯一标准。如果此事缺乏庇护,甚至可以祈求当地或自然或历史或人为地造神,以达到赐福庇护的目的。有研究者认为,在乡村日常生活的信仰体系与实践中,"礼"是人们信仰体系建构的内在逻辑,而"事儿"则是信仰实践的原因和动力。作为村落文化传统的"礼"与村民现实生活中的"事儿"在相互作用中,共同促使村落信仰不断地展现出新的内容,焕发出

---

① 沈洁.仪式的凝聚力:现代城市中的行业神信仰[J].史林,2009(2):31-41.

新的意义。二者的互动正是乡村信仰得以常在常新的关键所在。①

祭祀圈的提出，则超越了单个村落，为乡村地域社会中村落之间的关系提供了一个新的考察视角，也呼应了从更高层面来看待乡村世界实践理性存在的必要性与重要性。实践理性是村民们基于自身需要而自发的信仰行为逻辑，这带来了村落内共神信仰，而村落内共神信仰将乡民们聚集在一起，又反过来拉近了村落内各家各户的距离。乡村民俗信仰源自乡村自身需求发展，但也促进了乡村生活的和睦与长久。乡村民俗迎合实践理性需求，让各类信仰落地乡村生根，结合当地需求从当地日常生活中生长成村落共同的信仰，形成了民俗信仰与村落的互动关系。民俗信仰的活动演变为村落的传统活动和村落沿袭的传统文化，民俗融入村落历史，成为文化整合的重要组成部分。

---

① 张帅."礼"与"事儿"：信仰体系与实践的存在机制探析——以鲁中洼子村为例[J].民俗研究，2016（4）：68-80.

第十三章
中国乡村传统岁时民俗与民间信仰的保护

第一节　中国乡村传统岁时民俗与民间信仰保护的必要性

一、非遗保护的重要性

2021年8月，中共中央办公厅、国务院办公厅印发了《关于进一步加强非物质文化遗产保护工作的意见》（下简称《意见》），文化和旅游部相关负责人表示，《意见》准确把握了新时代非物质文化遗产保护的历史方位和重大意义，是做好新时代非物质文化遗产保护工作的纲领性文件，对于传承弘扬中华优秀传统文化，建设社会主义文化强国具有重要意义。保护好、传承好、利用好非物质文化遗产，对于延续中华文脉、坚定文化自信、推动文明交流互鉴、建设社会主义文化强国具有重要意义。需要从处理好传承传统与学习先进的关系入手，站在国家发展和社会进步的立场，站在历史客观的角度与民众的身边，重塑"非遗"语境下的岁时民俗与民间信仰文化，使其成为与新时代中国特色社会主义相适应的公共文化。

非物质文化遗产（下文简称"非遗"）是我国传统文化的积淀，它构成了中华民族的文化根基。在保护文化多元化的今天，保护非遗就是保护民众世代累积的精神财富。非遗具有文化属性，经过反复体验，代代相传，铺垫着整个民间文化史，承载着民众的知识体系。"民间的知识体系，则是通过耳濡目染、口传心授、潜移默化的方式传习的。这种知识体系，对于人类社会的存在和发展发挥着非常重要的作用，无论是我们的生活方式还是思维方式都贯穿着这一知识体系的内容和精髓。然而遗憾的是，这种民间知识体系往往不被看作是知识，不被看作是文化。这反映了人们对于博大精深的民间文化的漠视。"①民间信仰应作为非遗保护工作的一个核心问题来被人们认真对待。

在联合国教科文组织《保护非物质文化遗产公约》具体提出的要保护的五项内容中，民间信仰处于核心地位。作为精神遗产的非遗与民俗生活粘连在一起，水乳交融，密不可分。其中，表演艺术的文化内涵多与民间信仰相粘连，而岁时节庆、民间礼仪、祭祀仪式、庙会文化中的核心理念也是民间信仰。"民间信仰经常是作为普通民众平凡的日常生活的一部分而展开的信仰活动或现象，其与各种生活习俗密切相关，或纠缠一起，或弥漫其中，经常被包括在弥散性的民俗活动之内。"②民间信仰是民间知识的储藏库，其包含民众累积的关于自然和宇宙的民间知识，包括民间的生态观、宇宙观、生活观、价值观、道德观、审美观，以及在这样的知识包裹中的生产、生活方式，这才是理解和保护非物质文化遗产的起点和原点。③

---

① 钟敬文.钟敬文教授谈民俗学研究[J].采风，1982（31）.
② 高丙中.作为非物质文化遗产研究课题的民间信仰[J].江西社会科学，2007（3）：146-154.
③ 邢莉.民间信仰与非物质文化遗产——兼论刘锡诚对于民间信仰的文化思考[J].西北民族研究，2016（4）：195-200.

二、非遗语境下的文化冲击

非遗语境下的乡村岁时民俗与民间信仰依托新的历史需求，孕育出与非遗互利共生的态势。但非遗亦是一把双刃剑，它间接放大了现代化对乡村岁时民俗与民间信仰文化的冲击，文化整合的过程潜藏着解构的功能。对于文化主体的身份诉求而言，袁瑾认为传统乡村生活场景逐渐消失，影响着当下民众，特别是年轻一代对岁时民俗与民间信仰的文化符号、象征意义的解读，仪式的意义的理解日渐淡薄。[①]非遗语境下现代性对乡村民间信仰文化的冲击，主要体现在以下几个方面[②]：

（一）信众代际传承断裂

岁时民俗与民间信仰具有一定的地方性，主要依靠当地民众的代际传承来延续。然而，在当今社会，乡村年轻一代对信仰文化逐渐感到陌生并开始疏离，这种现状表明岁时民俗与民间信仰的代际传承断裂危机已迫在眉睫。这种代际断裂会直接导致岁时民俗与民间信仰文化传承的衰微，急需人们予以关注，并加以重视。

（二）主动参与热情降低

近年来，随着民间信仰非遗化、合法化，村民对民间信仰文化的保护热情越发高涨，但是参与热情却是大大降低。现在捐献的钱款多了，但举办活动中用于雇用民众的花费占比加大了，用于提升

[①] 高丙中. 作为非物质文化遗产研究课题的民间信仰[J]. 江西社会科学，2007（3）：146-154.
[②] 兰晔. "非遗"语境下乡村民间信仰文化保护与重塑——基于福建南平樟湖的田野调查[J]. 河池学院学报，2019（3）：43-47.

活动规模和文化素养的资金缺口仍然很大。有偿参与导致了一个恶性循环，越用钱鼓励参与，民众越不参与，只有发自内心地参与，热情才能持久。

（三）信仰的竞争力减弱

在非遗语境下，延续传承文化和丰富文化资源成为民间信仰文化发展的主要动力，村民作为乡村文化的重要组成部分，对民间信仰文化的认知与实践很多都经历了"民俗化"的再表述，使其成为保护的对象、发展旅游的文化资本，经济理性和表演的意味更加浓郁。因此民间信仰的非遗化从一定程度上看是在不断削弱其作为信仰本身的精神力量，使得村民对乡村民间信仰的认可度降低。民间信仰的黏合度本就不高，信仰仪式实践也偏个人化，具有易变性。因此，非遗语境下民间信仰的竞争力仍在不断减弱。

（四）参与者需求多样化

非遗语境下，乡村民间信仰文化的参与需求更加多样化，不同类型的参与者的需求和动机不同。一部分是虔诚的信奉者，这些信奉者以当地老人为主，他们希望在保留原始风味不变的同时能够更具规模性，更上档次。另一部分是追求文化印记，将参与民间信仰文化活动作为消遣娱乐的旅游者，他们希望能够丰富文化内容和周边产品，增加民间信仰文化的娱乐性、可看性、新鲜感和震撼力。还有些则是研究传统文化、宗教信仰、历史考古的专家学者，他们希望民间信仰作为非遗尽可能多地保留活动仪式、庙宇建筑、史料碑刻等的原貌，以供研究。

(五)文化软治理能力不足

非遗语境下,民间信仰管理委员会被政府认可,扩大了管委会成员在普通村民中的威信和地位,强调了其作为乡村文化精英的作用。与管委会内部成员不同的一般村民,虽然在意国家对民间信仰的导向、态度,但是他们并不积极谋求应对国家干预的策略,更多地持有一种"搭便车"的心态。他们乐于看到民间信仰文化通过村中文化精英的努力,加入各级非物质文化遗产名录,获得更多发展的空间,但却不一定主动参与,可以见得,乡村民间信仰的软治理能力在下降。

第二节　中国乡村传统岁时民俗与民间信仰保护的困境

一、陷入保护困境的原因

岁时民俗与民间信仰作为传统社会中人们的一种文化生活方式,集中反映了时人的生活观念、文化心理和精神追求,既构成了民族民间传统文化的重要内容,也常常成为民族民间文化创造的动力源泉。在当代中国,随着"民俗热"的再次兴起和"非遗"保护实践的广泛开展,岁时民俗与民间信仰之于当代社会的意义被不断地赋予、阐释和重建,"非遗化"渐渐成为岁时民俗与民间信仰当代转型的重要路径依赖。

我国的非遗保护已经走上制度化、规范化和法治化的正轨,一大批民族民间传统文化项目陆续被列入国家级、省级、市级、县级非遗名录,既传承了中华传统文脉,也推进了非遗走出去,提升了国人的文化自信，提高了国际影响力。然而，相比于非遗保护快速步入轨道，并上升为国家文化战略，有些岁时民俗与民间信仰没有得到足够的重视，陷入保护困境之中。原因主要有以下几点[①]：

（一）旅游开发的误区与非遗的形存神失

非遗兼具文化、经济和观赏价值，通过民俗旅游开发可以实现非遗的经济化，这是一种常见的非遗活态保护的模式。然而在具体的保护实践中，却常常出现非遗保护等同于旅游经济开发的思想误区。旅游开发价值往往成为评判非遗保护价值的主导性依据，旅游市场效应则成为非遗开发再利用的风向标。在这样的误区影响下，部分地区为了吸引游客，发展旅游经济而导致"伪民俗"盛行，这就对非遗本身造成了损害，有些甚至成为文化空壳。

（二）文化求纯与信仰类非遗的脱离

受到一些主客观因素的影响，很多人误将非遗文化过度提纯，经常轻易否定民间信仰等传统文化，把对非遗的保护当作是传统文化自我"净化"和进一步契合社会文化的过程。如此一来，文化过度提纯成为各地非遗保护的主导性因素，导致很多民间信仰元素逐渐从中脱离出来，传统民间信仰的保护逐渐变了味道。

（三）民间信仰有形化和非遗保护原则的背离

有些人将民间信仰看作是有形的宗教文化现象，认为与其他非

[①] 张祝平.本体与他者：当代中国社会民间信仰"非遗化"反思[J].中国农业大学学报（社会科学版），2017（6）：75-83.

遗文化相比有所不同。其实民间信仰是无形的，它作为一种传统的价值观念和思维方式，存在于老百姓的日常生产生活以及衍生的文化中。如果将民间信仰有形化，会造成民间信仰与其他民间文化的割裂，这与非遗的保护性原则是背离的。

　　民间信仰与非遗多有粘连，或直接孕育非遗的生成，或为非遗传承创新提供滋养的源泉。21世纪以来，非遗保护在中国迅速全面铺开，为传统民间信仰的当代存续提供了正当性的理据，也拓展了民间信仰价值彰显的社会空间。然而，在"文化求纯"价值理念的支使下，非遗保护往往成为"净化"文化遗产的过程，以至于民间信仰由非遗的"本体"成为非遗保护中的"他者"。坚持非遗的本真性、整体性保护，必须正视民间信仰之于非遗"活态性"传承的意义，也要正确认识和把握民间信仰文化的流动性、自主性特征，以科学的历史观和文化观建构当代中国民间信仰文化生态系统。

二、乡村如何走出保护困境

　　非遗保护应着眼于在继承优秀文化传统的基础上进行文化创新，使之成为全球化时代民族文化认同的基础。在非遗的语境下，寻找中国当代社会岁时民俗与民间信仰存续的正当合法性以及其新的增长空间，重构其价值意义，既要科学审视岁时民俗与民间信仰和非遗的关系、和当代社会的关系，还要营造宽松多元的文化氛围，积极建构有序推进岁时民俗与民间信仰实践的社会空间和制度空间，并以此吸引和动员社会民众更多地关注、参与非遗的传承保护，使非遗及其文化精神更好地融入现代民众生活，继续成为新时期民间文化创作的动力源泉。乡村如何走出保护困境，应从以下几方面入手[①]：

（一）构建民间文化氛围

在当代乡村建设中要积极倡导地域特色、民族特色和文化特色，构建宽松包容的乡村社会文化氛围，积极引导和利用好岁时民俗与民间信仰的文化资源，主动发掘其中所蕴含着的丰富的社会主义核心价值观历史文化因素，在地方社会丰富的实践活动中传承创新民族民间文化，并将核心价值历史元素寓于其间，彰显民族精神和时代精神，激发社会正能量，使之成为连接传统文明与现代文明的重要精神文化纽带，实现文化实践、非遗保护和乡村建设的良性互动。

（二）建设民间文化基础设施

在乡村社会治理中要更加重视岁时民俗与民间信仰的活动空间建设，规范化、制度化推进场所建设和事务管理，丰富当代社会岁时民俗与民间信仰的社会功能和文化品格。首先，重视场所地理空间建设，需依法依规开展，要让场所布局与周边自然生态相宜，保持场所环境整洁有序；其次，重视场所精神空间建设，使场所成为新型乡村传统文化承载、展示和创新的空间，优秀传统道德和地域精神弘扬的空间，以及公共信息文化交流的空间；最后，要重视场所管理制度和管理组织建设，健全消防安全、财务安全、食品安全等相关制度，积极吸纳"新乡贤"参与场所管理，为规范有序开展文化活动以及促进相关非物质文化遗产的传承保护提供环境保障、

[①] 张祝平.本体与他者：当代中国社会民间信仰"非遗化"反思[J].中国农业大学学报（社会科学版），2017（6）：75-83.

制度保障和组织保障。

(三) 培养民间文化精英

在新农村文化培育和新农民培养中要更加重视传统村落文化的主体性建设，通过完善乡村文化精英的发掘和保护机制，积极引导广大民众增强文化自觉自信意识和文化建设参与能力。首先，要跳出"非遗传承人"的选择视阈，更加重视传统村落知识精英在民间文化传承保护中的积极作用；其次，要通过庙会等群体性活动，为游离于"非遗传承人"制度之外的民间艺人提供更多的实现"自我表现性交流"的机会；再次，要通过机制创新更好体现"非遗传承人"申报选拔的民间性、文化参与的民间性和作用发挥的民间性；最后，要通过创建完善"城市精英回乡制度"等，吸引文化精英回流，发挥好他们既熟悉主流文化又敬畏民间文化的优势，以潜移默化的方式引领和带动民间社会增强文化自觉意识，不断对自有的文化传统和文化创造进行创新性的转化，使之符合现代化的趋势和社会主义先进文化的前进方向。

岁时民俗与民间信仰的非遗保护工作的重点在民间，应该加强民间文化氛围、基础设施建设和民间文化精英培养，进一步改良乡村文化土壤，再造乡村文化精英的培养机制，让越来越多的民间力量加入非遗保护中来。以贵州省龙角布依族乡的月亮河村为例，铜鼓是布依族古老的打击乐器之一，属于珍贵的民族文化遗产。它被布依族人视为传家宝和氏族、宗教团结的象征，敬若神灵，年年施祭，岁岁礼拜。作为民族文化和区域文化的一个重要组成部分，铜鼓始终与布依族的生活、文化样式联系在一起。中国历史上许多古乐器随着时

铜鼓

代的变迁而消逝，但布依族地区的铜鼓音乐文化却传承下来，保留至今。这与当地的民间力量的是分不开的。

第三节　中国乡村传统岁时民俗与民间信仰助力乡村振兴

一、乡村振兴中岁时民俗与民间信仰的转变方式

岁时民俗与民间信仰是中国传统文化的有机组成部分和重要载体，可以为乡村振兴提供独特的传统文化支持。新时代全面实施乡村振兴战略，要认真探索促进传统文化服务乡村振兴的机理和机制，推动传统文化在乡村可持续发展、参与乡村基本建设、重构乡村文化以及解决实际问题中发挥积极作用。同时，要积极引导岁时民俗与民间信仰同村民生产生活方式的现代化转变相适应，在努力建构丰裕而自由的乡村理想生活的同时，促进形成岁时民俗与民间信仰的现代化转型，与村落社会治理现代化相互交融、协同发展的新格局。应从以下五个方面加强[①]：

（一）乡村文化再开发

乡村文化经过重新分类，细分多个方向，通过多种载体和全媒体渠道展示传播；通过对建筑的全面排查和整改，拆除影响乡村风貌的生产生活设施，对乡村核心区域的民居古建筑进行改造，复建

---

① 张祝平. 乡村振兴中民间信仰的治理方式——一个传统村落片区的历史变迁、振兴实践与文化反思[J]. 中南民族大学学报（人文社会科学版），2021（9）：55-65.

古建筑、新建民俗博物馆等，着力重现古色古香的村居环境；精选乡村文化主题，定期举办岁时纪念活动和民俗风情文化演出，营造特色文化氛围；传承特色产业文化，打造非遗类工坊和民俗体验馆。

（二）政府主导的改造

各级政府主导乡村改造的目标和方向，包括确定改造方案和规划、建设目标、形象设计、传播方式，以及出台保护和利用的政策措施等；主导乡村改造的资源整合，包括主动对接上级部门争取外部支持，牵头引进政府资源、社会资本和乡贤资源，整合公共资源集中力量办大事等；主导乡村的文化发掘与提升改造内容，主办民俗风情文化节、实施乡村文化提升改造工程、遴选乡村改造和文化建设项目等；主导乡村基础设施改造和整体环境营造，包括村落改造中公共场所设施建设征地、部分民居拆迁和新居规划，路网、电网、公厕、水域和消防设施的改造，以及生态环境、人居环境和公共场所的整治、修建等。

（三）专家设计的改造

借行业大师之手，通过改建、扩建、新建古建筑来修复和提升传统乡村风貌，是近年来各地加强乡村保护、推进乡村振兴的常用做法。在典型乡村的保护与开发中，引进顶尖的设计师团队，制定村落风貌改造规划、村落功能更新和功能区调整规划，设计乡村建筑修建方案和改造实施路线图等；引进专业化乡村旅游规划团队，与设计师团队互动，设计特色旅游形象品牌，编制旅游产业规划和旅游景点开发规划，规划并实施村落旅游基础设施改造方案，以及组织实施旅游品牌营销推广等；引进专业文化艺术团队，紧扣时代主题、地域特色和品牌塑造，改造或新编信俗文化，策划并组织实施农民文化节、民间艺术展演活动、民俗风情文化节等。

（四）乡村精英的参与

乡村精英是推进乡村振兴不可或缺的重要力量之一。新时期的乡村精英主要是指农村里先富起来的经济能人，也包括村干部等政治能人及乡贤和其他一些技术能人等。在村落片区改造中，乡村精英主要承担向下传播政府的意图和工作部署、协助政府做好项目申报和资金争取工作，以及协调配合村落改造规划方案的实施等职能，而日常最主要的还是承接村落改造中的各类中小型工程项目，并在此过程中与部分村民形成"雇佣关系"。

（五）社会资本的引入

社会资本亦是推进乡村振兴不可或缺的重要力量之一。社会资本多为政府牵头引入，政府对其给予各方面的政策优惠、补贴奖励和条件照顾，数量有限且主要投向文化旅游和精品民宿开发两个领域。目前，其业务支撑主要还是依靠地方政府资源，包括承接政府会议接待服务，或依托政府支持承接各地各类以乡村建设和古村落文化保护为名的考察培训项目等。

"产业兴旺、生态宜居、乡风文明、治理有效、生活富裕"是乡村振兴的总体要求，问题的关键与核心在于文化。乡村振兴文化先行，中国乡村传承的独具地域特色的乡土文化也就越来越成为实施乡村振兴战略的主要抓手之一。正确认识文化与乡村高质量发展的关系、与美好生活的关系，着力破解民间信仰现代转型困境，重建文化信仰，进而使包括岁时民俗与民间信仰在内的传统文化成为乡村可持续发展的重要资源。

二、乡村振兴实践中岁时民俗与民间信仰的当代价值

岁时民俗与民间信仰同乡村振兴之间存在一定的内在逻辑关系，两者相辅相成，密不可分。岁时民俗与民间信仰是乡村振兴的精神依托，不仅能够规约乡村社会民众的行为，还能促进乡村社会民众凝聚力的形成，同时也是联结乡村社会的纽带。我们应从以下几方面加强两者的联系。①

（一）联结乡村社会的纽带

乡村社会之间进行交往是整个社会得以进步的源泉和动力。乡村社会之间的交往是复杂多样的，岁时民俗与民间信仰在乡村社会的交往中扮演着不容忽视的重要角色。纵观历史的发展进程，岁时民俗与民间信仰可以使民族之间和平友好相处，同样也可以使民族之间出现世代矛盾。因为岁时民俗与民间信仰的差异可能导致民族之间心理意识和处世方法不同。不可否认，大部分相邻乡村社会因为具有相似的自然环境和人文环境，而具有相似的传统文化，彼此之间即使存在不同也能够相互理解。

（二）乡村社会的凝聚力

乡村社会的凝聚力则是乡村社会的集体意识，这种集体意识渗透在乡村社会民众间的交往交流中。乡村社会的凝聚力来源于共同的

---

① 孔秀丽，罗康隆.乡村振兴背景下民间信仰的当代价值研究[J].贵州民族研究，2020（12）：77-83.

精神内核，这种精神内核是乡村社会生存和发展、冲突与和谐的关键点，体现着乡村社会民众的世界观、人生观、价值观，是恒久延续的集体共同意识。岁时民俗与民间信仰可谓是集体意识在乡村社会中的具体表现，不仅在一定程度上反映和体现了乡村社会的世界观、人生观和价值观等，也构成了同一乡村社会的民众在处理各种社会关系过程中凸显出的相似行为方法和准则。从民众集体情感的层面来说，岁时民俗与民间信仰成为凝聚乡村社会的情感依托，激发民众自信与自立，从而成为推动乡村社会成员追求其整体生存与发展的能动力量。

（三）生态文明建设中的智慧

岁时民俗与民间信仰的创作灵感来源于民众的日常生活，同时，又反过来约束人们的生活实践。岁时民俗与民间信仰的多样性也说明传统文化的多样性，生态文明建设的进程中恰恰需要借助生态文化的多样性。生态文明建设需要以我国各族人民的传统生态智慧为基础，并深深扎根于中华民族悠久灿烂的文化沃土中。各区域、各民族的民间信仰中蕴含着很多人与环境和谐相处的地方性生态知识，如何把握好民间信仰的积极价值，为生态文明建设发挥促进作用需要引起关注。无可置疑的是，民间信仰既有精华也有糟粕，在当前乡村振兴的背景下，需要取其精华、去其糟粕，这样才能正确地把握民间信仰对生态文明建设的价值。

乡村振兴是乡村社会整体的振兴，岁时民俗与民间信仰仅算其中的一部分，还需要紧紧结合人文、地缘、物产、景观、历史等方面综合为乡村振兴服务。唯有如此，才能在深入了解乡村社会的基础上，更好地为其服务，最终使乡村社会真正达到振兴繁荣。另外，在乡村振兴的背景下，岁时民俗与民间信仰也为当代生态文明建设提供可资借鉴的价值。

三、乡村振兴战略背景下岁时民俗与民间信仰的保护和引导

流传于各地农村的岁时民俗与民间信仰文化，既是中国传统文化资源的重要组成部分，也是乡村文化的重要组成部分，又是当地社会生活的组成部分。如何保护和引导民间信仰文化，深入研究、挖掘其中蕴含的优秀思想观念、人文精神、道德规范，充分发挥其教化民风、凝聚人心、辅助经济的重要作用，助力实施乡村振兴战略，是一个具有理论性和现实性的问题，主要有以下四个方面。①

（一）以社会主义核心价值观为引领，深入挖掘当代民间信仰的文化价值

通过挖掘和整理岁时民俗与民间信仰文化中的优秀元素，弘扬其中弃恶扬善、诚实守信等与社会主义核心价值观相契合的元素，摒弃一些低俗迷信的做法，提升民间信仰的文化内涵，使之成为适应当代社会的文化形态，发挥道德教化功能，助力维护乡村社会的公序良俗，倡导新风、淳化民风。

（二）创新形式，培育和提升优秀民间信仰文化

乡村的岁时民俗与民间信仰文化通常具有同质性、世俗性的特点，需要去芜存菁，不断地进行培育和提升。要注意引导民间信仰场所和民间信仰活动在弘扬社会正能量中发挥积极作用，同时也要

---

① 曾晨.乡村振兴战略背景下民间信仰文化的保护和引导[J].中国宗教，2020（7）：56-57.

在形成特色、精品上下功夫。各省市可以学习浙江省的做法，浙江省每年在全省集中推广 10 余个民间信仰活动，树立了一批优秀民间信仰文化典型，培育和提升了浙江民间优秀文化特色，加大了对非遗保护力度，引起了很好的反响。

（三）开展形式多样的活动，保护、传承民间信仰文化

首先，要组织力量，广泛开展调查研究，整理、挖掘优秀的岁时民俗与民间信仰文化；其次，要通过举办相关活动，让优秀传统文化活起来、传下去。例如，安徽歙县许村人的"舞大刀"，是当地民俗活动中最具特色的一项，最初是为了祭祀祖先，现在已经演变成一种祈福的仪式和表演，不但可以丰富基层群众的文化生活，而且对于非遗的传承、保护也具有很好的作用。

许村舞大刀

（四）合理开发民间信仰文化，助力乡村振兴战略

在有些地方，各种以岁时民俗与民间信仰为主的民俗文化活动，已经成为当地的"名片"。合理开发运用"名片"，能够提高地区的知名度、促进当地旅游经济的发展，对于保护当地传承已久的民间信仰文化也具有一定的促进作用。可以把特色文化与现代休闲旅游相融合，其中众多民间信仰文化节俗，都可以为当地旅游增添亮色，对促进当地文化旅游产业经济贡献力量。当然，这一过程中要避免对文化资源的过度开发，注重实现文化资源的可持续发展。

总之，积极保护和引导乡村地区岁时民俗与民间信仰文化，取其精华，去其糟粕，才能使之更好地服务于民众的生产生活，助力乡村振兴战略的实现。

第十四章
中国乡村传统岁时民俗与民间信仰的典型活化案例

第一节 张壁村的民俗信仰

一、历史背景

2013年，华裔人类学家乔健先生主持的人类学高级论坛"黄土文明·介休范例"研究项目四川大学课题组师生一行前往山西省介休市进行田野考察。在一处方圆仅约0.1平方千米的弹丸之地——张壁村，同行者均为该地的深厚乡村民间信仰空间所强烈震撼。

张壁村的核心区域是屡获国家级"中国历史文化名村""传统古村落"等殊荣的张壁古堡。古堡南背绵山，据黄土塬而呈南高北低之势，其余三面皆为峭壁深沟，易守难攻。据专家推测，古堡始建于十六国时期，距今已有1600多年的历史，最初为战乱之际割据势力屯兵驻守的防御建筑，在后来的华北区域历史变迁和人口迁徙过程中逐渐成为一个典型的晋南山村。令人称奇的是，弹丸古堡之中竟然完好地保存了宋、元、明、清时期的庙宇殿堂以及民间信仰遗迹等20余处，充分体现了传统乡村社会民间信仰实践根深枝茂、交融共生的深刻内涵。

第一，古堡地处黄土高原东南区域，保留有华北地区古老的祭星习俗。不仅村民们在每年的正月二十八都要举行"祭星"仪式，而且古堡轮廓与天上"奎星"相暗合，堡内营建布局亦遵循古代星象和堪舆之法，至今仍存有与二十八星宿相对应的如水井、戏台、七星槐、天眼、将军窑等30余处空间标志。由此，张壁村被誉为"天下第一星象村"，体现了当地民众理解物换星移、顺应物候天时、适应地方生境的古老智慧。

第二，村落信仰体系极为复杂，不仅儒释道三教齐备，并且还有关帝庙、痘母娘娘殿、蚜蚼庙、金家姑嫂殿、魁星楼、龙王庙等众多民间信仰遗存，体现出制度性宗教与民间信仰错综交织的信仰生活样态。

第三，村落信仰兼具中华民族传统信仰的普遍性和地方信仰的特殊性，囊括了与地方远近不同、次第展开的四个信仰圈层，包括：第一圈层，如可罕庙、金家姑嫂殿等与本地历史直接相关的信仰；第二圈层，如吕祖、关帝、空王佛等与山西区域历史相关的信仰；第三圈层，如龙王庙、二郎神等，与黄土高原区域乡村生产生活对于水的功利性需求紧密相关的信仰；第四圈层，如千手观音、地藏菩萨等，多源于佛道等制度化宗教。①

第四，由于文献资料的缺失，张壁村可罕祭祀的起源已经难以考证，而"鞑靼"可罕庙保存至今，香火不断，折射了黄土文明多民族民间信仰的交融共生的历史进程，亦是中华民族多元一体格局的深刻反映。②

---

①② 李菲.张壁村：多元地方信仰的历史建构与认同[J].广西民族大学学报（哲学科学社会版），2015（3）：30-36.

图 14-1　山西介休张壁村的可罕庙
（图片来源：李菲 摄）

　　第五，最为重要的是，日常生活的实践逻辑使人们在家户、村落与区域的不同空间层级以及年度岁时节庆与生命周期的相互嵌合之中完成了对多元信仰的时空间秩序建构，从而在黄土文明漫长的乡村社会历史进程中维系了天地、人神、人际之关系的协调与规范。①

---

① 李菲，唐蒋云露.黄土社会的多元互动与区域整合——介休张壁村的祭星仪式考察[J].民族艺术，2015（3）：113-119.

二、传承现状

张壁村可视为中华大地上无数传统村落的一个缩影。在年复一年的岁时流转与节庆相继的过程中,多元信仰的交织不仅塑造了张壁村建筑与空间的物质肌理,将乡村神圣时空与世俗时空相融通,更深入渗透到日常生活的血肉之间,成为乡村传统文化最为重要的组成部分之一。

与当地如此富蕴厚集的传统文化形成鲜明对比的,则是在田野考察过程中同行者们目睹的张壁村(古堡)正在经历的"空心化"变迁。随着现代化进程中乡村社会分工日趋多元化、乡村人口流动性与外向迁移性增强以及乡村社区居住模式的改变,堡中村民集中搬迁至新村,而新村中也多为留守老人及未成年人。这也是当代中国众多乡村的常态化发展模式。基于"传统古村落"保护和地方旅游发展的双重目的,当地开始着手将张壁村打造为旅游景区。①

自此,古建筑保护和景区旅游开发使千年来村堡一体、未曾分离的张壁形成了"村落/景区"的二元新格局,其对村落社区的影响也显现出"硬币双面"的复杂效应:一方面,古堡中原有的乡村信仰建筑空间、仪式场所及物质遗存得到了较好的恢复和修缮;另一方面,当村民迁出古堡之后,张壁村(古堡)当下的日常生活空间与传统的神圣信仰空间被拆分,居住在新村中的年轻一代对古堡中大大小小 20 余处神灵栖身于节庆仪式活动开展的场所具有怎样的认知和情感态度,则决定了古老的民间信仰能否传承下去。换言之,

---

① 张壁村已于 2012 年入选第一批"全国特色景观旅游名镇(名村)",2015 年入选"山西十大新锐景区"。

乡村民间信仰的根基仍在，但其传播、传承面临困境与危机。

需要看到的是，这样的困境与危机并非张壁村一时一地的问题，还需放在近现代以来乡土中国百年变迁的宏观历史进程中来加以思考。

有学者指出，民间信仰研究堪称中国近现代思想史与学术史上的一个"老大难问题"。这一难题始于明末清初中西方文化首次深层碰撞之际，西方传教士正是全盘否定中国民间信仰的始作俑者。[①]回溯过去的一个多世纪，清末至民国初年中国民众的信仰世界经历了急速的嬗变。作为一种"启蒙"的形态，"反迷信"运动将改造乡村社会和民间信仰整体性地纳入创建现代民族国家的话语体系及社会实践之中。尽管西方传入的科学、理性与技术将民间信仰视为中国近现代转型和国富民强的障碍，但在乡土中国的多元地方情境之中，底层民间信仰空间仍然依存于乡土社会的日常实践，在"理性的暴力"中艰难而坚韧地延续着。[②]

中华人民共和国成立之后，以社会主义建设为宗旨推进乡村文化的现代化转型，在此过程中，民间信仰长期未能得到社会主流文化的重视和承认，在特定历史背景下更屡遭挫折。但当代中国社会结构中传统与现代、国家与地方、城市与乡村、精英与草根长期互动协商所塑造的弹性社会空间，仍然在一定程度上包容了民间信仰的实践与传承。改革开放以来，党和国家遵循文化发展的客观规律，逐渐恢复了民间信仰的合法身份和地位。[③]人类学、民俗学、宗教

---

① 张志刚."中国民间信仰研究"反思——从田野调查、学术症结到理论重建[J].学术月刊，2016（11）：5-24.
② 沈洁.反对迷信与民间信仰的现代形态：兼读杜赞奇"从民族国家拯救历史"[J].社会科学，2008（9）：167-174，191.
③ 光梅红.现代化进程中的中国民间信仰[J].山西高等学校社会科学学报，2010（9）：22-26.

研究等的大量田野调查案例表明，20世纪80年代中后期，各种古老的民间信仰、仪式和节庆之所以能短时间内在全国各地广泛复兴，主要原因正在于它们乃是与普通百姓的日常生活息息相关，并以"生活"的基本形式存在的信仰习俗。①

民间信仰研究者张祝平认为，改革开放40年以来所取得的巨大经济、文化和制度建设成就，在根本上得益于整个社会朝向常识与理性的回归。尊重差异、多元共生正是其中所蕴含的传统文化与民间信仰价值重构的深刻逻辑。在此过程中，民间信仰经历了从"封建迷信"到"民俗活动""文化资源"，再到"文化遗产"的多元次转换，逐步进入主流话语体系。②在今天党和国家全面实施乡村振兴战略、开启中国特色社会主义建设新征程的重要历史转折点上，如何走出民间信仰转型困境，以及如何有效推动民间信仰创新性发展，不仅关乎中华民族优秀农耕文化和乡村文明传统的传承，关乎乡村民众主体性的激发，也关乎共建共治共享的村落共同体意识的培育和凝聚。③

三、活化方式

当前，要摒弃民间信仰复古主义、虚无主义和乡土文化主流化的实践取向，回归民间信仰之本真和乡村生活化本质，使民间信仰

---

① 张志刚."中国民间信仰研究"反思——从田野调查、学术症结到理论重建[J].学术月刊，2016（11）：5-24.
② 张祝平.中国民间信仰40年：回顾与前瞻[J].西北农林科技大学学报（社会科学版），2018（6）：1-10.
③ 张祝平.乡村振兴中民间信仰的治理方式——一个传统村落片区的历史变迁、振兴实践与文化反思[J].中南民族大学学报（人文社会科学版），2021（9）：56.

是开放的而非封闭的、是公共的而非个体的、是公众的而非精英的、是独特的而非独立的,并在融入独具韵味的美丽乡村建设中实现价值功能。主要可以从以下三个方面加强活化措施。①

(一)坚持保护第一,传承优先,不搞大开发

要全面系统地落实中共中央、国务院及各部委的意见,特别是要按照"完整性""真实性""延续性"加强村落保护的要求,积极探索实施符合地方实际的"优秀乡土文化保护传承工程",将民间文化资源的保护传承纳入其中统筹谋划、系统推进,以切实实现"保护村落的传统选址、格局、风貌以及自然和田园景观等整体空间形态与环境"之目的。各地区通过举办一系列的特色民俗活动,唤醒集体记忆和乡土情怀、增进民众文化自觉和文化自信、加强优秀民间信仰文化资源整理发掘等。

(二)坚持民众为主,民生为本,提升村落生活空间质量

一是要以尊重乡俗力量和乡治传统为基础构建现代善治体系,提高民众的认同感和归属感。二是要以现代生活理念为引领,统筹公共资源配置,提高民众的获得感和幸福感。三是要以民意为主导实现村落规划由侧重物质空间形态向更加关注村落中的"人"的转变,提升民众的参与感和主人翁意识。乡村振兴和村落保护的关键与核心在于倡导全体村民的积极参与,应当正视民间信仰的现实需求和现实存在及其之于乡土重建的合理性,提高村民的凝聚力、自

---

① 张祝平.乡村振兴中民间信仰的治理方式——一个传统村落片区的历史变迁、振兴实践与文化反思[J].中南民族大学学报(人文社会科学版),2021(9):63-64.

治力和参与力，以主人翁意识参与村落复兴全过程。

（三）坚持合理利用，注重转化，实现村落可持续发展和民间信仰传承的双赢

其一，在村落治理层面，主要通过打造草根文化团队、激活民间文化潜力和推动农村文化发展进行民间信仰文化价值的创新转化。其二，在政社合作层面，主要通过塑造民间节庆品牌或建设非遗基地进行民间信仰文化价值的创新转化。其三，在市场化层面，主要通过资本下乡和产业引导，以特色小镇或田园综合体建设的模式进行民间信仰文化价值的创新转化。最终形成以优秀民间信仰文化激励乡土人才、以优秀乡土人才带动乡民参与乡土文化主体性建构的创新发展格局。

第二节　妈祖文化

一、历史背景

妈祖是中国广受敬奉的海神，妈祖文化肇始于宋元时期，当时海上贸易和渔牧事业得到迅速发展，以海上渔业作为生计的渔民增多，他们向神明祈祷以期得到护佑，出海捕鱼一切顺利。北宋宣和四年（1122），祖籍位于莆田的水手在紧急时刻向妈祖祈求而得救，后使者将妈祖逢凶化吉的事情奏报朝廷，妈祖信俗自此获得了朝廷的重视。此后的四朝十四个皇帝先后敕封妈祖三十六次，妈祖文化兴盛于明清时期，妈祖祭典被康熙帝列入地方层面规格最高的礼仪

图 14-2 妈祖祖庙

祭典，且后续列入国家祀典。湄洲岛是现在妈祖祖庙所在地，每年有大量民众前去祭拜妈祖。妈祖文化底蕴丰厚，无数蕴含着妈祖文化的书籍、诗文、绘画、建筑、民间传说等等，都是妈祖文化的实际形态，有着丰富的研究价值。①

---

① 孙光，范晓西，刘宇.运河文化带视域下妈祖文化资源与文创产业结合的策略研究[J].艺术与设计（理论），2020（10）：29-31.

二、传承现状与特点

妈祖文化在民间产生、发展、传播，具有时间上的长期性和受众面上的广泛性。2006年，由中华妈祖文化交流协会申报的"妈祖祭典"入选第一批国家级非物质文化遗产代表性项目名录。2009年，妈祖信俗同布鲁日的圣血大游行、塞托多声部合唱等一起入选人类非物质文化遗产代表名录。妈祖作为我国民间信仰之一，历经千年，经久不衰，其影响力从洲屿走向全世界。其内在精神更是被海内外众多信众所尊崇，更被历代官方所认可。我们应该深入发掘妈祖文化，在新时代将其继续传承下去。妈祖文化典型的传承特点有：

（一）文化认同

妈祖文化是中国民间文化的一个重要组成部分。它随着信奉者移居世界各地进而传播范围逐渐扩大，其影响范围已随着中国人的足迹遍及全世界。由于妈祖信仰与儒释道相交融并成为海外华人民间文化的有机组成部分，因而它在华人社会中具有极强的聚合功能。在港澳台地区以及海外华人居住区，妈祖宫庙极为普遍，在纽约甚至有"一条华人街，两个天妃宫"的说法。这些妈祖宫庙不仅仅是进香的祠庙，更多则是侨胞和港澳台同胞聚首的会馆，这在客观上起到加强侨胞和港澳台同胞团结，激发他们的热爱家乡、热爱祖国的情怀，增强中华民族的向心力和凝聚力。[1]

---

[1] 林新媚.妈祖文化的社会功能及现代化意义[J].厦门理工学院学报，2007（3）：84-87.

（二）维系革新

妈祖信仰形成于海洋，成长于海洋，妈祖文化具有海洋文化属性，其背后反映的是中国海神信仰。追溯妈祖信仰产生与发展的过程，相当于以一个例证探寻中国海神信仰的发展历程，从而深入探讨民间信仰的实质内涵。中国妈祖海神崇奉，逐渐成为大众的文化心理与行为习惯，培植专有的海神妈祖文化定式。这类信仰，在民间历代维系并加以革新，受不同社会阶段条件下的特有生产生活方式影响，依据信众各自的心理需求差异扩充或转变自身的神职功能，由过去的海神演化为今日可以求福禳灾的全能神，也是妈祖信仰长盛不衰的原因之一，而中华传统文化在此过程中也不断维系革新。[1]

（三）精神教化

妈祖海洋文化以兼容并蓄、深仁厚泽的慈悲精神教化世代的信众，引导拓展群众的精神层面并使之无限延续，其自身散发的人性化光辉映射着古往今来中华民族的传统美德，传递出中国的海洋文化精神。无论是传播过程中地域的改变还是仪式的改化，妈祖精神始终在传递"以人为本"的理念，表达不同时代背景下民众对美好生活的共同向往，更是人们对天地怀揣敬畏之心的生动表达，这便是妈祖精神在如今大数据时代仍能维系传承的重要因素。而妈祖信仰中长久积淀的民语俗话及仪式常例同时也会影响人们的思想与行为，其道德楷模内涵成为广大群众价值观的基础与普遍信条，由此维系着信徒自身行为的规划与人际关系的和谐。给人们带来精神的

---

[1] 王辉，路晓彤，董皓平.海洋文化仪式性表达与社会功能剖析——以辽宁长海妈祖文化为例[J].福州大学学报（哲学社会科学版），2022（4）：19-25.

慰藉，成为人们精神寄托的凭借，妈祖精神已成为一种文化积淀，发挥着教化榜样作用。①

（四）载体多样

目前，仅直接记载妈祖信仰的历史文献资料最保守地估计都已超过一百万字，涉及经济、政治、军事、外交、文学、艺术、教育、科技、宗教、民俗、华侨、移民等众多领域的课题，内容相当丰富，史料价值很高。此外，世界各地还存在大量与妈祖信仰相关的宫庙、会馆、祠堂、祭祀场所、碑刻、壁画、石雕等实物。更不可多得的是，还保存着鲜活而丰富多彩的口传文化，如音乐、戏曲、舞蹈、叙事歌谣、神话、故事、礼仪、民俗及祭仪与祭祀活动等。这些文化遗产，上可溯至宋元之前，下已流传到当今时代，并涉及社会与文化各个领域，是传承中华文化的重要载体，对于弘扬妈祖文化，建设并完善中华民族的精神家园，繁荣发展中华民族文化，具有不可取代的历史文化价值和意义。②

三、活化方式

对于妈祖文化的活化与传播，人们已经做出了多种尝试，力求通过不同的叙事重构手法，多方位地展示妈祖文化。其中通过文化资源与文创产业结合的方式备受人们关注，这种通过实物载体的方

---

① 王辉，路晓彤，董皓平.海洋文化仪式性表达与社会功能剖析——以辽宁长海妈祖文化为例[J].福州大学学报（哲学社会科学版），2022（4）：19-25.
② 王丽梅.妈祖文化的核心价值及其现代社会功用[J].重庆文理学院学报（社会科学版），2010（1）：7-10.

式，在一定程度上能够展现妈祖精神和妈祖文化资源的精华。人们通过发挥平台优势，提升文化产品的创新能力，增强精品意识等，推出了很多深受大众喜爱，尤其是年轻人喜闻乐见的、乐于接受的妈祖作品和妈祖形象，其常见的活化方式有以下几种。[①]

（一）实物传播与文创产业的深度结合

在中国古代社会中，妈祖文化通过宫庙、牌匾、雕像等形式进行传播，随着现代社会的进步和科学技术的不断发展，妈祖文化资源的传播途径也在不断变化发展着，与文创产业的结合成为传播妈祖文化资源的新渠道。以妈祖文化为主题的文创产品受到人们的追捧，这类文创产品在传播妈祖文化的同时，又通过创意来创造经济价值。旅游文创产品需要兼具文化底蕴和地域特色，比如妈祖玩偶、白瓷妈祖坐像、妈祖剪像等具有留念性质的文创产品都深受游客喜爱。

（二）文化软实力与影视媒体的深度结合

妈祖文化以其深厚的内涵闻名于世，以妈祖信俗为主旨演绎出妈祖祭典和传说故事等在现今仍然得到了极大的重视。随着妈祖文化在全世界的传播，妈祖文化资源也得到了更广泛的应用，以过去妈祖文化盛行的沿线城市为连接点，妈祖节日庆典的文化影响力遍及各地乃至全世界。而以妈祖文化作为主题的影视剧、话剧、京剧和地方戏剧等接连出现，歌曲、散文、诗歌、动画等作品也被众多

---

① 孙光，范晓西，刘宇. 运河文化带视域下妈祖文化资源与文创产业结合的策略研究[J]. 艺术与设计（理论），2020（10）：29-31.

媒体公司争相创作，这种表现形式增强了人们对妈祖文化内涵的深度认识。

（三）借助全媒体推动文化资源的升级发展

在节日庆典和非物质类的妈祖文化遗产传承发展中，应借助各类"遗产日"等纪念活动，举办摄影、书法、戏曲等各种各样的展览活动，增进全国乃至全世界人民对妈祖文化的了解。运用视频记录妈祖信俗的民俗活动，并发布于互联网上，建立网上数字博物馆，进行资源共享，鼓励媒体、互联网等新兴媒介对妈祖文化进行宣传和普及，为妈祖文化资源的丰富创造和谐的环境。通过各种媒介形式传播妈祖文化，既可以保护妈祖文化遗产，还可以深层次挖掘妈祖文化资源，为妈祖文化的传承和发展打下坚实的基础。

（四）加强学术交流及学校教育

妈祖文化传承了中华民族的优秀传统美德，讲好中国故事，传播妈祖文化，加强文化传承是大势所趋。当代传统文化的传播不能唯利是图，也不能一味娱乐化，学界的"定海神针"作用不可小觑。近年来，地方政府对妈祖文化项目给予一定的支持，学校作为教育功能的优秀传播途径之一，具有传播知识的良好媒介和条件，也大力开展妈祖文化主题的学术交流活动，鼓励同学们申报与妈祖文化有关的课题。[①]

妈祖文化是中国海洋文化的重要代表之一，它是劳动人民千百

---

① 胡欣欣，张清荣.中国海洋文明背景下妈祖文化创新传播研究[J].文化产业，2020（36）：84-86.

年来尊崇、信仰妈祖过程中遗留和传承下的物质财富和精神财富的总称，也是中华民族重要的文化瑰宝之一。妈祖文化的整体保护、活态传承和持续发展，对于弘扬妈祖文化精神，增强文化凝聚力，促进文化认同，构建人类命运共同体具有重要意义。

第三节　壮族"三月三"

一、历史背景

壮族"三月三"源于上巳节，在承载中原传统文化底蕴的同时，将壮族人民的心理与性格特征内化其中，形成独具民族文化特色的节日。目前，"三月三"已成为壮族人民仅次于春节的重要传统节日，既是集物质文化与精神文化于一体，以祭祀、祈祷为动机的信仰性节庆，也是兼具文化教育、人际互动、经济交流等多项功用的娱乐性节庆。"三月三"一方面延续了上巳节祭祀祷祝与娱乐休闲功能；另一方面文化形式亦有所创新，具有鲜明的壮族特色。守恒与创新不断推动着壮族"三月三"的活态传承，使"三月三"呈现出独特的民俗符号特色。壮族"三月三"承传中原上巳节祭祀驱邪、求爱求子的文化意蕴，又在文化形式上形成了鲜明的民族地方特色，呈现出传承性、稳定性、多样性、活态性的文化特质。[①]

[①] 李振鹏.壮族"三月三"的起源、功能、传承现状与发展对策[J].长江师范学院学报，2021，37（6）：80-89.

二、传承现状与特点

壮族"三月三"经过长期的传承和演化业已形成较为稳定且多样的文化内涵，具有良好的传承态势。壮族"三月三"基于民族文化特色，不断丰富文化表现形式，业已成为广西地域文化品牌，受到社会的广泛关注与认可，正在助力壮族"三月三"实现活态传承与发展。

一是壮族"三月三"不断实现规范化传承，逐步受到社会与国家的重视。为传承民族传统文化，促进地域经济发展，南宁武鸣以"歌"为文化符号，于1985年将"三月三"定为歌节，开始举办"三月三"壮族歌节，开展由政府主导、民间组织举行的文化节庆活动。2003年，武鸣政府将"歌节"活动更名为"歌圩"，关注文化传统的承继，并将壮乡"三月三"歌圩塑造成为弘扬民族文化、旅游休闲、招商引资的重要平台，极大地提高了壮族"三月三"的知名度。2006年，"壮族歌圩"被列入第一批国家级非物质文化遗产名录，"歌圩"民俗文化符号逐渐受到全国关注。2008年，"三月三"歌圩被纳入第二批广西壮族自治区区级非物质文化遗产名录，"三月三"成为广西规模最大、参与人数最多、影响最广泛的民族传统节日。2014年，广西正式将"三月三"作为法定民族节日。同年，"三月三"被列入第四批国家级非物质文化遗产代表性项目名录。壮族"三月三"逐步受到由市县，到自治区，再到国家层面的关注与重视，广西不断将节日民俗规范化，形成了集民族传统节日、旅游节日、法定节假日为一体的复合型节庆。

二是壮族"三月三"以其文化内核为基础，持续推动文旅融合，促进壮族节俗的活态传承。近年来，广西将壮族"三月三"作为展现地域文化、民族文化的重要平台，持续推动壮族文化走向全国乃至世界。为推进壮族"三月三"的文化传承，提高壮族文化的社会关注度，从2014年开始，广西以壮族"三月三"为平台，丰富文化表现形式，打造文化旅游节，推动壮族文化的传承与发展。以2019年"壮族三月三·八桂嘉年华"为例，活动组织方在其开幕式上就展演歌圩、蝴蝶歌、多耶、芦笙、打铜鼓、傩面舞等传统文化艺术，集中展现了壮、瑶、侗、苗、仡佬、毛南、仫佬等多个民族的风俗文化。同时，广西各地围绕不同主题，兼及地域特色，策划、组织及举办近千场壮乡"三月三"文化活动。①

"三月三"节日活动形式丰富，新时代壮族人民节日活动呈现方式丰富多彩，涉及民俗文化展演活动、歌圩活动、节日祭祀仪式活动等，在节日活动创新方面，"三月三"和法制、体育及党史相融合。2020年受新冠肺炎疫情影响，"三月三"活动也增加"线上"游园、网聚与网购的举办方式。综合来看，"三月三"的典型特点如下：②

（一）全域性与集体性

"三月三"民俗节日是壮族特有的群体性文化，凝结壮族群体精神，是壮族独特的民俗符号象征，具有壮族文化独特的族群标识。通过民俗活动的开展，人们共同的心理基础得以巩固，民族凝聚力与民族间的文化认同也得以增强，"三月三"逐渐成为多民族共享

---

① 李振鹏.壮族"三月三"的起源、功能、传承现状与发展对策[J].长江师范学院学报，2021，37（6）：80-89.
② 范桂松，徐婧文.壮族"三月三"传统节日文化的开发路径创新研究[J].文化创新比较研究，2022（16）：129-133.

的节日,壮族"三月三"亦由此实现了"文化再生产","三月三"成为多民族情感交流的重要平台。

(二)原真性与民俗性

"三月三"传统节日延续至今具有独特的文化原真性,是壮族古代先民在每年的农历三月三欢聚的重要节日,是壮族文化符号的象征。"三月三"民俗节日与壮乡生活习俗息息相关,是展现当地乡土文化的重要平台。

(三)民族性与历史性

民俗文化是民族精神的传承载体,是一种民间传承文化,它的主体形成于过去,属于民族的传统文化。"三月三"民俗节日无法脱离民族特有的生产生活方式而单独存在。壮族"三月三"展现了壮乡村民平时在生活中庆丰收、迎节庆该有的样子,承载着壮乡村民共同的心理基础,巩固了民族间的情感纽带,促进了民族文化认同。

三、活化方式

"三月三"是壮族特色的文化习俗形式,既是集祭祀、祈祷的信仰性节日,又是集歌舞、娱乐于一体的文化节日。"三月三"民族习俗文化代代传承,已经彻底融入壮族世代相传的祖辈爷孙身上,成为壮族特有的文化符号。具有如下几种典型活化方式[①]：

（一）活态性传承，优化文化产品

1. 加强"三月三"传统节日活动的生产性保护、活态化传承。在生活中继承和弘扬传统节日习俗，还原原生村民本来生活的样子，拉近当地壮乡村民与传统民俗的距离。在发展传承的同时保存原生态文化，以多样的现代化形式呈现在社会生活当中，让"三月三"民俗在老百姓的日常生活中得到传承，在平时生活中得到发展。

2. 持续对"三月三"文化内核的挖掘。通过政府与高校教师合作，文化和旅游局牵头与各地旅游专家学者深度研讨，进一步挖掘壮族文化节日活动可用的文化旅游资源。

3. 重视对属地居民的"三月三"传统节日演化历程的针对性培训，使壮乡村民掌握"三月三"节日背后所蕴含的族群精神与文化内核。壮乡村民作为传统节日民俗的主体，有利于直接提升壮乡村民文化情感、增加经济收益、减少文化代际缺失、挖掘节庆活动背后文化和传递传承壮族文化信息。

4. 渲染文化博物馆、非遗遗产地及当地旅游景区的壮乡文化氛围。通过游客的参与使"三月三"节日活动活起来，改变代际传承导致壮乡文化的断裂现象。

（二）保护原真内核，资源持续开发

1. 保护好"三月三"传统节日资源的原真性内核。针对"保护

---

① 范桂松，徐婧文. 壮族"三月三"传统节日文化的开发路径创新研究[J]. 文化创新比较研究，2022（16）：129-133.

为主、抢救第一、合理利用、传承发展"的方针,通过已有的文化资源和文化内涵,以"文化再生产"的方式激发生命力是其核心要义。基于文化原真性保护理论与持续发展理论,挖掘传统文化内核,以适应时代的变化。

2. 把传统节日文化资源与当代文化生活相融合。设计出既有老一辈原真文化内核,又有现代生活元素的当代"新"节日活动,实现传统节日文化的"创造性转化与创新性发展",深入践行"双创"思想,把双创思想落实到传统节日传承上,实现民俗节日资源的可持续转化。

3. 利用民族节日资源,创新与扩展内容多样性。将"三月三"祭祀仪式融入中小学研学旅行中去,让学生在研学旅行中学习"三月三"祭祀仪式礼仪文化;将"三月三"非遗文化产品与乡村旅游相结合,让游客在田园生活中感受非遗魅力,探究非遗文化内涵。

4. 通过互联网科技手段,更新"三月三"传统文化传播方式。在非遗博物馆、街道社区、商业文化区等创设"三月三"节日模拟体验馆,通过数字化技术将山歌对唱、抛接绣球的情境虚拟化,扩宽文化场域空间并通过VR技术实现人机互动,以"文化再造"来实现传统文化的创新。

(三)强抓文化内核,搭建贸易平台

1. 以壮族"三月三"的文化内涵为基础,搭建壮族"三月三"经济贸易平台。经济贸易平台是现代壮族发展"三月三"文化的可行途径。以壮族"三月三"传统节日为契机,为农产品展销、手工艺品售卖、服装展演等搭建展示、合作与销售的平台。

2. "三月三"传统节日可以带动旅游产品的生产、流通、销售,既能满足旅游者的文化消费，又能带动旅游经济贸易活动。"三月三"的大型集聚活动提供了一个集经贸、旅游、文化交流于一体的情感平台，通过情感效应吸引更多游客参与到节庆活动中来。

3. "一带一路"倡议下，利用广西东盟商业圈的辐射力度优势宣传"三月三"民俗节日。打造"三月三"文化旅游博览会，向东盟国家游客推出"三月三"民俗节日文化旅游行，推动与东盟间的旅游交流与合作。利用与东盟国家陆海相邻的优势，打造跨境旅游产品，让东盟的游客化身"三月三"节日文化深度体验官，参与文化遗产的传播，提高"三月三"民族文化旅游品牌的认可度，推动广西旅游业的发展。

综上，中国乡村传统岁时民俗与民间信仰是中华传统文化的有机组成部分和重要实践载体，可以为乡村振兴提供源源不断的精神文化资源和内生动力支撑。新时代全面推进乡村振兴战略的实施，需要突破僵化的"糟粕/精华"二元认知桎梏，在城乡循环反哺的和谐社会建构、文化与非遗保护传承以及乡村治理和乡村可持续发展的实践过程中全面审视、重新评估并积极引导民间信仰发挥正面价值意义，探索其传承、创新和转化的多元路径。唯有如此，乡村才依然是那个可以寄托家园情怀、扎根乡愁的精神原乡，也才终将会是那个迈向丰裕、自由、和谐生活的理想之乡。

参考文献

REFERENCES

[1] 费孝通. 乡土中国[M]. 北京：北京大学出版社，2004.
[2] 泰勒. 原始文化[M]. 连树声，译. 谢继胜，尹虎彬，姜德胜，校. 桂林：广西师范大学出版社，2005.
[3] 博尔尼. 民俗学手册[M]. 程德祺，贺嗒定，邹明诚，等译. 上海：上海文艺出版社，1995.
[4] 苏秉琦. 满天星斗：苏秉琦论远古中国[M]. 北京：中信出版社，2016.
[5] 吕思勉. 中国民族史两种[M]. 上海：上海古籍出版社，2008.
[6] 金开诚. 中国文化知识读本：岁时文化[M]. 长春：吉林文史出版社，2012.
[7] 蒲慕州. 追寻一己之福：中国古代的信仰世界[M]. 上海：上海古籍出版社，2007.
[8] 乌丙安. 中国民间信仰[M]. 上海：上海人民出版社，1995.
[9] 王见川，皮庆生. 中国近世民间信仰：宋元明清[M]. 上海：上海人民出版社，2010.
[10] 马新，贾艳红，李浩. 中国古代民间信仰：远古—隋唐五代[M]. 上海：上海人民出版社，2010.
[11] 巫鸿. 黄泉下的美术：宏观中国古代墓葬[M]. 施杰，译. 北京：生活·读书·新知三联书店，2010.
[12] 赵杏根. 中国百神全书：民间神灵源流[M]. 海口：南海出版公司，1993.
[13] 徐彻，陈泰云. 民间百神[M]. 上海：上海三联书店，2019.
[14] 钟敬文. 民俗学概论[M]. 北京：高等教育出版社，2010.
[15] 仲富兰. 节日里的中国[M]. 上海：上海文艺出版社，2019.
[16] 萧放. 岁时：传统中国民众的时间生活[M]. 北京：中华书局，2002.
[17] 韩养民，郭兴文. 中国古代节日风俗[M]. 西安：陕西人民出版社，2002.
[18] 张君. 神秘的节俗：传统节日礼俗、禁忌研究[M]. 南宁：广西人民出版社，1994.
[19] 常建华. 岁时节日里的中国[M] 北京：中华书局，2006.
[20] 陈玉新. 中国人的传统节日[M]. 北京：化学工业出版社，2019.
[21] 胡敏，万建中，吴学新，等. 汉族民间信仰风俗[M]. 南宁：广西教育出版社，1994.
[22] 马书田. 中国民间诸神[M]. 北京：团结出版社，1997.
[23] 袁学骏. 岁时节日[M]. 石家庄：河北人民出版社，2009.
[24] 顾颉刚. 妙峰山[M]. 上海：上海科学技术文献出版社，2014.
[25] 郑振满，陈春声. 民间信仰与社会空间[M]. 福州：福建人民出版社，2003.
[26] 瞿明安. 隐藏民族灵魂的符号：中国饮食象征文化论[M]. 昆明：云南大学出版社，2001.
[27] 向云驹. 非物质文化遗产的若干哲学问题及其他[M]. 北京：文化艺术出版社，2017.
[28] 杨圣敏，丁宏. 中国民族志[M]. 北京：中央民族大学出版社，2003.
[29] 毛公宁. 中国少数民族风俗志[M] 北京：民族出版社，2006.
[30] 章义和. 中国蝗灾史[M]. 合肥：安徽人民出版社，2008.
[31] 李乔. 中国行业神崇拜[M]. 北京：中国华侨出版社，1990.

[32] 向柏松.中国水崇拜[M].上海：上海三联书店，1999.
[33] 何绵山.闽台五缘简论[M].郑州：河南人民出版社，2018.
[34] 林安梧.林安梧访谈录：后新儒家的焦思与苦索[M].济南：山东人民出版社，2017.
[35] 徐杰舜.汉族民间经济风俗[M].南宁：广西教育出版社，1990.
[36] 范丽珠，欧大年.中国北方农村社会的民间信仰[M].上海：上海人民出版社，2013.
[37] 中国伊斯兰百科全书编辑委员会.中国伊斯兰百科全书[M].成都：四川辞书出版社，2007.
[38] 马通.中国伊斯兰教派与门宦制度史略[M].银川：宁夏人民出版社，2000.
[39] 汪小洋.中国百神图文志：原始神、宗教神和民间神五千年总揽[M].上海：东方出版中心，2009.
[40] 李乔.行业神崇拜：中国民众造神运动研究[M].北京：中国文联出版社，2000.
[41] 宝贵贞.中国少数民族宗教[M].北京：中国民主法制出版社，2015.
[42] 熊贵华.普米族志[M].昆明：云南民族出版社，2000.
[43] 《普米族简史》编写组.普米族简史[M].北京：民族出版社，2009.
[44] 刘岩.南传佛教与傣族文化[M].昆明：云南民族出版社，1993.
[45] 陈国庆.中国佤族[M].银川：宁夏人民出版社，2012.
[46] 巴莫阿依.彝族祖灵信仰研究：彝文古籍探讨与彝族宗教仪式考察[M].成都：四川民族出版社，1994.
[47] 杨政业.白族本主文化[M].昆明：云南人民出版社，1994.
[48] 王康，李鉴踪，汪青玉.神秘的白石崇拜：羌族的信仰和礼俗[M].成都：四川民族出版社，1992.
[49] 周小艺.中华民族全书：中国仡佬族[M].银川：宁夏人民出版社，2012.
[50] 宋兆麟.巫与民间信仰[M].北京：中国华侨出版社，1990.
[51] 侯光，蒋永志.图腾崇拜·生殖崇拜：神秘莫测的原始信仰[M].成都：四川人民出版社，1992.
[52] 李德成.少数民族信仰[M].北京：中央民族大学出版社，1994.
[53] 秦永洲.中国社会风俗史[M].武汉：武汉大学出版社，2015.
[54] 梁漱溟.中国文化要义[M].上海：学林出版社，1987.
[55] 朱仲玉.中国人崇拜祖先的传统[M].上海：上海文化出版社，2003.
[56] 郭志超，林瑶棋.闽南宗族社会[M].福州：福建人民出版社，2008.
[57] 陈志荣.富阳区非物质文化遗产大观：民俗卷[M].杭州：浙江文艺出版社，2016.
[58] 玉时阶.壮族民间宗教文化[M].北京：民族出版社，2004.
[59] 王玉平.珞巴族[M].北京：民族出版社，1997.
[60] 王维堤.龙凤文化[M].上海：上海古籍出版社，2000.
[61] 刘志文.广东民俗大观[M].广州：广东旅游出版社，1993.
[62] 齐心.中国庙会[M].沈阳：辽宁人民出版社，2014.
[63] 杨福泉.灶与灶神[M].北京：学苑出版社，1994.
[64] 北京市人民政府新闻办公室.北京指南[M].北京：五洲传播出版社，2010.
[65] 汪玢玲，张志立.中国民俗文化大观[M].长春：吉林人民出版社，1999.
[66] 完颜绍元.中国风俗之谜[M].上海：上海辞书出版社，2002.
[67] 万建中.中国民间禁忌风俗[M].北京：中国电影出版社，2005.
[68] 才让.藏传佛教信仰与民俗：增订本[M].上海：上海古籍出版社，2017.
[69] 李德成.中国少数民族宗教信仰[M].北京：中央民族大学出版社，1999.
[70] 胡雅丽.尊龙尚凤：楚人的信仰礼俗[M].武汉：湖北教育出版社，2003.
[71] 李少林.中华民俗文化：中华择吉[M].呼和浩特：内蒙古人民出版社，2006.
[72] 李绍明.藏彝走廊民族历史文化[M].北京：民族出版社，2008.
[73] 李一鸣.中国文化常识：二十四节气与节日[M].北京：中国友谊出版公司，2021.
[74] 廖明君.生殖崇拜的文化解读[M].南宁：广西人民出版社，2006.
[75] 廖明君.壮族自然崇拜文化[M].南宁：广西人民出版社，2004.
[76] 林国平.闽台民间信仰源流[M].福州：福建人民出版社，2003.

[77] 刘道超. 择吉与中国文化[M]. 北京：人民出版社，2004.
[78] 石硕，李锦，邹立波. 交融与互动：藏彝走廊的民族、历史与文化[M]. 成都：四川人民出版社，2014.
[79] 王学典. 山海经[M]. 哈尔滨：哈尔滨出版社，2007.
[80] 郑晓江. 生育的禁忌与文化[M]. 北京：中央编译出版社，2013.
[81] 中央民族学院研究室. 中国少数民族简况：藏族 门巴族 珞巴族[M]. [出版地不详]：[出版者不详]，1974.
[82] PRASENJIT D. Culture, Power, and the State: Rural North China, 1900-1942[M]. Redwood City: Standford University Press, 1988: 126-127.
[83] 李伯谦. 中国考古学思想发展史上的一场革命——重读苏秉琦考古学文化区、系、类型理论札记（提纲）[J]. 南方文物，2010（3）：1-3.
[84] 皮庆生. 他乡之神：宋代张王信仰传播研究[J]. 历史研究，2007（3）：55.
[85] 王霆钧. 解读中国历法[J]. 自然辩证法研究，2001（11）：37-40.
[86] 郑先兴. 论汉代民间的鼠信仰——兼谈"老鼠嫁女"的原型及其旨趣[J]. 宁夏师范学院学报，2011（2）：64.
[87] 刘仲宇. 道教对民间信仰的收容和改造[J]. 宗教学研究，2000（4）：42-43.
[88] 邓庆平，王崇锐. 中国的行业神崇拜：民间信仰、行业组织与区域社会[J]. 民俗研究，2018（6）：123.
[89] 江玉祥. 中国民间魁星信仰源流考——兼论文昌神和梓潼帝君诸问题[J]. 国学，2017（2）：372.
[90] 谢重光. 试论妈祖信仰的社会功能[J]. 中共福建省委党校学报，2002（1）：68.
[91] 赵庆华. 国家治理视阈下的妈祖信仰与清代台湾社会[J]. 闽台文化研究，2018（4）：39-42.
[92] 李惠芳. 传统岁时节日的形成及特点[J]. 武汉大学学报（哲学社会科学版），1994（5）：112-117.
[93] 牟元圭. 中国岁时节日的起源与演变[J]. 寻根，1999（1）：9-11.
[94] 刘宗迪. 从节气到节日：从历法史的角度看中国节日系统的形成和变迁[J]. 江西社会科学，2006（2）：15-18.
[95] 刘锡诚. 春神句芒论考[J]. 西北民族研究，2011（1）：34-50.
[96] 郭成磊，邓林. 人祖的神格化：炎帝、祝融与日神崇拜[J]. 信阳师范学院学报（哲学社会科学版），2018（3）：78-83.
[97] 李炳海. 五行之神的历史原型及其形象演变[J]. 甘肃社会科学，2011（4）：103-106.
[98] 曲彦斌. 生肖文化考（下）[J]. 文化学刊，2012（5）：90-102.
[99] 张德全. 新都七星墩汉墓与汉代天文[J]. 四川文物，1989（3）：22-25.
[100] 仵军智. 关中西部乡村"母性神"信仰活动考察[J]. 咸阳师范学院学报，2017（3）：55-60.
[101] 李向平. 信仰是一种权力关系的建构——中国社会"信仰关系"的人类学分析[J]. 西北民族大学学报（哲学社会科学版），2012（5）：1-17.
[102] 王芳. 庙会：对神的祈祀与乡民的休闲——陕北鱼河堡城隍庙会个案[J]. 咸阳师范学院学报，2010（5）：53-56.
[103] 苗大雷. 村落变迁与妙峰山香会浮沉——京西古城村秉心圣会研究与反思[J]. 民俗研究，2011（3）：129-143.
[104] 黄新华. 吴语太湖片区的金总管信仰考[J]. 苏州科技大学学报（社会科学版），2017（3）：59-66.
[105] 李菲. 张壁村：多元地方信仰的历史建构与认同[J]. 广西民族大学学报（哲学社会科学版），2015（3）：30-36.
[106] 韩书瑞，周福岩，吴效群. 北京妙峰山的进香之旅：宗教组织与圣地[J]. 民俗研究，2003（1）：75-101.
[107] 王立阳. 庙会组织与民族国家的地方社会——妙峰山庙会的公民结社[J]. 民俗研究，2011（1）：139-161.

[108] 张桓忠, 林益德. 台湾地区妈祖庙现况调查与分析[J]. 妈祖文化研究, 2017（2）：61-89.

[109] 杨淑雅. 台湾屏东乡村的妈祖信仰——以万丹乡万惠宫为例[J]. 莆田学院学报, 2015（1）：1-5.

[110] 易婷. 神圣与世俗的混融——论陈靖姑传说中的人际网络构建与社会秩序构想[J]. 艺术科技, 2012（4）：103-104.

[111] 瞿明安. 中国古代宗教祭祀饮食文化略论[J]. 中国史研究, 1998（3）：152-162.

[112] 张云霞. 杨宾与《柳边纪略》[J]. 兰台世界, 2011（2）：63-64.

[113] 黄云鹤, 苑宏光. 清代以来东北汉族民间信仰构成及其特征[J]. 长春师范学院学报（人文社会科学版）, 2010（5）：38-41.

[114] 艾丽曼. 从萨满教到藏传佛教——蒙古族宗教信仰变迁的历程[J]. 青海师范大学民族师范学院学报, 2011（1）：1-7.

[115] 姗艳塔娜. 锡伯族的民间信仰习俗[J]. 满族研究, 2000（4）：80-83.

[116] 汪立珍. 鄂温克族萨满教信仰与自然崇拜[J]. 中央民族大学学报（哲学社会科学版）, 2000（6）：72-77.

[117] 于洋. 吉林九台满族罗关家族续谱祭祖调查[J]. 满族研究, 2018（2）：112-118.

[118] 汪萍. 满族祭祖习俗[J]. 兰台世界, 2011（31）：74.

[119] 刘明新. 满族祭祖与萨满教的关系研究初探[J]. 中央民族大学学报（哲学社会科学版）, 2000（2）：55-61.

[120] 刘桂腾. 科尔沁蒙古族萨满祭祀仪式音乐考[J]. 中央音乐学院学报, 2004（1）：49-61.

[121] 程方. 清代鲁西北农村社会变迁[J]. 聊城大学学报（社会科学版）, 2011（4）：59-66.

[122] 常江涛. 官民互动 礼俗兼具——高碑店义店村"冰雹会"祭礼仪式用乐的考察[J]. 人民音乐, 2018（5）：76-80.

[123] 侯杰, 段文艳. 信仰民俗的历史传承与乡村社会秩序探析——以河北省高碑店市大义店村冰雹会为中心的考察[J]. 民俗研究, 2010（4）：165-179.

[124] 胡蓉. 童宾何以封神——基于景德镇风火仙师传说个案的方法论反思[J]. 民俗研究, 2020（4）：74.

[125] 崔璨. 窑神崇拜的"不定性"解释——以景德镇风火仙师崇拜为例[J]. 湖北民族大学学报（哲学社会科学版）, 2020（2）：107-113.

[126] 王杰, 方李莉, 徐新建. 边界与融合：审美人类学、艺术人类学与文学人类学的交叉对话[J]. 贵州大学学报（艺术版）, 2021（5）：1-14.

[127] 黄永林, 李琳. 文化生态视角下湖南地区民间信仰的传承与保护[J]. 长江大学学报（社会科学版）, 2019（3）：13-18.

[128] 肖旻. 人与自然和谐的文化写照：洞庭湖区水神信仰研究[J]. 湖北省社会主义学院学报, 2015（4）：93-96.

[129] 方东平. 汉阳曾有三个杨泗庙[J]. 武汉文史资料, 2015（4）：59-60.

[130] 刘友富. 民间杨泗信仰合法性探究——基于湖南省南县杨泗信仰的考察[J]. 民族论坛, 2013（10）：103-107.

[131] 黄明珠. 世界客属祭祖大典背景下的民间舞蹈新生性——以宁化民间舞蹈为个案[J]. 民族艺术研究, 2014（6）：39-44.

[132] 彭兆荣. 政治-文化地理之"中心-边缘"对客家文化的影响——以福建宁化客家"祖地"建构为例[J]. 百色学院学报, 2019（1）：31-37.

[133] 邱运胜. 都市边缘区渔业疍民的生计、信仰与日常生活——广州渔民新村的个案研究[J]. 文化学刊, 2015（12）：18.

[134] 肖文帅. 探究香港民间水神信仰的源流[J]. 江西农业大学学报（社会科学版）, 2012（1）：139.

[135] 傅玉兰. 澳门朱大仙水面醮和非物质文化遗产保护[J]. 博物馆研究, 2009（2）：57-61.

[136] 叶涛.海神、海神信仰与祭祀仪式——山东沿海渔民的海神信仰与祭祀仪式调查[J].民俗研究,2002(3):65-80.

[137] 黄忠怀.从土地到城隍:明清华北村落社区演变中的庙宇与空间[J].清史研究,2011(4):91.

[138] 庞建春.传说与社会——陕西蒲城县尧山圣母传说传承与意义研究个案[J].民族文学研究,2004(2):124-129.

[139] 周亚成.哈萨克族民间骨信仰习俗浅析[J].西北民族学院学报(哲学社会科学版),2002(1):24-27.

[140] 杨文笔.西海固回族穆斯林朝觐实践的调查与研究[J].北方民族大学学报(哲学社会科学版),2014(1):115-122.

[141] 林移刚.清代四川汉族地区耕牛崇拜研究[J].农业考古,2013(4):304-308.

[142] 干安生.西南爱牛民俗活动——牛王节[J].古今农业,2004(4):88-90.

[143] 徐胜男.论盐神信仰及盐神司财现象[J].盐业史研究,2020(1):62.

[144] 李妮蔓.井盐生产与盐神信仰田野调查报告——以云南大理诺邓村"龙王会"为例[J].西部学刊,2020(2):59-61.

[145] 强晓.四川、汶川、北川、青川的得名[J].文史杂志,2008(4):109-110.

[146] 阎莉,莫因香.傣族寨神勐神祭祀的集体表象[J].广西民族研究,2010(1):51-56.

[147] 陶琳.西双版纳傣族社会结构与寨神、勐神信仰的关系研究[J].大理大学学报,2017(1):1-5.

[148] 黄彩文.民间信仰与社会变迁——以双江县一个布朗族村寨的祭竜仪式为例[J].云南民族大学学报(哲学社会科学版),2009(4):28-31.

[149] 潘朝霖.猪与水族雨水神"霞"[J].贵州民族研究,1999(1):73-76.

[150] 杨树喆."花"为人魂观与壮族民间师公教的花婆圣母崇拜[J].民间文化,2000(C2):24-26.

[151] 张泽洪.瑶族宗教信仰中的盘王崇拜[J].广西民族大学学报(哲学社会科学版),2010(6):10-16.

[152] 张世珊,杨昌嗣.侗族信仰文化[J].中央民族学院学报(哲学社会科学版),1990(6):56-58.

[153] 余群.仡佬族民间信仰之源再探[J].大理大学学报,2016(5):20-23.

[154] 万建中.传说记忆与族群认同——以盘瓠传说为考察对象[J].广西民族学院学报(哲学社会科学版),2004(1):139-143.

[155] 李方.建构与嬗变:历史变迁视野中的盘瓠信仰[J].民族研究,2017(3):50-58.

[156] 李岩,张春阳.萨满教对满族岁时节俗的影响[J].通化师范学院学报,2008(9):56-58.

[157] 石丽璠.我国女性生育相关民间信仰研究[J].黑河学刊,2013(2):188-189.

[158] 刘巧莉.构建、维系与组织化:明清时期墓祭对华北宗族的影响探析[J].西南大学学报(社会科学版),2018(6):171-178.

[159] 陈雪明.明清徽州宗族墓祭仪礼[J].宜宾学院学报,2013(11):95-100.

[160] 李凌霞,曹大明.畲族的凤凰崇拜及其演化轨迹[J].三峡论坛(三峡文学·理论版),2013(3):46-49.

[161] 马计斌,常玉荣,何石妹.女娲民间信仰的世俗化演变及其文化意义[J].河北工程大学学报(社会科学版),2010(4):1-2.

[162] 辛玉璞."中华祖先"问题刍议——从中华民族的凝聚力谈起[J].陕西教育学院学报,2004(3):104-106.

[163] 王巨山,张彩霞.浙江缙云清明节调查报告[J].非物质文化遗产研究集刊,2008:235-251.

[164] 孙振玉.台湾民族学的祭祀圈与信仰圈研究[J].中南民族大学学报(人文社会科学版),2002(5):32-36.

[165] 周大鸣.祭祀圈理论与思考——关于中国乡村研究范式的讨论[J].青海民族研究,2013(4):3-10.

[166] 吴效群.北京妙峰山碧霞元君信仰研究史[J].民俗研究,2002(3):42-51.

[167] 李菲,唐蒋云露.黄土社会的多元互动与区域整合——介休张壁村的祭星仪式考察[J].民族艺术,2015(3):113-119.

[168] 赵世瑜.庙会与明清以来的城乡关系[J].清史研究,1997(4):12-21.

[169] 沈洁.仪式的凝聚力:现代城市中的行业神信仰[J].史林,2009(2):31-41.

[170] 张帅."礼"与"事儿":信仰体系与实践的存在机制探析——以鲁中洼子村为例[J].民俗研究,2016(4):68-80.

[171] 钟敬文.钟敬文教授谈民俗学研究[J].采风,1982(31).

[172] 高丙中.作为非物质文化遗产研究课题的民间信仰[J].江西社会科学,2007(3):146-154.

[173] 邢莉.民间信仰与非物质文化遗产——兼论刘锡诚对于民间信仰的文化思考[J].西北民族研究,2016(4):195-200.

[174] 兰晔."非遗"语境下乡村民间信仰文化保护与重塑——基于福建南平樟湖的田野调查.[J].河池学院学报,2019(3):43-47.

[175] 张祝平.本体与他者:当代中国社会民间信仰"非遗化"反思[J].中国农业大学学报(社会科学版),2017(6):75-83.

[176] 张祝平.乡村振兴中民间信仰的治理方式——一个传统村落片区的历史变迁、振兴实践与文化反思[J].中南民族大学学报(人文社会科学版),2021(9):55—65.

[177] 孔秀丽,罗康隆.乡村振兴背景下民间信仰的当代价值研究[J].贵州民族研究,2020(12):77-83.

[178] 曾晨.乡村振兴战略背景下民间信仰文化的保护和引导[J].中国宗教,2020(7):56-57.

[179] 张志刚."中国民间信仰研究"反思——从田野调查、学术症结到理论重建[J].学术月刊,2016(11):5-24.

[180] 沈洁.反对迷信与民间信仰的现代形态:兼读杜赞奇"从民族国家拯救历史"[J].社会科学,2008:(9):167-174,191.

[181] 光梅红.现代化进程中的中国民间信仰[J].山西高等学校社会科学学报,2010(9):22-26.

[182] 张祝平.中国民间信仰40年:回顾与前瞻[J].西北农林科技大学学报(社会科学版),2018(6):1-10.

[183] 孙光,范晓西,刘宇.运河文化带视域下妈祖文化资源与文创产业结合的策略研究[J].艺术与设计(理论),2020(10):29-31.

[184] 林新媚.妈祖文化的社会功能及现代化意义[J].厦门理工学院学报,2007(3):84-87.

[185] 王辉,路晓彤,董皓平.海洋文化仪式性表达与社会功能剖析——以辽宁长海妈祖文化为例[J].福州大学学报(哲学社会科学版),2022(4):19-25.

[186] 王丽梅.妈祖文化的核心价值及其现代社会功用[J].重庆文理学院学报(社会科学版),2010(1):7-10.

[187] 胡欣欣,张清荣.中国海洋文明背景下妈祖文化创新传播研究[J].文化产业,2020(36):84-86.

[188] 李振鹏.壮族"三月三"的起源、功能、传承现状与发展对策[J].长江师范学院学报,2021,37(6):80-89.

[189] 范桂松,徐婧文.壮族"三月三"传统节日文化的开发路径创新研究[J].文化创新比较研究,2022(16):129-133.

[190] 刘正爱.东北地区地仙信仰的人类学研究[J].广西民族大学学报(哲学社会科学版),2007(2):15-20.

[191] 陆群.腊尔山苗族"巴岱"原始宗教"中心表现形态"的分径与混融[J].宗教学研究,2011(1):156-160.

[192] 南文渊.青藏高原的神山类型及其信仰意义[J].大连民族学院学报,2013(2):127-131.

[193] 尉迟从泰.中原传统社会中汉族的生育禁忌[J].商丘师范学院学报,2017,33(1):50-58.

[194] 郑先兴.论汉代的伏羲女娲信仰(上)[J].宁夏师范学院学报,2008(2):54-60.

[195] 上师文.本命信仰研究[D].重庆:重庆大学,2012.

[196] 白杨. 神圣与世俗：荆楚年俗新解[D]. 武汉：华中师范大学，2008.
[197] 陈筱芳. 春秋宗教习俗[D]. 成都：四川大学，2004.
[198] 韩瑜. 唐代小说与唐代民间信仰[D]. 杭州：浙江大学，2009.
[199] 马秀勇. 试论唐代民间信仰中的当朝人物崇拜[D]. 北京：首都师范大学，2003.
[200] 王珊珊. 道教的太岁崇拜研究：以松峰山海云观为例[D]. 哈尔滨：黑龙江大学，2018.
[201] 董竹馨. 清代高平县关帝庙与乡村社会[D]. 太原：山西大学，2019.
[202] 王占华. 城隍信仰与明清政治[D]. 武汉：华中师范大学，2005.
[203] 王雨. 伍元龙信仰与村落生活研究——以江头村为例[D]. 桂林：广西师范大学，2010.
[204] 王丹. 改革开放以来潞城贾村民间信仰的传承与演变[D]. 太原：山西大学，2014.
[205] 张舒. 民间信仰与村落秩序——以高平市庄里村五谷庙为例[D]. 西宁：青海师范大学，2013.
[206] 薛文成. 村际神亲与乡村社会关系网的建构——博山颜文姜省亲仪式研究[D]. 沈阳：沈阳师范大学，2016.
[207] 王玲玲. 西北回族社区声音实践的人类学研究[M]. 成都：四川大学，2021.
[208] 沈喆莹. 建筑现象学下的福建省永宁卫传统聚落民间信仰空间研究[D]. 上海：华东理工大学，2015.
[209] 李川. 梅山地区民间信仰与传统建筑环境形态关联性研究[D]. 长沙：湖南大学，2017.
[210] 侯晓东. 信仰景观与地理认同——以尧山圣母信仰区为中心[D]. 西安：陕西师范大学，2015.
[211] 王斯. 大理洱海周边白族食物类祭品研究[D]. 昆明：云南大学，2015.
[212] 王俊昕. 喜利妈妈祭祀的文化研究[D]. 沈阳：辽宁大学，2011.
[213] 王一鸣. 黑龙江省少数民族萨满调研究——以鄂伦春族、达斡尔族、赫哲族为例[D]. 齐齐哈尔：齐齐哈尔大学，2016.
[214] 缪雪峰. 塔塔尔族萨班节的文化解读[D]. 乌鲁木齐：新疆大学，2010.
[215] 陈鹏程. 先秦与古希腊神话价值观比较研究[D]. 天津：天津师范大学，2006.
[216] 林移刚. 清代四川民间信仰地理研究[D]. 重庆：西南大学，2013.
[217] 田苗苗. 巴蜀川主信仰研究[D]. 成都：四川省社会科学院，2009.
[218] 徐艳. 安徽沿淮地区乡村祈子习俗研究[D]. 合肥：安徽大学，2013.
[219] 张秋伟. 广西壮族生育神信仰文化研究——以感圩屯花婆信仰为个案[D]. 桂林：广西师范学院，2018.
[220] 黄晓文. 生计转型与祭祖习俗的变迁——基于一个壮族村落社会生活的田野考察[D]. 南宁：广西民族大学，2020.
[221] 方泽明. 传承与涵化——近代以来闽浙粤赣畲族服饰研究[D]. 福州：福建师范大学，2016.
[222] 张叶露. 山西黎城县的女娲信仰研究[D]. 哈尔滨：黑龙江省社会科学院，2019.
[223] 李聪颖. 淮阳乡村人祖信仰的调查与研究——以淮阳四通镇为中心[D]. 开封：河南大学，2019.
[224] 林玲. 炎帝神话传说与信仰研究[D]. 太原：山西大学，2019.
[225] 高婧. 山西东南部地区炎帝传说与文化初探[D]. 上海：上海师范大学，2006.
[226] 赵允卿. 东北民族天神崇拜研究[D]. 北京：中央民族大学，2005.
[227] 周丽妃. 社会人类学视野下的湄洲妈祖信仰仪式探析[D]. 泉州：华侨大学，2012.
[228] 陈艾迪. "和合二仙"符号象征研究[D]. 苏州：苏州科技大学，2019.
[229] 陈琼. 湘南地区汉族丧葬仪式的宗教人类学研究——以祁东县Z村为例[D]. 泉州：华侨大学，2018.
[230] 甘代军. 文化变迁的逻辑：贵阳市镇山村布依族文化考察[D]. 北京：中央民族大学，2010.
[231] 张立. 我国民间丧仪蕴含的终极关怀精神探析[D]. 桂林：广西师范大学，2010.
[232] 郑笑丛. 明传奇中的婚恋习俗研究[D]. 开封：河南大学，2013.
[233] 王敏，王舒怡. 略论彝族历法经历了不断完善的过程[EB/OL].（2018-11-3）.http://m.yizuren.com/yistudy/yxjlygd/37409.html.
[234] 中国非物质文化遗产网[EB/OL]. https://www.ihchina.cn/.

后记

AFTERWORD

非物质文化遗产是我国各族人民宝贵的精神财富，与人民群众的生产、生活联系紧密。传统村落中的非物质文化遗产是中华优秀传统文化的重要组成部分，在老百姓的娱乐活动、精神信仰、社会关系，以及生态建设、村落风貌等方面，有着不可替代的作用。

"中国传统村落文化抢救与研究·非物质文化系列"（融合出版含视频）以传统制作工艺与装饰艺术、婚丧习俗、服饰与习俗、游戏与体育、岁时民俗与民间信仰、饮食与仪式、音乐与戏曲、民间神话传说等方面为切入点，使世代传承或正在演变中的非物质文化以全新的姿态走入大众视野，显示了作者对中国传统村落的历史研究和现实关怀。

我们试图对中国传统村落中的非物质文化进行一次科学梳理、抢救性记录和示范性活化，通过深入挖掘、整理、保护、传承和发展优秀民族文化遗产，研究、阐释中华优秀传统文化蕴含的思想观念、人文精神、道德规范，推动构建中华优秀传统文化传承发展体系，积极推进中华优秀传统文化创造性转化和创新性发展。

为了更好地扩大非物质文化遗产的影响力以及满足读者不断提高的阅读需求，我们联合中央新影集团北京发现纪实传媒有限公司开发制作非物质文化遗产类的短视频，以二维码形式嵌入书稿中，全力打造融合出版物，力求全方位、立体式、多样化地呈现非物质文化遗产保护的丰硕成果。

"中国传统村落文化抢救与研究"系列丛书于2016年入选了国家新闻出版署"十三五"出版规划。该丛书从文化区、非物质文化、物质文化三个方面全方位阐释中国传统村落文化。非物质文化系列作为第二辑，于2023年成功付梓。感谢参与编写本套丛书的每个人，大家的努力与付出，促成了图书的成功出版。

中华文明根植于农耕文化，传统村落是中华文明的基本载体，非物质文化要从村落文化汲取营养，把传统村落的保护传承和开发利用结合起来。此类图书的出版，有着刻不容缓的紧迫性和特色鲜明的时代性，希望本套丛书的面世，能够让更多的人热爱非物质文化遗产，关注村落文化。受环境、时间、研究方向等各种因素所限，本套丛书无法做到至善至美，还望各位读者海涵，同时也希望后来者能够不断完善此类著述。

丛书编委会
2023年3月